2025
제28회 시험대비 전면개정

박문각 주택관리사

핵심요약집 **2차**

공동주택관리실무

김혁 외 박문각 주택관리연구소 편

브랜드만족
1위
박문각

수상내역
후면표기

동영상강의
www.pmg.co.kr

합격까지 박문각
합격 노하우가 다르다!

박문각
주택관리사
핵심요약집

이 책의 머리말

공동주택관리실무는 공동주택관리와 연계된 관련법령 및 실무와 관련된 이론부분에서 출제가 되고 있기 때문에 암기가 아닌 이해 위주의 학습을 기본 토대로 하여 문제에 대한 응용력 및 변별력을 배양하는 학습이 되어야 좋은 결과를 얻을 수 있는 과목입니다.

본 핵심요약집은 다음의 사항을 반영하여 기술하였습니다.

첫째 최근 출제경향에 맞추어 많은 부분을 반영하였습니다.

둘째 짧은 시간에 공부를 해야 하기 때문에 교재 분량은 줄이면서 시험에 출제 가능하고, 수험생이 꼭 알아야 하는 부분을 최대한 반영하였습니다.

셋째 출제빈도가 높은 지문을 압축, 요약하여 지문에 대한 이해력을 기를 수 있도록 하였습니다.

초심을 잊지 마시고 마지막까지 최선을 다하여 시험 준비에 임하시길 바라며 본서가 여러분의 합격에 많은 도움이 되길 진심으로 기원합니다.

2025년 4월

편저자 김 혁

자격안내

자격개요

주택관리사보는 공동주택의 운영·관리·유지·보수 등을 실시하고 이에 필요한 경비를 관리하며, 공동주택의 공용부분과 공동소유인 부대시설 및 복리시설의 유지·관리 및 안전관리 업무를 수행하기 위해 주택관리사보 자격시험에 합격한 자를 말한다.

변천과정

1990년	주택관리사보 제1회 자격시험 실시
1997년	자격증 소지자의 채용을 의무화(시행일 1997. 1. 1.)
2006년	2005년까지 격년제로 시행되던 자격시험을 매년 1회 시행으로 변경
2008년	주택관리사보 자격시험의 시행에 관한 업무를 한국산업인력공단에 위탁(시행일 2008. 1. 1.)

주택관리사제도

❶ 주택관리사 등의 자격

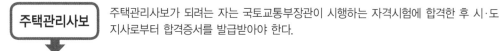

주택관리사보 　주택관리사보가 되려는 자는 국토교통부장관이 시행하는 자격시험에 합격한 후 시·도지사로부터 합격증서를 발급받아야 한다.

주택관리사 　주택관리사는 주택관리사보 합격증서를 발급받고 대통령령으로 정하는 주택관련 실무경력이 있는 자로서 시·도지사로부터 주택관리사 자격증을 발급받은 자로 한다.

❷ 주택관리사 인정경력

시·도지사는 주택관리사보 자격시험에 합격하기 전이나 합격한 후 다음의 어느 하나에 해당하는 경력을 갖춘 자에 대하여 주택관리사 자격증을 발급한다.

- 사업계획승인을 받아 건설한 50세대 이상 500세대 미만의 공동주택의 관리사무소장으로 근무한 경력 3년 이상
- 사업계획승인을 받아 건설한 50세대 이상의 공동주택의 관리사무소의 직원(경비원, 청소원, 소독원 제외) 또는 주택관리업자의 직원으로 주택관리업무에 종사한 경력 5년 이상
- 한국토지주택공사 또는 지방공사의 직원으로 주택관리업무에 종사한 경력 5년 이상
- 공무원으로 주택관련 지도·감독 및 인·허가 업무 등에 종사한 경력 5년 이상
- 주택관리사단체와 국토교통부장관이 정하여 고시하는 공동주택관리와 관련된 단체의 임직원으로 주택관련 업무에 종사한 경력 5년 이상
- 위의 경력들을 합산한 기간 5년 이상

법적 배치근거

공동주택을 관리하는 주택관리업자·입주자대표회의(자치관리의 경우에 한함) 또는 임대사업자 (「민간임대주택에 관한 특별법」에 의한 임대사업자를 말함) 등은 공동주택의 관리사무소장으로 주택관리사 또는 주택관리사보를 다음의 기준에 따라 배치하여야 한다.

- 500세대 미만의 공동주택: 주택관리사 또는 주택관리사보
- 500세대 이상의 공동주택: 주택관리사

주요업무

공동주택을 안전하고 효율적으로 관리하여 공동주택의 입주자 및 사용자의 권익을 보호하기 위하여 입주자대표회의에서 의결하는 공동주택의 운영·관리·유지·보수·교체·개량과 리모델링에 관한 업무 및 이와 같은 업무를 집행하기 위한 관리비·장기수선충당금이나 그 밖의 경비의 청구·수령·지출 업무, 장기수선계획의 조정, 시설물 안전관리계획의 수립 및 건축물의 안전점검에 관한 업무(단, 비용지출을 수반하는 사항에 대하여는 입주자대표회의의 의결을 거쳐야 함) 등 주택관리서비스를 수행한다.

진로 및 전망

주택관리사는 주택관리의 시장이 계속 확대되고 주택관리사의 지위가 제도적으로 발전하면서 공동주택의 효율적인 관리와 입주자의 편안한 주거생활을 위한 전문지식과 기술을 겸비한 전문가집단으로 자리매김하고 있다.

주택관리사의 업무는 주택관리서비스업으로서, 자격증 취득 후 아파트 단지나 빌딩의 관리소장, 공사 및 건설업체·전문용역업체, 공동주택의 운영·관리·유지·보수 책임자 등으로 취업이 가능하다. 과거 주택건설 및 공급 위주의 주택정책이 국가경제적인 측면에서 문제가 되었다는 점에서 지금은 공동주택의 수명연장 및 쾌적한 주거환경 조성을 우선으로 하는 주택관리의 시대가 되었다. 이러한 시대적 변화에 맞추어 전문자격자로서 주택관리사의 역할이 어느 때보다 중요해지고 있으며, 공동주택의 리모델링의 활성화로 주택관리사들이 전문기법을 연구·발전시켜 국가경제발전에도 크게 기여하게 될 것이다.

자격시험안내

시험기관

소관부처 국토교통부 주택건설공급과

실시기관 한국산업인력공단(http://www.Q-net.or.kr)

응시자격 및 결격사유

❶ **응시자격:** 없음

> ※ 단, 시험시행일 현재 주택관리사 등의 결격사유에 해당하는 자와 부정행위를 한 자로서 당해 시험시행일로부터 5년이 경과되지 아니한 자는 응시 불가능

❷ **주택관리사보 결격사유**(공동주택관리법 제67조 제4항)

다음 각 호 어느 하나에 해당하는 사람은 주택관리사 등이 될 수 없으며 그 자격을 상실한다.

> 1. 피성년후견인 또는 피한정후견인
> 2. 파산선고를 받은 사람으로서 복권되지 아니한 사람
> 3. 금고 이상의 실형의 선고를 받고 그 집행이 끝나거나(집행이 끝난 것으로 보는 경우를 포함) 집행이 면제된 날부터 2년이 지나지 아니한 사람
> 4. 금고 이상의 형의 집행유예를 선고받고 그 집행유예기간 중에 있는 사람
> 5. 주택관리사 등의 자격이 취소된 후 3년이 지나지 아니한 사람(제1호 및 제2호에 해당하여 주택관리사 등의 자격이 취소된 경우는 제외)

시험방법

❶ 주택관리사보 자격시험은 제1차 시험 및 제2차 시험으로 구분하여 시행
❷ **제1차 시험문제:** 객관식 5지 택일형, 과목당 40문항을 출제
❸ **제2차 시험문제:** 객관식 5지 택일형 및 주관식 단답형, 과목당 40문항을 출제(객관식 24문항, 주관식 16문항)

시험의 일부면제

❶ 2024년도 제27회 제1차 시험 합격자(2025년도 제1차 시험에 한함, 별도 서류제출 없음)
❷ 2024년도 제1차 시험 합격자가 2025년도 제1차 시험 재응시를 원할 경우, 응시 가능하며 불합격하여도 전년도 제1차 시험 합격에 근거하여 2025년도 제2차 시험에 응시 가능

> ※ 다만, 2025년도 제1차 시험의 시행일 기준으로 결격사유에 해당하는 사람에 대해서는 면제하지 아니함

합격기준

❶ 제1차 시험 절대평가, 제2차 시험 상대평가(공동주택관리법 제67조 제5항)

국토교통부장관은 선발예정인원의 범위에서 대통령령으로 정하는 합격자 결정 점수 이상을 얻은 사람으로서 전과목 총득점의 고득점자 순으로 주택관리사보 자격시험 합격자를 결정

❷ 시험합격자의 결정(공동주택관리법 시행령 제75조)

1. 제1차 시험
   과목당 100점을 만점으로 하여 모든 과목 40점 이상이고 전 과목 평균 60점 이상의 득점을 한 사람
2. 제2차 시험
   ① 과목당 100점을 만점으로 하여 모든 과목 40점 이상이고 전 과목 평균 60점 이상의 득점을 한 사람. 다만, 모든 과목 40점 이상이고 전 과목 평균 60점 이상의 득점을 한 사람의 수가 법 제67조 제5항 전단에 따른 선발예정인원에 미달하는 경우에는 모든 과목 40점 이상을 득점한 사람
   ② 법 제67조 제5항 후단에 따라 제2차 시험 합격자를 결정하는 경우 동점자로 인하여 선발예정인원을 초과하는 경우에는 그 동점자 모두를 합격자로 결정. 이 경우 동점자의 점수는 소수점 둘째자리까지만 계산하며, 반올림은 하지 아니함

시험과목

(2025. 03. 28. 제28회 시험 시행계획 공고 기준)

시험구분		시험과목	시험범위	시험시간
제1차 (3과목)	1교시	회계원리	세부 과목 구분 없이 출제	100분
		공동주택 시설개론	• 목구조·특수구조를 제외한 일반건축구조와 철골구조 • 홈네트워크를 포함한 건축설비개론 • 장기수선계획 수립 등을 위한 건축적산	
	2교시	민 법	• 총칙 • 물권 • 채권 중 총칙·계약총칙·매매·임대차·도급·위임·부당이득·불법행위	50분
제2차 (2과목)		주택관리 관계법규	「주택법」·「공동주택관리법」·「민간임대주택에 관한 특별법」·「공공주택 특별법」·「건축법」·「소방기본법」·「화재예방, 소방시설설치·유지 및 안전관리에 관한 법률」·「승강기 안전관리법」·「전기사업법」·「시설물의 안전 및 유지관리에 관한 특별법」·「도시 및 주거환경정비법」·「도시재정비 촉진을 위한 특별법」·「집합건물의 소유 및 관리에 관한 법률」 중 주택관리에 관련되는 규정	100분
		공동주택 관리실무	시설관리, 환경관리, 공동주택회계관리, 입주자관리, 공동주거관리이론, 대외업무, 사무·인사관리, 안전·방재관리 및 리모델링, 공동주택 하자관리(보수공사 포함) 등	

※ 1. 시험과 관련하여 법률·회계처리기준 등을 적용하여 답을 구하여야 하는 문제는 시험시행일 현재 시행 중인 법령 등을 적용하여 정답을 구하여야 함
2. 회계처리 등과 관련된 시험문제는 「한국채택국제회계기준(K-IFRS)」을 적용하여 출제
3. 기활용된 문제, 기출문제 등도 변형·활용되어 출제될 수 있음

이 책의 차례

PART 1

행정실무

PART **2**

기술실무

박문각
주택관리사

행정실무

공동주택관리의 개요

01 용어정의

1 주택법령상 용어정의

용어	정의
준주택	주택 외의 건축물과 그 부속토지로서 주거시설로 이용 가능한 시설 등을 말하며, 그 종류는 다중생활시설, 노인복지주택, 오피스텔, 기숙사가 있다.
국민주택 규모	주거의 용도로만 쓰이는 면적이 1호(戶) 또는 1세대당 85m² 이하인 주택(「수도권정비계획법」 제2조 제1호에 따른 수도권을 제외한 도시지역이 아닌 읍 또는 면 지역은 1호 또는 1세대당 주거전용면적이 100m² 이하인 주택을 말한다)을 말한다.
도시형 생활주택	300세대 미만의 국민주택규모에 해당하는 주택으로서 대통령령으로 정하는 주택을 말한다.
에너지절약형 친환경주택	저에너지 건물 조성기술 등 대통령령으로 정하는 기술을 이용하여 에너지 사용량을 절감하거나 이산화탄소 배출량을 저감할 수 있도록 건설된 주택을 말한다.
세대구분형 공동주택	공동주택의 주택 내부 공간의 일부를 세대별로 구분하여 생활이 가능한 구조로 하되, 그 구분된 공간 일부에 대하여 구분소유를 할 수 없는 주택을 말한다.
건강친화형 주택	건강하고 쾌적한 실내환경의 조성을 위하여 실내공기의 오염물질 등을 최소화할 수 있도록 건설된 주택을 말한다.
장수명 주택	구조적으로 오랫동안 유지·관리될 수 있는 내구성을 갖추고, 입주자의 필요에 따라 내부 구조를 쉽게 변경할 수 있는 가변성과 수리 용이성 등이 우수한 주택을 말한다.
토지임대부 분양주택	토지의 소유권은 사업계획의 승인을 받아 토지임대부 분양주택 건설사업을 시행하는 자가 가지고, 건축물 및 복리시설(福利施設) 등에 대한 소유권[건축물의 전유부분(專有部分)에 대한 구분소유권은 이를 분양받은 자가 가지고, 건축물의 공용부분·부속건물 및 복리시설은 분양받은 자들이 공유한다]은 주택을 분양받은 자가 가지는 주택을 말한다.

간선시설	도로·상하수도·전기시설·가스시설·통신시설 및 지역난방시설 등 주택단지(둘 이상의 주택단지를 동시에 개발하는 경우에는 각각의 주택단지를 말한다) 안의 기간시설을 그 주택단지 밖에 있는 같은 종류의 기간시설에 연결시키는 시설을 말한다. 다만, 가스시설·통신시설 및 지역난방시설의 경우에는 주택단지 안의 기간시설을 포함한다.
주택단지	주택건설사업계획 또는 대지조성사업계획의 승인을 받아 주택과 그 부대시설 및 복리시설을 건설하거나 대지를 조성하는 데 사용되는 일단(一團)의 토지를 말한다. 다만, 다음의 시설로 분리된 토지는 각각 별개의 주택단지로 본다. ① 철도·고속도로·자동차전용도로 ② 폭 20미터 이상인 일반도로 ③ 폭 8미터 이상인 도시계획예정도로 ④ ①부터 ③까지의 시설에 준하는 것으로서 대통령령으로 정하는 시설
공 구	하나의 주택단지에서 대통령령으로 정하는 기준에 따라 둘 이상으로 구분되는 일단의 구역으로, 착공신고 및 사용검사를 별도로 수행할 수 있는 구역을 말한다. 위의 "대통령령으로 정하는 기준"이란 다음의 요건을 모두 충족하는 것을 말한다. ① 다음의 어느 하나에 해당하는 시설을 설치하거나 공간을 조성하여 6미터 이상의 너비로 공구 간 경계를 설정할 것 　㉠「주택건설기준 등에 관한 규정」에 따른 주택단지 안의 도로 　㉡ 주택단지 안의 지상에 설치되는 부설주차장 　㉢ 주택단지 안의 옹벽 또는 축대 　㉣ 식재·조경이 된 녹지 　㉤ 그 밖에 어린이놀이터 등 부대시설이나 복리시설로서 사업계획 승인권자가 적합하다고 인정하는 시설 ② 공구별 세대수는 300세대 이상으로 할 것

2 공동주택관리법령상 용어의 정의

용 어	정 의
의무관리대상 공동주택	해당 공동주택을 전문적으로 관리하는 자를 두고 자치 의결기구를 의무적으로 구성하여야 하는 등 일정한 의무가 부과되는 공동주택으로서, 다음의 각 목 중 어느 하나에 해당하는 공동주택을 말한다. ① 300세대 이상의 공동주택 ② 150세대 이상으로서 승강기가 설치된 공동주택 ③ 150세대 이상으로서 중앙집중식 난방방식(지역난방방식을 포함한다)의 공동주택 ④ 「건축법」 제11조에 따른 건축허가를 받아 주택 외의 시설과 주택을 동일 건축물로 건축한 건축물로서 주택이 150세대 이상인 건축물 ⑤ ①부터 ④까지에 해당하지 아니하는 공동주택 중 전체 입주자 등의 3분의 2 이상이 서면으로 동의하여 정하는 공동주택
관리주체	공동주택을 관리하는 다음의 자를 말한다. ① 자치관리기구의 대표자인 공동주택의 관리사무소장 ② 관리업무를 인계하기 전의 사업주체 ③ 주택관리업자 ④ 임대사업자 ⑤ 「민간임대주택에 관한 특별법」에 따른 주택임대관리업자(시설물 유지·보수·개량 및 그 밖의 주택관리 업무를 수행하는 경우에 한정한다)
혼합주택단지	분양을 목적으로 한 공동주택과 임대주택이 함께 있는 공동주택단지를 말한다.
입주자대표회의	공동주택의 입주자 등을 대표하여 관리에 관한 주요사항을 결정하기 위하여 구성하는 자치 의결기구를 말한다.
관리규약	공동주택의 입주자 등을 보호하고 주거생활의 질서를 유지하기 위하여 입주자 등이 정하는 자치규약을 말한다.
장기수선계획	공동주택을 오랫동안 안전하고 효율적으로 사용하기 위하여 필요한 주요 시설의 교체 및 보수 등에 관하여 수립하는 장기계획을 말한다.

3 민간임대주택에 관한 특별법령상 용어의 정의

용 어	정 의
민간임대주택	① 민간임대주택이란 임대 목적으로 제공하는 주택(토지를 임차하여 건설된 주택 및 오피스텔 등 대통령령으로 정하는 준주택 및 대통령령으로 정하는 일부만을 임대하는 주택을 포함한다)으로서 임대사업자가 등록한 주택을 말하며, 민간건설임대주택과 민간매입임대주택으로 구분한다. ② ①에서 "오피스텔 등 대통령령으로 정하는 준주택"이란 다음 각 호의 건축물을 말한다. 　㉠ 「주택법」에 따른 주택 외의 건축물을 「건축법」에 따라 「주택법 시행령」의 기숙사 중 일반기숙사로 리모델링한 건축물 　㉡ 「주택법 시행령」의 기숙사 중 임대형기숙사 　㉢ 다음의 요건을 모두 갖춘 「주택법 시행령」의 오피스텔 　　ⓐ 전용면적이 120제곱미터 이하일 것 　　ⓑ 상하수도 시설이 갖추어진 전용 입식 부엌, 전용 수세식 화장실 및 목욕시설(전용 수세식 화장실에 목욕시설을 갖춘 경우를 포함한다)을 갖출 것 ③ ①에서 "대통령령으로 정하는 일부만을 임대하는 주택"이란 「건축법 시행령」에 따른 다가구주택으로서 임대사업자 본인이 거주하는 실(室)(한 세대가 독립하여 구분 사용할 수 있도록 구획된 부분을 말한다)을 제외한 나머지 실 전부를 임대하는 주택을 말한다.
공공지원 민간임대주택	공공지원민간임대주택이란 임대사업자가 다음의 어느 하나에 해당하는 민간임대주택을 10년 이상 임대할 목적으로 취득하여 「민간임대주택에 관한 특별법」에 따른 임대료 및 임차인의 자격 제한 등을 받아 임대하는 민간임대주택을 말한다. ① 「주택도시기금법」에 따른 주택도시기금의 출자를 받아 건설 또는 매입하는 민간임대주택 ② 「주택법」에 따른 공공택지 또는 수의계약 등으로 공급되는 토지 및 「혁신도시 조성 및 발전에 관한 특별법」에 따른 종전부동산을 매입 또는 임차하여 건설하는 민간임대주택 ③ 용적률을 완화 받거나 「국토의 계획 및 이용에 관한 법률」에 따라 용도지역 변경을 통하여 용적률을 완화 받아 건설하는 민간임대주택 ④ 공공지원민간임대주택 공급촉진지구에서 건설하는 민간임대주택 ⑤ 그 밖에 국토교통부령으로 정하는 공공지원을 받아 건설 또는 매입하는 민간임대주택
장기일반 민간임대주택	장기일반민간임대주택이란 임대사업자가 공공지원민간임대주택이 아닌 주택을 10년 이상 임대할 목적으로 취득하여 임대하는 민간임대주택[아파트(「주택법」의 도시형 생활주택이 아닌 것을 말한다)를 임대하는 민간매입임대주택은 제외한다]을 말한다.
단기민간 임대주택	임대사업자가 6년 이상 임대할 목적으로 취득하여 임대하는 민간임대주택[아파트(「주택법」 제2조 제20호의 도시형 생활주택이 아닌 것을 말한다)는 제외한다]을 말한다.

주택임대관리업	주택의 소유자로부터 임대관리를 위탁받아 관리하는 업(業)을 말하며, 다음으로 구분한다. ① 자기관리형 주택임대관리업: 주택의 소유자로부터 주택을 임차하여 자기책임으로 전대(轉貸)하는 형태의 업 ② 위탁관리형 주택임대관리업: 주택의 소유자로부터 수수료를 받고 임대료 부과·징수 및 시설물 유지·관리 등을 대행하는 형태의 업

4 건축법령상 주택의 분류

(1) 단독주택의 종류

단독주택의 형태를 갖춘 가정어린이집·공동생활가정·지역아동센터·공동육아나눔터(아이돌봄 지원법에 따른 공동육아나눔터를 말한다)·작은도서관(도서관법에 따른 작은도서관을 말하며, 해당 주택의 1층에 설치한 경우만 해당한다) 및 노인복지시설(노인복지주택은 제외한다)을 포함한다.

구 분	내 용
단독주택	규정 없음
다중주택	다음의 요건을 모두 갖춘 주택을 말한다. ① 학생 또는 직장인 등 여러 사람이 장기간 거주할 수 있는 구조로 되어 있을 것 ② 독립된 주거의 형태를 갖추지 아니한 것(각 실별로 욕실은 설치할 수 있으나, 취사시설은 설치하지 아니한 것을 말한다) ③ 1개 동의 주택으로 쓰이는 바닥면적의 합계가 660m² 이하이고 주택으로 쓰는 층수(지하층은 제외한다)가 3개 층 이하일 것. 다만, 1층의 전부 또는 일부를 필로티 구조로 하여 주차장으로 사용하고 나머지 부분을 주택(주거 목적으로 한정한다) 외의 용도로 쓰는 경우에는 해당 층을 주택의 층수에서 제외한다. ④ 적정한 주거환경을 조성하기 위하여 건축조례로 정하는 실별 최소 면적, 창문의 설치 및 크기 등의 기준에 적합할 것
다가구 주택	다음의 요건을 모두 갖춘 주택으로서 공동주택에 해당하지 아니하는 것을 말한다. ① 주택으로 쓰는 층수(지하층은 제외한다)가 3개 층 이하일 것. 다만, 1층의 전부 또는 일부를 필로티 구조로 하여 주차장으로 사용하고 나머지 부분을 주택(주거 목적으로 한정한다) 외의 용도로 쓰는 경우에는 해당 층을 주택의 층수에서 제외한다. ② 1개 동의 주택으로 쓰이는 바닥면적(부설 주차장 면적은 제외한다)의 합계가 660m² 이하일 것 ③ 19세대(대지 내 동별 세대수를 합한 세대를 말한다) 이하가 거주할 수 있을 것
공 관	규정 없음

(2) **공동주택의 종류**

공동주택[공동주택의 형태를 갖춘 가정어린이집·공동생활가정·지역아동센터·공동육아나눔터·작은도서관·노인복지시설(노인복지주택은 제외한다) 및 「주택법 시행령」에 따른 아파트형 주택을 포함한다] 아파트, 연립주택, 다세대주택, 기숙사까지의 규정에서 층수를 산정할 때 지하층을 주택의 층수에서 제외한다.

구 분		내 용
아파트		주택으로 쓰이는 층수가 5개 층 이상인 주택
연립주택		주택으로 쓰이는 1개 동의 바닥면적(2개 이상의 동을 지하주차장으로 연결하는 경우에는 각각의 동으로 본다)의 합계가 660m²를 초과하고, 층수가 4개 층 이하인 주택
다세대주택		주택으로 쓰이는 1개 동의 바닥면적 합계가 660m² 이하이고, 층수가 4개 층 이하인 주택(2개 이상의 동을 지하주차장으로 연결하는 경우에는 각각의 동으로 본다)
기숙사		기숙사는 다음의 어느 하나에 해당하는 건축물로서 공간의 구성과 규모 등에 관하여 국토교통부장관이 정하여 고시하는 기준에 적합한 것. 다만, 구분소유된 개별 실(室)은 제외한다. ① 일반기숙사: 학교 또는 공장 등의 학생 또는 종업원 등을 위하여 사용하는 것으로서 해당 기숙사의 공동취사시설 이용 세대 수가 전체 세대 수(건축물의 일부를 기숙사로 사용하는 경우에는 기숙사로 사용하는 세대수로 한다)의 50퍼센트 이상인 것(「교육기본법」 제27조 제2항에 따른 학생복지주택을 포함한다) ② 임대형기숙사: 「공공주택 특별법」 제4조에 따른 공공주택사업자 또는 「민간임대주택에 관한 특별법」 제2조 제7호에 따른 임대사업자가 임대사업에 사용하는 것으로서 임대 목적으로 제공하는 실이 20실 이상이고 해당 기숙사의 공동취사시설 이용 세대 수가 전체 세대 수의 50퍼센트 이상인 것
층수 산정 기준	아파트·연립주택	1층 전부를 필로티 구조로 하여 주차장으로 사용하는 경우에는 필로티 부분을 층수에서 제외한다.
	다세대주택·다가구주택·다중주택	1층의 전부 또는 일부를 필로티 구조로 하여 주차장으로 사용하고 나머지 부분을 주택(주거 목적으로 한정한다) 외의 용도로 사용하는 경우에는 해당 층을 주택의 층수에서 제외한다.

5 도시형 생활주택

구 분	내 용
정 의	300세대 미만의 국민주택규모에 해당하는 주택으로서 「국토의 계획 및 이용에 관한 법률」에 따른 도시지역에 건설하는 아파트형 주택, 단지형 연립주택, 단지형 다세대주택을 말한다.
아파트형 주택	다음의 요건을 모두 갖춘 아파트를 말한다. ① 세대별로 독립된 주거가 가능하도록 욕실 및 부엌을 설치할 것 ② 지하층에는 세대를 설치하지 않을 것
단지형 연립주택	연립주택. 다만, 건축위원회의 심의를 받은 경우에는 주택으로 쓰는 층수를 5개 층까지 건축할 수 있다.
단지형 다세대주택	다세대주택. 다만, 건축위원회의 심의를 받은 경우에는 주택으로 쓰는 층수를 5개 층까지 건축할 수 있다.
건축제한	① 하나의 건축물에는 도시형 생활주택과 그 밖의 주택을 함께 건축할 수 없다. 다만, 다음의 어느 하나에 해당하는 경우는 예외로 한다. 　㉠ 도시형 생활주택과 주거전용면적이 85제곱미터를 초과하는 주택 1세대를 함께 건축하는 경우 　㉡ 「국토의 계획 및 이용에 관한 법률 시행령」에 따른 준주거지역 또는 상업지역에서 아파트형 주택과 도시형 생활주택 외의 주택을 함께 건축하는 경우 ② 하나의 건축물에는 단지형 연립주택 또는 단지형 다세대주택과 아파트형 주택을 함께 건축할 수 없다.

6 세대구분형 공동주택

정의	세대구분형 공동주택이란 공동주택의 주택 내부 공간의 일부를 세대별로 구분하여 생활이 가능한 구조로 하되, 그 구분된 공간의 일부를 구분소유 할 수 없는 주택으로서 대통령령으로 정하는 건설기준, 설치기준, 면적기준 등에 적합한 주택을 말한다.
건설 및 면적 기준 등	「주택법」에 따른 사업계획의 승인을 받아 건설하는 공동주택의 경우: 다음의 요건을 모두 충족할 것 ① 세대별로 구분된 각각의 공간마다 별도의 욕실, 부엌과 현관을 설치하여야 한다. ② 하나의 세대가 통합하여 사용할 수 있도록 세대간에 연결문 또는 경량구조의 경계벽 등을 설치하여야 한다. ③ 세대구분형 공동주택의 세대수가 해당 주택단지 안의 공동주택 전체 세대수의 3분의 1을 넘지 않아야 한다. ④ 세대별로 구분된 각각의 공간의 주거전용면적 합계가 해당 주택단지 전체 주거전용면적 합계의 3분의 1을 넘지 아니하는 등 국토교통부장관이 정하여 고시하는 주거전용면적의 비율에 관한 기준을 충족하여야 한다. 「공동주택관리법」에 따른 행위의 허가를 받거나 신고를 하고 설치하는 공동주택의 경우: 다음의 요건을 모두 충족할 것 ① 구분된 공간의 세대수는 기존 세대를 포함하여 2세대 이하일 것 ② 세대별로 구분된 각각의 공간마다 별도의 욕실, 부엌과 구분 출입문을 설치할 것 ③ 세대구분형 공동주택의 세대수가 해당 주택단지 안의 공동주택 전체 세대수의 10분의 1과 해당 동의 전체 세대수의 3분의 1을 각각 넘지 않을 것. 다만, 시장·군수·구청장이 부대시설의 규모 등 해당 주택단지의 여건을 고려하여 인정하는 범위에서 세대수의 기준을 넘을 수 있다. ④ 구조, 화재, 소방 및 피난안전 등 관계 법령에서 정하는 안전 기준을 충족할 것
세대수 산정 기준	「주택법」에 따른 사업계획의 승인을 받아 건설 또는 「공동주택관리법」에 따른 행위의 허가를 받거나 신고를 하고 설치되는 주택과 관련하여 주택건설기준 등을 적용하는 경우 세대구분형 공동주택의 세대수는 그 구분된 공간의 세대수에 관계없이 하나의 세대로 산정한다.

02 관리업무 이관절차

1 공동주택의 관리업무 인계

(1) 의무관리대상 전환 공동주택의 전환절차

① 의무관리대상 공동주택으로 전환되는 공동주택(이하 "의무관리대상 전환 공동주택"이라 한다)의 관리인(「집합건물의 소유 및 관리에 관한 법률」에 따른 관리인을 말하며, 관리단이 관리를 개시하기 전인 경우에는 공동주택을 관리하고 있는 자를 말한다)은 대통령령으로 정하는 바에 따라 관할 특별자치시장·특별자치도지사·시장·군수·구청장(이하 특별자치시장·특별자치도지사·시장·군수·구청장은 "시장·군수·구청장"이라 한다)에게 의무관리대상 공동주택 전환 신고를 하여야 한다. 다만, 관리인이 신고하지 않는 경우에는 입주자 등의 10분의 1 이상이 연서하여 신고할 수 있다.

② 의무관리대상 전환 공동주택의 입주자 등은 관리규약의 제정 신고가 수리된 날부터 3개월 이내에 입주자대표회의를 구성하여야 하며, 입주자대표회의의 구성 신고가 수리된 날부터 3개월 이내에 공동주택의 관리 방법을 결정하여야 한다.

③ 의무관리대상 전환 공동주택의 입주자 등이 공동주택을 위탁관리할 것을 결정한 경우 입주자대표회의는 입주자대표회의의 구성 신고가 수리된 날부터 6개월 이내에 주택관리업자를 선정하여야 한다.

④ 의무관리대상 전환 공동주택의 입주자 등은 해당 공동주택을 의무관리대상에서 제외할 것을 정할 수 있으며, 이 경우 입주자대표회의의 회장(직무를 대행하는 경우에는 그 직무를 대행하는 사람을 포함한다)은 대통령령으로 정하는 바에 따라 시장·군수·구청장에게 의무관리대상 공동주택 제외 신고를 하여야 한다.

⑤ 의무관리대상 공동주택 전환 신고를 하려는 자는 입주자 등의 동의를 받은 날부터 30일 이내에 관할 시장·군수·구청장에게 ⑦에서 정하는 신고서를 제출해야 한다.

⑥ 의무관리대상 공동주택 제외 신고를 하려는 입주자대표회의의 회장(직무를 대행하는 경우에는 그 직무를 대행하는 사람을 포함한다)은 입주자 등의 동의를 받은 날부터 30일 이내에 시장·군수·구청장에게 ⑦에서 정하는 신고서를 제출해야 한다.

⑦ ⑤와 ⑥에서 "국토교통부령으로 정하는 신고서"란 의무관리대상 공동주택 전환 등 신고서를 말하며, 해당 신고서를 제출할 때에는 다음의 서류를 첨부해야 한다.
  ㉠ 제안서 및 제안자 명부
  ㉡ 입주자 등의 동의서
  ㉢ 입주자 등의 명부

⑧ ① 및 ④에 따른 신고를 받은 날부터 10일 이내에 신고수리 여부를 신고인에게 통지하여야 한다.

⑨ 시장·군수·구청장이 ⑧에서 정한 기간 내에 신고수리 여부 또는 민원 처리 관련 법령에 따른 처리기간의 연장을 신고인에게 통지하지 아니하면 그 기간(민원 처리 관련 법령에 따라 처리기간이 연장 또는 재연장된 경우에는 해당 처리기간을 말한다)이 끝난 날의 다음 날에 신고를 수리한 것으로 본다.

(2) 의무관리대상 공동주택의 관리업무 이관절차

① 의무관리대상 공동주택을 건설한 사업주체는 입주예정자의 과반수가 입주할 때까지 그 공동주택을 관리하여야 하며, 입주예정자의 과반수가 입주하였을 때에는 입주자 등에게 그 사실을 통지하고 해당 공동주택을 관리할 것을 요구하여야 한다.

② 입주자 등이 ①에 따른 요구를 받았을 때에는 그 요구를 받은 날부터 3개월 이내에 입주자를 구성원으로 하는 입주자대표회의를 구성하여야 한다.

③ 입주자대표회의의 회장은 입주자 등이 해당 공동주택의 관리방법을 결정(위탁관리하는 방법을 선택한 경우에는 그 주택관리업자의 선정을 포함한다)한 경우에는 이를 사업주체 또는 의무관리대상 전환 공동주택의 관리인에게 통지하고, 관할 시장·군수·구청장에게 신고하여야 한다. 신고한 사항이 변경되는 경우에도 또한 같다.

④ ③에 따라 입주자대표회의의 회장(직무를 대행하는 경우에는 그 직무를 대행하는 사람을 포함한다)은 공동주택 관리방법의 결정(위탁관리하는 방법을 선택한 경우에는 그 주택관리업자의 선정을 포함한다) 또는 변경결정에 관한 신고를 하려는 경우에는 그 결정일 또는 변경결정일부터 30일 이내에 신고서를 시장·군수·구청장에게 제출하여야 한다.

⑤ **신고수리 여부의 통지 등**

㉠ 시장·군수·구청장은 ③에 따른 신고를 받은 날부터 7일 이내에 신고수리 여부를 신고인에게 통지하여야 한다.

㉡ 시장·군수·구청장이 ㉠에서 정한 기간 내에 신고수리 여부 또는 민원 처리 관련 법령에 따른 처리기간의 연장을 신고인에게 통지하지 아니하면 그 기간(민원 처리 관련 법령에 따라 처리기간이 연장 또는 재연장된 경우에는 해당 처리기간을 말한다)이 끝난 날의 다음 날에 신고를 수리한 것으로 본다.

⑥ 사업주체는 입주자대표회의로부터 관리방법 결정에 따른 통지가 없거나 입주자대표회의가 자치관리기구를 구성하지 아니하는 경우에는 주택관리업자를 선정하여야 한다. 이 경우 사업주체는 입주자대표회의 및 관할 시장·군수·구청장에게 그 사실을 알려야 한다.

2 공동주택 관리방법의 결정과 변경절차

① 입주자 등은 의무관리대상 공동주택을 자치관리하거나 주택관리업자에게 위탁하여 관리하여야 한다.
② 공동주택 관리방법의 결정 또는 변경은 다음의 어느 하나에 해당하는 방법으로 한다.
　㉠ 입주자대표회의의 의결로 제안하고, 전체 입주자 등의 과반수가 찬성할 것
　㉡ 전체 입주자 등의 10분의 1 이상이 제안하고 전체 입주자 등의 과반수가 찬성할 것

3 관리업무 인수 · 인계

(1) 관리업무의 인수 · 인계시점

① 사업주체 또는 의무관리대상 전환 공동주택의 관리인은 다음의 어느 하나에 해당하는 경우에는 해당 관리주체에게 공동주택의 관리업무를 인계하여야 한다.
　㉠ 입주자대표회의의 회장으로부터 주택관리업자의 선정을 통지받은 경우
　㉡ 자치관리기구가 구성된 경우
　㉢ 주택관리업자가 선정된 경우(입주자대표회의로부터 관리방법 결정에 따른 통지가 없거나 입주자대표회의가 자치관리기구를 구성하지 아니하는 경우 사업주체가 주택관리업자가를 선정하는 경우)
② 공동주택의 관리주체가 변경되는 경우에 기존 관리주체는 새로운 관리주체에게 ①을 준용하여 해당 공동주택의 관리업무를 인계하여야 한다.
③ ②에 따른 새로운 관리주체는 기존 관리의 종료일까지 공동주택관리기구를 구성하여야 하며, 기존 관리주체는 해당 관리의 종료일까지 공동주택의 관리업무를 인계하여야 한다.
④ ③에도 불구하고 기존 관리의 종료일까지 인계 · 인수가 이루어지지 아니한 경우 기존 관리주체는 기존 관리의 종료일(기존 관리의 종료일까지 새로운 관리주체가 선정되지 못한 경우에는 새로운 관리주체가 선정된 날을 말한다)부터 1개월 이내에 새로운 관리주체에게 공동주택의 관리업무를 인계하여야 한다. 이 경우 그 인계기간에 소요되는 기존 관리주체의 인건비 등은 해당 공동주택의 관리비로 지급할 수 있다.

(2) **관리업무의 인수·인계항목**

사업주체 또는 의무관리대상 전환 공동주택의 관리인은 공동주택의 관리업무를 해당 관리주체에 인계할 때에는 입주자대표회의의 회장 및 1명 이상의 감사의 참관하에 인계자와 인수자가 인계·인수서에 각각 서명·날인하여 다음의 서류를 인계해야 한다. 기존 관리주체가 새로운 관리주체에게 공동주택의 관리업무를 인계하는 경우에도 또한 같다.

① 설계도서, 장비의 명세, 장기수선계획 및 안전관리계획

② 관리비·사용료·이용료의 부과·징수 현황 및 이에 관한 회계서류

③ 장기수선충당금의 적립 현황

④ 관리비예치금의 명세

⑤ 세대 전유부분을 입주자에게 인도한 날의 현황

⑥ 관리규약과 그 밖에 공동주택의 관리업무에 필요한 사항

보충학습

➤ **의무관리대상 공동주택의 범위**

1. 300세대 이상의 공동주택
2. 150세대 이상으로서 승강기가 설치된 공동주택
3. 150세대 이상으로서 중앙집중식 난방방식(지역난방방식을 포함한다)의 공동주택
4. 「건축법」에 따른 건축허가를 받아 주택 외의 시설과 주택을 동일 건축물로 건축한 건축물로서 주택이 150세대 이상인 건축물
5. 1.부터 4.까지에 해당하지 아니하는 공동주택 중 전체 입주자 등의 3분의 2 이상이 서면으로 동의하여 정하는 공동주택

---

03 자치관리와 위탁관리

1 자치관리

(1) **구성시기**

① 의무관리대상 공동주택의 입주자 등이 공동주택을 자치관리할 것을 정한 경우에는 입주자대표회의는 사업주체의 관리요구가 있은 날(의무관리대상 공동주택으로 전환되는 경우에는 입주자대표회의의 구성 신고가 수리된 날을 말한다)부터 6개월 이내에 공동주택의 관리사무소장을 자치관리기구의 대표자로 선임하고, 대통령령으로 정하는 기술인력 및 장비를 갖춘 자치관리기구를 구성하여야 한다.

② 주택관리업자에게 위탁관리하다가 자치관리로 관리방법을 변경할 경우에는 그 위탁관리의 종료일까지 자치관리기구를 구성하여야 한다.

⊞ **자치관리기구의 기술인력 및 장비기준**(공동주택관리법 시행령 별표1)

구 분	기 준
기술인력	다음의 기술인력. 다만, 관리기구가 입주자대표회의의 동의를 얻어 관리업무의 일부를 해당 법령에서 인정하는 전문용역업체에 용역하는 경우에는 해당 기술인력을 갖추지 아니할 수 있다. ① 승강기가 설치된 공동주택인 경우에는 승강기 안전관리법 시행령에 따른 승강기자체검사자격을 갖추고 있는 자 1명 이상 ② 해당 공동주택의 건축설비의 종류 및 규모 등에 따라 전기안전관리법, 고압가스 안전관리법, 액화석유가스의 안전 및 사업법, 도시가스사업법, 에너지이용 합리화법, 소방기본법, 화재의 예방 및 안전관리에 관한 법률, 소방시설 설치 및 관리에 관한 법률 및 대기환경보전법 등 관계법령에 의하여 갖추어야 할 기준 인원 이상의 기술자
장 비	① 비상용 급수펌프(수중펌프를 말한다) 1대 이상 ② 절연저항계(누전측정기를 말한다) 1대 이상 ③ 건축물 안전점검의 보유장비 : 망원경, 카메라, 돋보기, 콘크리트 균열폭 측정기, 5미터 이상용 줄자 및 누수탐지기 각 1대 이상

1. 관리사무소장과 기술인력 상호 간에는 겸직할 수 없다.
2. 기술인력 상호 간에는 겸직할 수 없다. 다만, 입주자대표회의 구성원 과반수의 찬성으로 겸직을 허용하는 경우에는 그러하지 아니하다.
   가. 해당 법령에서 「국가기술자격법」에 따른 국가기술자격의 취득을 선임요건으로 정하고 있는 기술인력과 국가기술자격을 취득하지 않아도 선임할 수 있는 기술인력의 겸직
   나. 해당 법령에서 국가기술자격을 취득하지 않아도 선임할 수 있는 기술인력 상호 간의 겸직

(2) 감독 등

① 자치관리기구는 입주자대표회의의 감독을 받는다.
② 입주자대표회의는 자치관리기구의 관리사무소장을 그 구성원 과반수의 찬성으로 선임한다.
③ 입주자대표회의는 선임된 관리사무소장이 해임, 그 밖의 사유로 결원이 된 때에는 그 사유가 발생한 날부터 30일 이내에 새로운 관리사무소장을 선임하여야 한다.
④ 입주자대표회의의 구성원은 자치관리기구의 직원을 겸할 수 없다.

2 위탁관리

(1) 용어정의

① 주택관리업은 공동주택을 안전하고 효율적으로 관리하기 위하여 입주자 등으로부터 의무관리대상 공동주택의 관리를 위탁받아 관리하는 업(業)을 말한다.

② 주택관리업자는 주택관리업을 하는 자로서 등록한 자를 말한다.

(2) 등 록

① 공동주택의 관리를 업으로 하려는 자는 시장·군수·구청장에게 등록하여야 하며, 등록 사항이 변경된 경우에는 국토교통부령으로 정하는 바에 따라 변경신고를 하여야 한다.

② ①에 따라 등록을 한 자가 그 등록이 말소된 후 2년이 지나지 아니한 때에는 다시 등록할 수 없다.

③ ①에 따른 등록은 주택관리사(임원 또는 사원의 3분의 1 이상이 주택관리사인 상사법인을 포함한다)가 신청할 수 있다.

④ 주택관리업자의 지위에 관하여 공동주택관리법에 규정이 있는 것 외에는 「민법」 중 위임에 관한 규정을 준용한다.

⑤ **등록기준**(공동주택관리법시행령 별표5)

구 분		등록기준
자본금		2억원 이상
기술인력	전기분야기술자	전기산업기사 이상의 기술자 1명 이상
	연료사용기기 취급 관련 기술자	에너지관리산업기사 이상의 기술자 또는 에너지관리기능사 1명 이상
	고압가스 관련 기술자	가스기능사 이상의 자격을 가진 사람 1명 이상
	위험물취급 관련 기술자	위험물기능사 이상의 기술자 1명 이상
주택관리사		주택관리사 1명 이상
시설·장비		① 5마력 이상의 양수기 1대 이상 ② 절연저항계(누전측정기를 말한다) 1대 이상 ③ 사무실

(3) 주택관리업자의 선정절차

① 의무관리대상 공동주택의 입주자 등이 공동주택을 위탁관리할 것을 정한 경우에는 입주자대표회의는 다음의 기준에 따라 주택관리업자를 선정하여야 한다.

　　㉠ 전자문서 및 전자거래 기본법에 따른 정보처리시스템을 통하여 선정(이하 '전자입찰방식'이라 한다)할 것. 다만, 선정방법 등이 전자입찰방식을 적용하기 곤란한 경우로서 국토교통부장관이 정하여 고시하는 경우에는 전자입찰방식으로 선정하지 아니할 수 있다.

　　㉡ 그 밖에 입찰의 방법 등 대통령령으로 정하는 방식을 따를 것

② 다음 각 목의 구분에 따른 사항에 대하여 전체 입주자 등의 과반수의 동의를 얻을 것

　　㉠ 경쟁입찰: 입찰의 종류 및 방법, 낙찰방법, 참가자격 제한 등 입찰과 관련한 중요사항

　　㉡ 수의계약: 계약상대자 선정, 계약 조건 등 계약과 관련한 중요사항

③ ①의 ㉠에 따른 전자입찰방식의 세부기준·절차 및 방법 등은 국토교통부장관이 정하여 고시한다.

④ ①의 ㉡에서 '그 밖에 입찰의 방법 등 대통령령으로 정하는 방식'이란 다음에 따른 방식을 말한다.

　　㉠ 국토교통부장관이 정하여 고시하는 경우 외에는 경쟁입찰로 할 것. 이 경우 다음의 사항은 국토교통부장관이 정하여 고시한다.

　　　ⓐ 입찰의 절차

　　　ⓑ 입찰 참가자격

　　　ⓒ 입찰의 효력

　　　ⓓ 그 밖에 주택관리업자의 적정한 선정을 위하여 필요한 사항

⑤ 입주자대표회의의 감사가 주택관리업자 선정을 위한 입찰과정 참관을 원하는 경우에는 참관할 수 있도록 할 것

⑥ 주택관리업자와의 계약기간은 장기수선계획의 조정주기를 고려하여 정할 것

⑦ 입주자 등은 기존 주택관리업자의 관리서비스가 만족스럽지 못한 경우에는 새로운 주택관리업자 선정을 위한 입찰에서 기존 주택관리업자의 참가를 제한하도록 입주자대표회의에 요구할 수 있다. 이 경우 입주자대표회의는 그 요구에 따라야 한다.

⑧ 입주자 등이 새로운 주택관리업자 선정을 위한 입찰에서 기존 주택관리업자의 참가를 제한하도록 입주자대표회의에 요구하려면 전체 입주자 등 과반수의 서면동의가 있어야 한다.

⑷ 관리상 의무

① 주택관리업자는 공동주택을 관리함에 있어 배치된 주택관리사 또는 주택관리사보가 해임 그 밖의 사유로 결원이 생긴 때에는 그 사유가 발생한 날부터 15일 이내에 새로운 주택관리사 등을 배치하여야 한다.

② 주택관리업자는 공동주택을 관리함에 있어 공동주택관리법 시행령 별표1의 규정에 의한 기술인력 및 장비를 갖추고 있어야 한다.

(5) 주택관리업의 행정처분

① 시장·군수·구청장은 주택관리업자가 다음의 어느 하나에 해당하면 그 등록을 말소하거나 1년 이내의 기간을 정하여 영업의 전부 또는 일부의 정지를 명할 수 있다. 다만, ㉠, ㉡ 또는 ㉣에 해당하는 경우에는 그 등록을 말소하여야 하고, ㉥ 또는 ㉧에 해당하는 경우에는 1년 이내의 기간을 정하여 영업의 전부 또는 일부의 정지를 명하여야 한다.

㉠ 거짓이나 그 밖의 부정한 방법으로 등록을 한 경우

㉡ 영업정지기간 중에 주택관리업을 영위한 경우 또는 최근 3년간 2회 이상의 영업정지처분을 받은 자로서 그 정지처분을 받은 기간이 합산하여 12개월을 초과한 경우

㉢ 고의 또는 과실로 공동주택을 잘못 관리하여 소유자 및 사용자에게 재산상의 손해를 입힌 경우

㉣ 공동주택 관리 실적이 미달한 경우(매년 12월 31일을 기준으로 최근 3년간 공동주택의 관리 실적이 없는 경우를 말한다)

㉤ 등록요건에 미달하게 된 경우

㉥ 관리방법 및 업무내용 등을 위반하여 공동주택을 관리한 경우

㉦ 부정하게 재물 또는 재산상의 이익을 취득하거나 제공한 경우

㉧ 관리비·사용료와 장기수선충당금을 공동주택관리법에 따른 용도 외의 목적으로 사용한 경우

㉨ 다른 자에게 자기의 성명 또는 상호를 사용하여 공동주택관리법에서 정한 사업이나 업무를 수행하게 하거나 그 등록증을 대여한 경우

㉩ 보고, 자료의 제출, 조사 또는 검사를 거부·방해 또는 기피하거나 거짓으로 보고를 한 경우

㉪ 감사를 거부·방해 또는 기피한 경우

② 지방자치단체의 장은 주택관리업자가 ①의 어느 하나에 해당하게 된 사실을 발견한 경우에는 그 사실을 지체 없이 그 주택관리업을 등록한 시장·군수·구청장에게 통보해야 한다.

③ 시장·군수·구청장은 주택관리업자가 ①의 ㉢부터 ㉥까지, ㉩ 및 ㉪의 어느 하나에 해당하는 경우에는 영업정지를 갈음하여 2천만원 이하의 과징금을 부과할 수 있다.

(6) 행정처분의 통보 및 과징금

① 시장·군수 또는 구청장은 주택관리업등록의 말소 또는 영업의 정지를 하고자 하는 때에는 처분일 1개월 전까지 당해 주택관리업자가 관리하는 공동주택의 입주자대표회의에 그 사실을 통보하여야 한다.

② **과징금의 부과 및 납부**

　㉠ 과징금은 영업정지기간 1일당 3만원을 부과하되, 영업정지 1개월은 30일을 기준으로 한다. 이 경우 과징금은 2천만원을 초과할 수 없다.

　㉡ 과징금의 통지를 받은 자는 통지를 받은 날부터 30일 이내에 과징금을 시장·군수 또는 구청장이 정하는 수납기관에 납부해야 한다.

3 민간임대주택에 관한 특별법

1. 민간임대주택의 관리

(1) 민간임대주택의 관리방식

임대사업자는 민간임대주택이 아래에 해당하는 규모 이상에 해당하면 「공동주택관리법」에 따른 주택관리업자에게 관리를 위탁하거나 자체관리하여야 한다.

① 300세대 이상의 공동주택
② 150세대 이상의 공동주택으로서 승강기가 설치된 공동주택
③ 150세대 이상의 공동주택으로서 중앙집중식 난방방식 또는 지역난방방식인 공동주택

(2) 민간임대주택의 자체관리

임대사업자가 (1)에 따라 민간임대주택을 자체관리하려면 「공동주택관리법 시행령」 별표1의 기준에 따른 기술인력 및 장비를 갖추고 국토교통부령으로 정하는바에 따라 시장·군수·구청장의 인가를 받아야 한다.

(3) 민간임대주택의 공동관리

① 임대사업자가 민간임대주택을 공동으로 관리할 수 있는 경우는 단지별로 임차인대표회의 또는 임차인 과반수(임차인대표회의를 구성하지 않은 경우만 해당한다)의 서면동의를 받은 경우로서 둘 이상의 민간임대주택단지를 공동으로 관리하는 것이 합리적이라고 특별시장, 광역시장, 특별자치시장, 특별자치도지사, 시장 또는 군수가 인정하는 경우로 한다.

② ①에 따라 공동관리하는 둘 이상의 민간임대주택단지에 기술인력 및 장비 기준을 적용할 때에는 둘 이상의 민간임대주택단지를 하나의 민간임대주택단지로 본다. 다만, 특별시장, 광역시장, 특별자치시장, 특별자치도지사, 시장 또는 군수가 민간임대주택단지 간의 거리 및 안전성 등을 고려하여 민간임대주택단지마다 갖출 것을 요구하는 경우에는 그렇지 않다.

2. 주택임대관리

(1) 주택임대관리업 및 주택임대관리업자의 정의

① **주택임대관리업의 정의**: 주택임대관리업이란 주택의 소유자로부터 임대관리를 위탁받아 관리하는 업(業)을 말하며, 다음과 같이 구분한다.
   ㉠ 자기관리형 주택임대관리업: 주택의 소유자로부터 주택을 임차하여 자기책임으로 전대(轉貸)하는 형태의 업
   ㉡ 위탁관리형 주택임대관리업: 주택의 소유자로부터 수수료를 받고 임대료 부과·징수 및 시설물 유지·관리 등을 대행하는 형태의 업
② 자기관리형 주택임대관리업과 위탁관리형 주택임대관리업을 구분하여 등록하여야 한다. 이 경우 자기관리형 주택임대관리업을 등록한 경우에는 위탁관리형 주택임대관리업도 등록한 것으로 본다.
③ 자기관리형 주택임대관리업을 하는 주택임대관리업자는 임대인 및 임차인의 권리보호를 위하여 아래에 해당하는 보증상품에 가입하여야 한다.
   ㉠ 임대인의 권리보호를 위한 보증: 자기관리형 주택임대관리업자가 약정한 임대료를 지급하지 아니하는 경우 약정한 임대료의 3개월분 이상의 지급을 책임지는 보증
   ㉡ 임차인의 권리보호를 위한 보증: 자기관리형 주택임대관리업자가 임대보증금의 반환의무를 이행하지 아니하는 경우 임대보증금의 반환을 책임지는 보증

(2) 주택임대관리업의 등록

① 주택임대관리업을 하려는 자는 시장·군수·구청장에게 등록할 수 있다. 다만, 다음에 해당하는 규모 이상으로 주택임대관리업을 하려는 자는 등록하여야 한다.
   ㉠ 자기관리형 주택임대관리업의 경우
      ⓐ 단독주택: 100호
      ⓑ 공동주택: 100세대
   ㉡ 위탁관리형 주택임대관리업의 경우
      ⓐ 단독주택: 300호
      ⓑ 공동주택: 300세대

② 등록기준

구 분			자기관리형 주택임대관리업	위탁관리형 주택임대관리업
1. 자본금			2억원 이상	1억원 이상
2. 전문인력	가. 변호사, 법무사, 공인회계사, 세무사, 감정평가사, 건축사, 공인중개사, 주택관리사 자격을 취득한 후 각각 해당 분야에 2년 이상 종사한 사람		2명 이상	1명 이상
	나. 부동산 관련 분야의 석사 이상의 학위를 취득한 후 부동산 관련 업무에 3년 이상 종사한 사람			
	다. 부동산 관련 회사에서 5년 이상 근무한 사람으로서 부동산 관련 업무에 3년 이상 종사한 사람			
3. 시설			사무실	

③ 주택임대관리업자는 등록한 사항을 변경하거나 말소하고자 할 경우 시장·군수·구청장에게 신고하여야 한다. 다만, 자본금 또는 전문인력의 수가 증가한 경우에는 신고하지 아니하여도 된다.

④ 시장·군수·구청장은 ③에 따른 신고를 받은 날부터 5일 이내에 신고수리 여부를 신고인에게 통지하여야 한다.

⑤ 시장·군수·구청장이 ④에서 정한 기간 내에 신고수리 여부 또는 민원 처리 관련 법령에 따른 처리기간의 연장을 신고인에게 통지하지 아니하면 그 기간(민원 처리 관련 법령에 따라 처리기간이 연장 또는 재연장된 경우에는 해당 처리기간을 말한다)이 끝난 날의 다음 날에 신고를 수리한 것으로 본다.

⑥ 주택임대관리업자는 등록한 사항이 변경된 경우에는 변경 사유가 발생한 날부터 15일 이내에 시장·군수·구청장(변경 사항이 주택임대관리업자의 주소인 경우에는 전입지의 시장·군수·구청장을 말한다)에게 신고하여야 하며, 주택임대관리업을 폐업하려면 폐업일 30일 이전에 시장·군수·구청장에게 말소신고를 하여야 한다.

(3) **주택임대관리업의 결격사유**

다음의 어느 하나에 해당하는 자는 주택임대관리업의 등록을 할 수 없다. 법인의 경우 그 임원 중 다음의 어느 하나에 해당하는 사람이 있을 때에도 또한 같다.

① 파산선고를 받고 복권되지 아니한 자
② 피성년후견인 또는 피한정후견인

③ 주택임대관리업의 등록이 말소된 후 2년이 지나지 아니한 자. 이 경우 등록이 말소된 자가 법인인 경우에는 말소 당시의 원인이 된 행위를 한 사람과 대표자를 포함한다.

④ 「민간임대주택에 관한 특별법」, 「주택법」, 「공공주택 특별법」 또는 「공동주택관리법」을 위반하여 금고 이상의 실형을 선고받고 집행이 종료(집행이 종료된 것으로 보는 경우를 포함한다)되거나 그 집행이 면제된 날부터 3년이 지나지 아니한 사람

⑤ 「민간임대주택에 관한 특별법」, 「주택법」, 「공공주택 특별법」 또는 「공동주택관리법」을 위반하여 형의 집행유예를 선고받고 그 유예기간 중에 있는 사람

⑷ 주택임대관리업자의 현황신고

① 주택임대관리업자는 분기마다 그 분기가 끝나는 달의 다음 달 말일까지 자본금, 전문인력, 관리 호수 등 대통령령으로 정하는 정보를 시장·군수·구청장에게 신고하여야 한다. 이 경우 신고받은 시장·군수·구청장은 국토교통부장관에게 이를 보고하여야 한다.

② 주택임대관리업자로부터 ①의 정보를 신고받은 시장·군수·구청장은 신고받은 날부터 30일 이내에 국토교통부장관에게 보고하여야 한다.

③ ①에서 "자본금, 전문인력, 관리 호수 등 대통령령으로 정하는 정보"란 다음의 정보를 말한다.

ㄱ 자본금

ㄴ 전문인력

ㄷ 사무실 소재지

ㄹ 위탁받아 관리하는 주택의 호수·세대수 및 소재지

ㅁ 보증보험 가입사항[자기관리형 주택임대관리업을 등록한 자(이하 "자기관리형 주택임대관리업자"라 한다)만 해당한다]

ㅂ 계약기간, 관리수수료[위탁관리형 주택임대관리업을 등록한 자(이하 "위탁관리형 주택임대관리업자"라 한다)만 해당한다] 및 임대료(자기관리형 주택임대관리업자만 해당한다) 등 위·수탁 계약조건에 관한 정보

ㅅ 자기관리형 주택임대관리업자가 체결한 전대차(轉貸借) 계약기간, 전대료(轉貸料) 및 전대보증금

⑸ 위·수탁계약서 포함사항

① 관리수수료(위탁관리형 주택임대관리업을 등록한 자만 해당한다)

② 임대료(자기관리형 주택임대관리업자만 해당한다)

③ 전대료(轉貸料) 및 전대보증금(자기관리형 주택임대관리업자만 해당한다)

④ 계약기간

⑤ 주택임대관리업자 및 임대인의 권리·의무에 관한 사항

⑥ 그 밖에 주택임대관리업자의 업무 외에 임대인·임차인의 편의를 위하여 추가적으로 제공하는 업무의 내용

(6) 주택임대관리업의 행정처분

① 시장·군수·구청장은 주택임대관리업자가 다음의 어느 하나에 해당하면 그 등록을 말소하거나 1년 이내의 기간을 정하여 영업의 전부 또는 일부의 정지를 명할 수 있다. 다만, ㉠, ㉡ 또는 ㉰에 해당하는 경우에는 그 등록을 말소하여야 한다.

㉠ 거짓이나 그 밖의 부정한 방법으로 등록을 한 경우

㉡ 영업정지기간 중에 주택임대관리업을 영위한 경우 또는 최근 3년간 2회 이상의 영업정지처분을 받은 자로서 그 정지처분을 받은 기간이 합산하여 12개월을 초과한 경우

㉢ 고의 또는 중대한 과실로 임대를 목적으로 하는 주택을 잘못 관리하여 임대인 및 임차인에게 재산상의 손해를 입힌 경우

㉣ 정당한 사유 없이 최종 위탁계약 종료일의 다음 날부터 1년 이상 위탁계약 실적이 없는 경우

㉤ 등록기준을 갖추지 못한 경우. 다만, 일시적으로 등록기준에 미달하는 등 대통령령으로 정하는 경우는 그러하지 아니하다.

㉰ 다른 자에게 자기의 명의 또는 상호를 사용하여 이 법에서 정한 사업이나 업무를 수행하게 하거나 그 등록증을 대여한 경우

㉱ 국토교통부장관 또는 지방자치단체의 장의 보고, 자료의 제출 또는 검사를 거부·방해 또는 기피하거나 거짓으로 보고한 경우

㉲ 시장·군수·구청장은 주택임대관리업자가 ㉢부터 ㉤까지 및 ㉱ 중 어느 하나에 해당하는 경우에는 영업정지를 갈음하여 1천만원 이하의 과징금을 부과할 수 있다.

(7) 행정처분의 통보

시장·군수·구청장은 주택임대관리업 등록의 말소 또는 영업정지 처분을 하려면 처분 예정일 1개월 전까지 해당 주택임대관리업자가 관리하는 주택의 임대인 및 임차인에게 그 사실을 통보하여야 한다.

(8) 과징금 부과기준 및 납부

① 과징금은 영업정지기간 1일당 3만원을 부과하되, 영업정지 1개월은 30일을 기준으로 한다. 이 경우 과징금은 1천만원을 초과할 수 없다.

② 과징금 통지를 받은 자는 통지를 받은 날부터 30일 이내에 과징금을 시장·군수·구청장이 정하는 수납기관에 납부해야 한다.

04 주택관리사 등의 제도

1 주택관리사보의 응시자격

주택관리사보 자격시험에 있어서 부정한 행위를 한 응시자에 대하여 그 시험은 무효로 하고, 당해 시험 시행일로부터 5년간 시험응시자격을 정지한다.

2 주택관리사 등의 결격사유

다음의 어느 하나에 해당하는 사람은 주택관리사 등이 될 수 없으며 그 자격을 상실한다.

① 피성년후견인 또는 피한정후견인
② 파산선고를 받은 사람으로서 복권되지 아니한 사람
③ 금고 이상의 실형을 선고받고 그 집행이 끝나거나(집행이 끝난 것으로 보는 경우를 포함한다) 집행이 면제된 날부터 2년이 지나지 아니한 사람
④ 금고 이상의 형의 집행유예를 선고받고 그 유예기간 중에 있는 사람
⑤ 주택관리사 등의 자격이 취소된 후 3년이 지나지 아니한 사람(① 및 ② 에 해당하여 주택관리사 등의 자격이 취소된 경우는 제외한다)

3 주택관리사 등의 행정처분

시·도지사는 주택관리사 등이 다음의 어느 하나에 해당하면 그 자격을 취소하거나 1년 이내의 기간을 정하여 그 자격을 정지시킬 수 있다. 다만, (1)부터 (4)까지, (7) 중 어느 하나에 해당하는 경우에는 그 자격을 취소하여야 한다.

(1) 거짓이나 그 밖의 부정한 방법으로 자격을 취득한 경우

(2) 공동주택의 관리업무와 관련하여 금고 이상의 형을 선고받은 경우

(3) 의무관리대상 공동주택에 취업한 주택관리사 등이 다른 공동주택 및 상가·오피스텔 등 주택 외의 시설에 취업한 경우

⑷ 주택관리사 등이 자격정지기간에 공동주택관리업무를 수행한 경우

⑸ 고의 또는 중대한 과실로 공동주택을 잘못 관리하여 소유자 및 사용자에게 재산상의 손해를 입힌 경우

⑹ 주택관리사 등이 업무와 관련하여 금품수수 등 부당이득을 취한 경우

⑺ 다른 사람에게 자기의 명의를 사용하여 공동주택관리법에서 정한 업무를 수행하게 하거나 자격증을 대여한 경우

⑻ 보고, 자료의 제출, 조사 또는 검사를 거부·방해 또는 기피하거나 거짓으로 보고를 한 경우

⑼ 감사를 거부·방해 또는 기피한 경우

4 주택관리사 자격증의 교부

① 특별시장·광역시장·특별자치시장·도지사 또는 특별자치도지사(이하 "시·도지사" 라 한다)는 주택관리사보 자격시험에 합격하기 전이나 합격한 후 다음의 어느 하나에 해당하는 경력을 갖춘 자에 대하여 주택관리사 자격증을 발급한다.

　㉠ 사업계획승인을 받아 건설한 50세대 이상 500세대 미만의 공동주택(「건축법」 제11조 에 따른 건축허가를 받아 주택과 주택 외의 시설을 동일 건축물로 건축한 건축물 중 주택이 50세대 이상 300세대 미만인 건축물을 포함한다)의 관리사무소장으로의 근무경력 3년 이상

　㉡ 사업계획승인을 받아 건설한 50세대 이상의 공동주택(「건축법」 제11조에 따른 건 축허가를 받아 주택과 주택 외의 시설을 동일 건축물로 건축한 건축물 중 주택이 50세대 이상 300세대 미만인 건축물을 포함한다)의 관리사무소의 직원(경비원, 청 소원, 소독원은 제외한다) 또는 주택관리업자의 임직원으로서 주택관리업무에의 종사경력 5년 이상

　㉢ 한국토지주택공사 또는 지방공사의 직원으로서 주택관리업무에의 종사경력 5년 이상

　㉣ 공무원으로서 주택 관련 지도·감독 및 인·허가 업무 등에의 종사경력 5년 이상

　㉤ 주택관리사단체와 국토교통부장관이 정하여 고시하는 공동주택관리와 관련된 단 체의 임직원으로서 주택 관련 업무에 종사한 경력 5년 이상

　㉥ ㉠ 부터 ㉤의 경력을 합산한 기간이 5년 이상

② 주택관리사 자격증을 발급받으려는 자는 자격증발급신청서(전자문서로 된 신청서를 포함한다)에 ①의 실무경력에 대한 증명서류(전자문서를 포함한다) 및 사진을 첨부하 여 주택관리사보 자격시험 합격증서를 발급한 시·도지사에게 제출해야 한다.

5 주택관리업자 및 관리사무소장의 교육

(1) 주택관리업자(법인인 경우에는 그 대표자를 말한다)와 관리사무소장으로 배치받은 주택관리사 등은 (5)에 따라 시·도지사로부터 공동주택관리에 관한 교육과 윤리교육을 받아야 한다. 이 경우 관리사무소장으로 배치받으려는 주택관리사 등은 공동주택관리에 관한 교육과 윤리교육을 받을 수 있고, 그 교육을 받은 경우에는 관리사무소장의 교육의무를 이행한 것으로 본다.

(2) 관리사무소장으로 배치받으려는 주택관리사 등이 배치예정일부터 직전 5년 이내에 관리사무소장·공동주택관리기구의 직원 또는 주택관리업자의 임직원으로서 종사한 경력이 없는 경우에는 국토교통부령으로 정하는바에 따라 시·도지사가 실시하는 공동주택관리에 관한 교육과 윤리교육을 이수하여야 관리사무소장으로 배치받을 수 있다. 이 경우 공동주택관리에 관한 교육과 윤리교육을 이수하고 관리사무소장으로 배치받은 주택관리사 등에 대하여는 (1)에 따른 관리사무소장의 교육의무를 이행한 것으로 본다.

(3) 공동주택의 관리사무소장으로 배치받아 근무 중인 주택관리사 등은 (1) 또는 (2)에 따른 교육을 받은 후 3년마다 국토교통부령으로 정하는 바에 따라 공동주택관리에 관한 교육과 윤리교육을 받아야 한다.

(4) 국토교통부장관은 (1)부터 (3)까지에 따라 시·도지사가 실시하는 교육의 전국적 균형을 유지하기 위하여 교육수준 및 교육방법 등에 필요한 지침을 마련하여 시행할 수 있다.

(5) 주택관리업자(법인인 경우에는 그 대표자를 말한다) 또는 관리사무소장은 다음의 구분에 따른 시기에 교육수탁기관으로부터 공동주택관리에 관한 교육과 윤리교육을 받아야 하며, 교육수탁기관은 관리사무소장으로 배치받으려는 주택관리사 등에 대해서도 공동주택관리에 관한 교육과 윤리교육을 시행할 수 있다.

① **주택관리업자**: 주택관리업의 등록을 한 날부터 3개월 이내

② **관리사무소장**: 관리사무소장으로 배치된 날(주택관리사보로서 관리사무소장이던 사람이 주택관리사의 자격을 취득한 경우에는 그 자격취득일을 말한다)부터 3개월 이내

(6) (2), (3), (5)까지의 규정에 따른 교육기간은 3일로 한다. 이 경우 교육은 교육과정의 성격, 교육여건 등을 고려하여 집합교육 또는 인터넷을 이용한 교육의 방법으로 실시할 수 있다.

(7) 교육수탁기관의 통보 및 이행사항

① 교육수탁기관은 교육 실시 10일 전에 교육의 일시·장소·기간·내용·대상자 및 그 밖에 교육에 필요한 사항을 공고하거나 관리주체에게 통보하여야 한다.

② 특별시장·광역시장·특별자치시장·도지사 또는 특별자치도지사(이하 "시·도지사")는 교육수탁기관으로 하여금 다음의 사항을 이행하도록 하여야 한다.

㉠ 매년 11월 30일까지 다음 연도의 교육계획서를 작성하여 시·도지사의 승인을 받아야 한다.

㉡ 해당 연도의 교육 종료 후 1개월 이내에 교육결과보고서를 작성하여 시·도지사에게 보고하여야 한다.

05 관리사무소장

1 배 치

① 의무관리대상 공동주택을 관리하는 다음의 어느 하나에 해당하는 자는 주택관리사를 해당 공동주택의 관리사무소장으로 배치하여야 한다. 다만, 500세대 미만의 공동주택에는 주택관리사를 갈음하여 주택관리사보를 해당 공동주택의 관리사무소장으로 배치할 수 있다.

㉠ 입주자대표회의(자치관리의 경우에 한한다)
㉡ 임대사업자
㉢ 관리업무를 인계하기 전의 사업주체
㉣ 주택관리업자

② ①의 자는 관리사무소장의 보조자로서 주택관리사 등을 배치할 수 있다.

2 배치 및 변경신고

① 관리사무소장은 그 배치 내용과 업무의 집행에 사용할 직인을 시장·군수·구청장에게 신고하여야 한다. 신고한 배치 내용과 직인을 변경할 때에도 또한 같다.

② 배치 내용과 업무의 집행에 사용할 직인을 신고하려는 공동주택의 관리사무소장은 배치된 날부터 15일 이내에 관리사무소장 배치 및 직인 (변경)신고서에 다음의 서류를 첨부하여 접수업무를 위탁받은 주택관리사단체에 제출하여야 한다.

㉠ 관리사무소장 교육 또는 주택관리사 등의 교육 이수현황(주택관리사단체가 해당
   교육 이수현황을 발급하는 경우에는 제출하지 아니할 수 있다) 1부
㉡ 임명장 사본 1부. 다만, 배치된 공동주택의 전임(前任) 관리사무소장이 배치종료 신
   고를 하지 아니한 경우에는 배치를 증명하는 다음의 구분에 따른 서류를 함께 제출
   하여야 한다.
      ⓐ 공동주택의 관리방법이 자치관리인 경우: 근로계약서 사본 1부
      ⓑ 공동주택의 관리방법이 위탁관리인 경우: 위 · 수탁 계약서 사본 1부
㉢ 주택관리사보자격시험 합격증서 또는 주택관리사 자격증 사본 1부
㉣ 주택관리사 등의 손해배상책임을 보장하기 위한 보증설정을 입증하는 서류 1부
③ 신고한 배치 내용과 업무의 집행에 사용하는 직인을 변경하려는 관리사무소장은 변경
   사유(관리사무소장의 배치가 종료된 경우를 포함한다)가 발생한 날부터 15일 이내에
   신고서에 변경내용을 증명하는 서류를 첨부하여 주택관리사단체에 제출하여야 한다.
④ 신고 또는 변경신고를 접수한 주택관리사단체는 관리사무소장의 배치 내용 및 직인
   신고(변경신고하는 경우를 포함한다) 접수 현황을 분기별로 시장 · 군수 · 구청장에게
   보고하여야 한다.
⑤ 주택관리사단체는 관리사무소장이 신고 또는 변경신고에 대한 증명서 발급을 요청하
   면 즉시 관리사무소장의 배치 및 직인 (변경)신고증명서를 발급하여야 한다.

3 업무 등

(1) 관리사무소장은 공동주택을 안전하고 효율적으로 관리하여 공동주택의 입주자 등의
   권익을 보호하기 위하여 다음의 업무를 집행한다.
   ① 입주자대표회의에서 의결하는 다음의 업무
      ㉠ 공동주택의 운영 · 관리 · 유지 · 보수 · 교체 · 개량
      ㉡ ㉠의 업무를 집행하기 위한 관리비 · 장기수선충당금이나 그 밖의 경비의 청구 ·
         수령 · 지출 및 그 금원을 관리하는 업무
   ② 하자의 발견 및 하자보수의 청구, 장기수선계획의 조정, 시설물 안전관리계획의 수
      립 및 건축물의 안전점검에 관한 업무. 다만, 비용지출을 수반하는 사항에 대하여
      는 입주자대표회의의 의결을 거쳐야 한다.
   ③ 관리사무소 업무의 지휘 · 총괄
   ④ 관리주체 업무를 지휘 · 총괄하는 업무
   ⑤ 입주자대표회의 및 선거관리위원회의 운영에 필요한 업무 지원 및 사무처리
   ⑥ 안전관리계획의 조정. 이 경우 3년마다 조정하되, 관리여건상 필요하여 관리사무소
      장이 입주자대표회의 구성원 과반수의 서면동의를 받은 경우에는 3년이 지나기 전
      에 조정할 수 있다.

⑦ 관리비 등이 예치된 금융기관으로부터 매월 말일을 기준으로 발급받은 잔고증명서의 금액과 장부상 금액이 일치하는지 여부를 관리비 등이 부과된 달의 다음 달 10일까지 확인하는 업무

(2) 관리사무소장은 (1)의 ①에 ㉠ 및 ㉡ 과 관련하여 입주자대표회의를 대리하여 재판상 또는 재판 외의 행위를 할 수 있다.

(3) 관리사무소장은 선량한 관리자의 주의로 그 직무를 수행하여야 한다.

(4) 관리사무소장은 그 배치 내용과 업무의 집행에 사용할 직인을 국토교통부령으로 정하는 바에 따라 시장·군수·구청장에게 신고하여야 한다. 신고한 배치 내용과 직인을 변경할 때에도 또한 같다.

(5) 관리사무소장의 업무에 대한 부당 간섭 배제 등

① 입주자대표회의(구성원을 포함한다) 및 입주자 등은 관리사무소장의 업무에 대하여 다음의 어느 하나에 해당하는 행위를 하여서는 아니 된다.

㉠ 공동주택관리법 또는 관계 법령에 위반되는 지시를 하거나 명령을 하는 등 부당하게 간섭하는 행위

㉡ 폭행, 협박 등 위력을 사용하여 정당한 업무를 방해하는 행위

② 관리사무소장은 입주자대표회의 또는 입주자 등이 ①을 위반한 경우 입주자대표회의 또는 입주자 등에게 그 위반사실을 설명하고 해당 행위를 중단할 것을 요청하거나 부당한 지시 또는 명령의 이행을 거부할 수 있으며, 시장·군수·구청장에게 이를 보고하고, 사실 조사를 의뢰할 수 있다.

③ 시장·군수·구청장은 ②에 따라 사실 조사를 의뢰받은 때에는 지체 없이 조사를 마치고, ①을 위반한 사실이 있다고 인정하는 경우 입주자대표회의 및 입주자 등에게 필요한 명령 등의 조치를 하여야 한다. 이 경우 범죄혐의가 있다고 인정될 만한 상당한 이유가 있을 때에는 수사기관에 고발할 수 있다.

④ 시장·군수·구청장은 사실 조사 결과 또는 필요한 명령 등의 조치 결과를 지체 없이 입주자대표회의, 해당 입주자 등, 주택관리업자 및 관리사무소장에게 통보하여야 한다.

⑤ 입주자대표회의는 ②에 따른 보고나 사실 조사 의뢰 또는 ③에 따른 명령 등을 이유로 관리사무소장을 해임하거나 해임하도록 주택관리업자에게 요구하여서는 아니 된다.

4 손해배상책임

책 임	주택관리사 등은 관리사무소장의 업무를 집행함에 있어서 고의 또는 과실로 인하여 입주자에게 재산상의 손해를 발생하게 한 때에는 그 손해를 배상할 책임이 있다.
보증 설정	① 관리사무소장으로 배치된 주택관리사 등은 손해배상책임을 보장하기 위하여 다음의 구분에 따른 금액을 보장하는 보증보험 또는 공제에 가입하거나 공탁을 하여야 한다. 　㉠ 500세대 미만의 공동주택 : 3천만원 　㉡ 500세대 이상의 공동주택 : 5천만원 ② 주택관리사 등은 손해배상책임을 보장하기 위한 보증보험 또는 공제에 가입하거나 공탁을 한 후 해당 공동주택의 관리사무소장으로 배치된 날에 다음의 어느 하나에 해당하는 자에게 보증보험 등에 가입한 사실을 입증하는 서류를 제출하여야 한다. 　㉠ 입주자대표회의의 회장 　㉡ 임대주택의 경우에는 임대사업자 　㉢ 입주자대표회의가 없는 경우에는 시장·군수·구청장 ③ 관리사무소장의 손해배상책임을 보장하기 위한 보증보험 또는 공제에 가입하거나 공탁을 한 조치를 이행한 주택관리사 등은 그 보증설정을 다른 보증설정으로 변경하려는 경우에는 해당 보증설정의 효력이 있는 기간 중에 다른 보증설정을 하여야 한다. ④ 보증보험 또는 공제에 가입한 주택관리사 등으로서 보증기간이 만료되어 다시 보증설정을 하려는 자는 그 보증기간이 만료되기 전에 다시 보증설정을 하여야 한다. ⑤ ③ 및 ④에 따라 보증설정을 한 경우에는 해당 보증설정을 입증하는 서류를 ②에 따라 제출하여야 한다.
지 급	① 입주자대표회의는 손해배상금으로 보증보험금·공제금 또는 공탁금을 지급받으려는 경우에는 다음의 어느 하나에 해당하는 서류를 첨부하여 보증보험회사, 공제회사 또는 공탁기관에 손해배상금의 지급을 청구하여야 한다. 　㉠ 입주자대표회의와 주택관리사 등 간의 손해배상합의서 또는 화해조서 　㉡ 확정된 법원의 판결문 사본 　㉢ ㉠ 및 ㉡에 준하는 효력이 있는 서류 ② 주택관리사 등은 보증보험금·공제금 또는 공탁금으로 손해배상을 한 때에는 15일 이내에 보증보험 또는 공제에 다시 가입하거나 공탁금 중 부족하게 된 금액을 보전하여야 한다.
지급 제한	공탁한 공탁금은 주택관리사 등이 해당 공동주택의 관리사무소장의 직을 사임하거나 그 직에서 해임된 날 또는 사망한 날부터 3년 이내에는 회수할 수 없다.

5 공제사업

(1) 주택관리사단체는 관리사무소장의 손해배상책임과 공동주택에서 발생하는 인적·물적 사고, 그 밖에 공동주택관리업무와 관련한 종사자와 사업자의 손해배상책임 등을 보장하기 위하여 공제사업을 할 수 있다.

(2) 주택관리사단체는 공제사업을 하려면 아래의 공제규정을 제정하여 국토교통부장관의 승인을 받아야 한다. 공제규정을 변경하려는 경우에도 또한 같다.
　① 공제계약의 내용으로서 다음의 사항
　　㉠ 주택관리사단체의 공제책임
　　㉡ 공제금, 공제료(공제사고 발생률 및 보증보험료 등을 종합적으로 고려하여 정한다) 및 공제기간
　　㉢ 공제금의 청구와 지급절차, 구상 및 대위권, 공제계약의 실효
　　㉣ 그 밖에 공제계약에 필요한 사항
　② 회계기준 : 공제사업을 손해배상기금과 복지기금으로 구분하여 각 기금별 목적 및 회계원칙에 부합되는 기준
　③ 책임준비금의 적립비율 : 공제료 수입액의 100분의 10 이상(공제사고 발생률 및 공제금 지급액 등을 종합적으로 고려하여 정한다)

(3) 공제규정에는 대통령령으로 정하는 바에 따라 공제사업의 범위, 공제계약의 내용, 공제금, 공제료, 회계기준 및 책임준비금의 적립 비율 등 공제사업의 운용에 필요한 사항이 포함되어야 한다.

(4) 주택관리사단체는 공제사업을 다른 회계와 구분하여 별도의 회계로 관리하여야 하며, 책임준비금을 다른 용도로 사용하려는 경우에는 국토교통부장관의 승인을 받아야 한다.

(5) 주택관리사단체는 매년도의 공제사업 운용 실적을 일간신문 또는 단체의 홍보지 등을 통하여 공제계약자에게 공시하여야 한다.

(6) 주택관리사단체는 다음의 사항이 모두 포함된 공제사업 운용 실적을 매 회계연도 종료 후 2개월 이내에 국토교통부장관에게 보고하고, 일간신문 또는 주택관리사단체의 홍보지 등에 공시하여야 한다.
　① 재무상태표, 손익계산서 및 감사보고서
　② 공제료 수입액, 공제금 지급액, 책임준비금 적립액
　③ 그 밖에 공제사업의 운용에 관한 사항

(7) 국토교통부장관은 주택관리사단체가 공동주택관리법 및 공제규정을 지키지 아니하여 공제사업의 건전성을 해칠 우려가 있다고 인정되는 경우에는 시정을 명하여야 한다.

(8) 「금융위원회의 설치 등에 관한 법률」에 따른 금융감독원 원장은 국토교통부장관이 요청한 경우에는 주택관리사단체의 공제사업에 관하여 검사를 할 수 있다.

6 협 회

구 분	내 용
설 립	① 주택관리사단체는 협회를 설립하려면 공동주택의 관리사무소장으로 배치된 자의 5분의 1 이상의 인원수를 발기인으로 하여 정관을 마련한 후 창립총회의 의결을 거쳐 국토교통부장관의 인가를 받아야 한다. ② 국토교통부장관은 인가를 하였을 때에는 이를 지체 없이 공고하여야 한다.
준 용	협회에 관하여 공동주택관리법에서 규정한 것 외에는 「민법」 중 사단법인에 관한 규정을 준용한다.

06 관리주체

1 업 무

관리주체는 다음의 업무를 행한다. 이 경우 필요한 범위 안에서 공동주택의 공용부분을 사용할 수 있다.
① 공동주택의 공용부분의 유지·보수 및 안전관리
② 공동주택단지 안의 경비·청소·소독 및 쓰레기수거
③ 관리비 및 사용료의 징수와 공과금 등의 납부대행
④ 장기수선충당금 징수·적립 및 관리
⑤ 관리규약으로 정한 사항의 집행
⑥ 입주자대표회의에서 의결한 사항의 집행
⑦ 공동주택 관리업무의 공개·홍보 및 공동시설물의 사용방법에 관한 지도·계몽
⑧ 공동주택단지 안의 토지·부대시설 및 복리시설에 대한 무단점유행위의 방지 및 위반행위 시의 조치
⑨ 공동주택단지 안에서 발생한 안전사고 및 도난사고 등에 대한 대응조치
⑩ 하자보수대행

2 동의사항

① 입주자 등은 다음의 행위를 하려는 경우는 관리주체의 동의를 받아야 한다.
  ㉠ 전기실·기계실·정화조시설 등에 출입하는 행위
  ㉡ 「화재예방, 소방시설설치유지 및 안전관리에 관한 법률」 제10조 제1항에 위배되지 아니하는 범위에서 공용부분에 물건을 적재하여 통행·피난 및 소방을 방해하는 행위
  ㉢ 공동주택에 광고물·표지물 또는 표지를 부착하는 행위
  ㉣ 가축(장애인 보조견을 제외한다)을 사육하거나 방송시설 등을 사용함으로써 공동 주거생활에 피해를 미치는 행위
  ㉤ 공동주택의 발코니 난간 또는 외벽에 돌출물을 설치하는 행위
  ㉥ 국토교통부령으로 정하는 경미한 행위로서 주택내부의 구조물과 설비를 증설하거나 제거하는 행위
  ㉦ 「환경친화적 자동차의 개발 및 보급 촉진에 관한 법률」에 따른 전기자동차의 이동형 충전기를 이용하기 위한 차량무선인식장치[전자태그(RFID tag)를 말한다]를 콘센트 주위에 부착하는 행위
② ①의 ㉤에도 불구하고 「주택건설기준 등에 관한 규정」에 따라 세대 안에 냉방설비의 배기장치를 설치할 수 있는 공간이 마련된 공동주택의 경우 입주자 등은 냉방설비의 배기장치를 설치하기 위하여 돌출물을 설치하는 행위를 해서는 아니 된다.

3 냉방설비의 배기장치

① 공동주택의 각 세대에는 발코니 등 세대 안에 냉방설비의 배기장치를 설치할 수 있는 공간을 마련하여야 한다. 다만, 중앙집중냉방방식의 경우에는 그러하지 아니하다.
② ① 본문에 따른 배기장치 설치공간은 냉방설비의 배기장치가 원활하게 작동할 수 있도록 국토교통부령으로 정하는 기준에 따라 설치해야 한다.
③ ②에서 '국토교통부령으로 정하는 기준'이란 다음의 요건을 모두 갖춘 것을 말한다.
  ㉠ 냉방설비가 작동할 때 주거환경이 악화되지 않도록 거주자가 일상적으로 생활하는 공간과 구분하여 구획할 것. 다만, 배기장치 설치공간을 외부 공기에 직접 닿는 곳에 마련하는 경우에는 그렇지 않다.
  ㉡ 세대별 주거전용면적에 적정한 용량인 냉방설비의 배기장치 규격에 배기장치의 설치·유지 및 관리에 필요한 여유 공간을 더한 크기로 할 것
  ㉢ 세대별 주거전용면적이 50㎡를 초과하는 경우로서 세대 내 거실 또는 침실이 2개 이상인 경우에는 거실을 포함한 최소 2개의 공간에 냉방설비 배기장치 연결배관을 설치할 것
  ㉣ 냉방설비 배기장치 설치공간을 외부 공기에 직접 닿는 곳에 마련하는 경우에는 배기장치 설치공간 주변에 주택건설기준 등에 관한 규정에 적합한 난간을 설치할 것

④ ③의 ⓛ에 따른 배기장치의 설치ㆍ유지 및 관리에 필요한 여유 공간은 다음의 구분에 따른다.
  ㉠ 배기장치 설치공간을 외부 공기에 직접 닿는 곳에 마련하는 경우로서 냉방설비 배기장치 설치공간에 출입문을 설치하고, 출입문을 연 상태에서 배기장치를 설치할 수 있는 경우에는 가로 0.5m 이상
  ㉡ 그 밖의 경우에는 가로 0.5m 이상 및 세로 0.7m 이상

4 보관 및 열람

① 의무관리대상 공동주택의 관리주체는 관리비 등의 징수ㆍ보관ㆍ예치ㆍ집행 등 모든 거래 행위에 관하여 장부를 월별로 작성하여 그 증빙서류와 함께 해당 회계연도 종료일부터 5년간 보관하여야 한다. 이 경우 관리주체는 정보처리시스템을 통하여 장부 및 증거서류를 작성하거나 보관할 수 있다.
② 공동주택의 관리주체는 입주자 및 사용자가 관리비 등의 장부나 증빙서류, 관리비 등의 사업계획, 예산안, 사업실적서 및 결산서의 정보의 열람을 요구하거나 자기의 비용으로 복사를 요구하는 때에는 관리규약으로 정하는 바에 따라 이에 응하여야 한다. 다만, 다음의 정보는 제외하고 요구에 응하여야 한다.
  ㉠ 「개인정보 보호법」에 따른 고유식별정보 등 개인의 사생활의 비밀 또는 자유를 침해할 우려가 있는 정보
  ㉡ 의사결정과정 또는 내부검토과정에 있는 사항 등으로서 공개될 경우 업무의 공정한 수행에 현저한 지장을 초래할 우려가 있는 정보

5 관리비 등의 사업계획 및 예산안 수립 등

① 의무관리대상 공동주택의 관리주체는 다음 회계연도에 관한 관리비 등의 사업계획 및 예산안을 매 회계연도 개시 1개월 전까지 입주자대표회의에 제출하여 승인을 받아야 하며, 승인사항에 변경이 있는 때에는 변경승인을 받아야 한다.
② 사업주체로부터 공동주택의 관리업무를 인계받은 관리주체는 지체 없이 다음 회계연도가 시작되기 전까지의 기간에 대한 사업계획 및 예산안을 수립하여 입주자대표회의의 승인을 받아야 한다. 다만, 다음 회계연도가 시작되기 전까지의 기간이 3개월 미만인 경우로서 입주자대표회의 의결이 있는 경우에는 생략할 수 있다.
③ 의무관리대상 공동주택의 관리주체는 회계연도마다 사업실적서 및 결산서를 작성하여 회계연도 종료 후 2개월 이내에 입주자대표회의에 제출하여야 한다.

6 관리비 등의 회계감사

① 의무관리대상 공동주택의 관리주체는 대통령령으로 정하는 바에 따라 「주식회사 등의 외부감사에 관한 법률」에 따른 감사인의 회계감사를 매년 1회 이상 받아야 한다. 다만, 다음 각 호의 구분에 따른 연도에는 그러하지 아니하다.
  ⊙ 300세대 이상인 공동주택: 해당 연도에 회계감사를 받지 아니하기로 입주자 등의 3분의 2 이상의 서면동의를 받은 경우 그 연도
  ⓒ 300세대 미만인 공동주택: 해당 연도에 회계감사를 받지 아니하기로 입주자 등의 과반수의 서면동의를 받은 경우 그 연도
② 관리주체는 ①에 따라 회계감사를 받은 경우에는 감사보고서 등 회계감사의 결과를 제출받은 날부터 1개월 이내에 입주자대표회의에 보고하고 해당 공동주택단지의 인터넷 홈페이지 및 동별 게시판에 공개하여야 한다.
③ ①에 따른 회계감사의 감사인은 입주자대표회의가 선정한다. 이 경우 입주자대표회의는 시장·군수·구청장 또는 「공인회계사법」에 따른 한국공인회계사회에 감사인의 추천을 의뢰할 수 있으며, 입주자 등의 10분의 1 이상이 연서하여 감사인의 추천을 요구하는 경우 입주자대표회의는 감사인의 추천을 의뢰한 후 추천을 받은 자 중에서 감사인을 선정하여야 한다.
④ ①에 따른 회계감사의 감사인은 회계감사 완료일부터 1개월 이내에 회계감사 결과를 해당 공동주택을 관할하는 시장·군수·구청장에게 제출하고 공동주택관리정보시스템에 공개하여야 한다.
⑤ ①의 각 호 외의 부분 본문에 따라 회계감사를 받아야 하는 공동주택의 관리주체는 매 회계연도 종료 후 9개월 이내에 다음의 재무제표에 대하여 회계감사를 받아야 한다.
  ⊙ 재무상태표
  ⓒ 운영성과표
  ⓒ 이익잉여금처분계산서(또는 결손금처리계산서)
  ⓔ 주석(註釋)
⑥ 재무제표를 작성하는 회계처리기준은 국토교통부장관이 정하여 고시한다.
⑦ 국토교통부장관은 회계처리기준의 제정 또는 개정의 업무를 외부 전문기관에 위탁할 수 있다.
⑧ 회계감사는 공동주택 회계의 특수성을 감안하여 제정된 회계감사기준에 따라 실시되어야 한다.
⑨ 회계감사기준은 「공인회계사법」에 따른 한국공인회계사회가 정하되, 국토교통부장관의 승인을 받아야 한다.
⑩ ①의 각 호 외의 부분 본문에 따른 감사인은 ⑤에 따라 관리주체가 회계감사를 받은 날부터 1개월 이내에 관리주체에게 감사보고서를 제출해야 한다.
⑪ 입주자대표회의는 감사인에게 감사보고서에 대한 설명을 하여 줄 것을 요청할 수 있다.
⑫ 공동주택 회계감사의 원활한 운영 등을 위하여 필요한 사항은 국토교통부령으로 정한다.

7 관리비 등의 집행을 위한 사업자의 선정

① 의무관리대상 공동주택의 관리주체 또는 입주자대표회의가 관리비, 사용료 등, 장기수선충당금과 그 적립금액의 어느 하나에 해당하는 금전 또는 하자보수보증금과 그 밖에 해당 공동주택단지에서 발생하는 모든 수입에 따른 금전을 집행하기 위하여 사업자를 선정하려는 경우 다음의 기준을 따라야 한다.
  ㉠ 전자입찰방식으로 사업자를 선정할 것. 다만, 선정방법 등이 전자입찰방식을 적용하기 곤란한 경우로서 국토교통부장관이 정하여 고시하는 경우에는 전자입찰방식으로 선정하지 아니할 수 있다.
  ㉡ 그 밖에 입찰의 방법 등 대통령령으로 정하는 방식을 따를 것
② ①의 ㉠에 따른 전자입찰방식의 세부기준, 절차 및 방법 등은 국토교통부장관이 정하여 고시한다.
③ ①의 ㉡에 따른 대통령령으로 정하는 방식이란 다음에 따른 방식을 말한다.
  ㉠ 국토교통부장관이 정하여 고시하는 경우 외에는 경쟁입찰로 할 것. 이 경우 다음의 사항은 국토교통부장관이 정하여 고시한다.
    ⓐ 입찰의 절차
    ⓑ 입찰 참가자격
    ⓒ 입찰의 효력
    ⓓ 그 밖에 주택관리업자의 적정한 선정을 위하여 필요한 사항
  ㉡ 입주자대표회의의 감사가 입찰과정 참관을 원하는 경우에는 참관할 수 있도록 할 것
④ ①에 따라 관리주체 또는 입주자대표회의는 다음의 구분에 따라 사업자를 선정하고 집행하여야 한다.
  ㉠ 관리주체가 사업자를 선정하고 집행하는 사항
    ⓐ 청소, 경비, 소독, 승강기유지, 지능형 홈네트워크, 수선·유지(냉방·난방시설의 청소를 포함한다)를 위한 용역 및 공사
    ⓑ 주민공동시설의 위탁, 물품의 구입과 매각, 잡수입의 취득(어린이집, 「아동복지법」에 따른 다함께돌봄센터, 「아이돌봄 지원법」에 따른 공동육아나눔터 임대에 따른 잡수입의 취득은 제외한다), 보험계약 등 국토교통부장관이 정하여 고시하는 사항
  ㉡ 입주자대표회의가 사업자를 선정하고 집행하는 사항
    ⓐ 하자보수보증금을 사용하여 보수하는 공사
    ⓑ 사업주체로부터 지급받은 공동주택 공용부분의 하자보수비용을 사용하여 보수하는 공사
  ㉢ 입주자대표회의가 사업자를 선정하고 관리주체가 집행하는 사항
    ⓐ 장기수선충당금을 사용하는 공사
    ⓑ 전기안전관리(전기사업법에 따라 전기설비의 안전관리에 관한 업무를 위탁 또는 대행하게 하는 경우를 말한다)를 위한 용역

⑤ 입주자 등은 기존 사업자(용역 사업자만 해당한다)의 서비스가 만족스럽지 못한 경우에는 전체 입주자 등의 과반수의 서면동의로 새로운 사업자의 선정을 위한 입찰에서 기존 사업자의 참가를 제한하도록 관리주체 또는 입주자대표회의에 요구할 수 있다. 이 경우 관리주체 또는 입주자대표회의는 그 요구에 따라야 한다.

02

Chapter

입주자관리

01 입주자대표회의

1 동별대표자 선출 등

용어 정의	입주자대표회의는 공동주택의 입주자 등을 대표하여 관리에 관한 주요사항을 결정하기 위하여 구성하는 자치 의결기구를 말한다.
구성시기 및 선거구	① 입주자 등이 사업주체로부터 공동주택 관리요구를 받은 날부터 3개월 이내에 입주자를 구성원으로 하는 입주자대표회의를 구성하여야 한다. ② 입주자대표회의는 4명 이상으로 구성하되, 동별 세대수에 비례하여 관리규약으로 정한 선거구에 따라 선출된 대표자로 구성한다. 이 경우 선거구는 2개 동 이상으로 묶거나 통로나 층별로 구획하여 정할 수 있다.
자격 및 선출	① 동별 대표자는 동별 대표자 선출공고에서 정한 각종 서류 제출 마감일을 기준으로 다음의 요건을 갖춘 입주자(입주자가 법인인 경우에는 그 대표자를 말한다) 중에서 대통령령으로 정하는 바에 따라 선거구 입주자 등의 보통·평등·직접·비밀선거를 통하여 선출한다. 다만, 입주자인 동별 대표자 후보자가 없는 선거구에서는 다음 각 호 및 ②에서 정하는 요건을 갖춘 사용자도 동별 대표자로 선출될 수 있다. ㉠ 해당 공동주택단지 안에서 주민등록을 마친 후 3개월 이상 이상 거주하고 있을 것(최초의 입주자대표회의를 구성하거나 공동주택단지를 수개의 공구로 구분하여 순차적으로 입주자대표회의를 구성하기 위하여 동별 대표자를 선출하는 경우는 제외한다) ㉡ 해당 선거구에 주민등록을 마친 후 거주하고 있을 것 ② 사용자는 ①의 각 호 외의 부분 단서 및 2회의 선출공고(직전 선출공고일부터 2개월 이내에 공고하는 경우만 2회로 계산한다)에도 불구하고 입주자(입주자가 법인인 경우에는 그 대표자를 말한다)인 동별 대표자의 후보자가 없는 선거구에서 직전 선출공고일부터 2개월 이내에 선출공고를 하는 경우로서 ①의 각 호와 다음 각 호의 어느 하나에 해당하는 요건을 모두 갖춘 경우에는 동별 대표자가 될 수 있다. 이 경우 입주자인 후보자가 있으면 사용자는 후보자의 자격을 상실한다. ㉠ 공동주택을 임차하여 사용하는 사람일 것. 이 경우 법인인 경우에는 그 대표자를 말한다. ㉡ ㉠ 전단에 따른 사람의 배우자 또는 직계존비속일 것. 이 경우 ㉠ 전단에 따른 사람이 서면으로 위임한 대리권이 있는 경우만 해당한다.

자격 및 선출	③ 동별 대표자는 선거구별로 1명씩 선출하되 그 선출방법은 다음의 구분에 따른다. ㉠ 후보자가 2명 이상인 경우: 해당 선거구 전체 입주자 등의 과반수가 투표하고 후보자 중 최다득표자를 선출 ㉡ 후보자가 1명인 경우: 해당 선거구 전체 입주자 등의 과반수가 투표하고 투표자 과반수의 찬성으로 선출
결격 사유	① 서류 제출 마감일을 기준으로 다음의 어느 하나에 해당하는 사람은 동별 대표자가 될 수 없으며 그 자격을 상실한다. ㉠ 미성년자, 피성년후견인 또는 피한정후견인 ㉡ 파산자로서 복권되지 아니한 사람 ㉢ 공동주택관리법 또는 주택법, 민간임대주택에 관한 특별법, 공공주택 특별법, 건축법, 집합건물의 소유 및 관리에 관한 법률을 위반한 범죄로 금고 이상의 실형 선고를 받고 그 집행이 끝나거나(집행이 끝난 것으로 보는 경우를 포함한다), 집행이 면제된 날부터 2년이 지나지 아니한 사람 ㉣ 금고 이상의 형의 집행유예 선고를 받고 그 유예기간 중에 있는 사람 ㉤ 공동주택관리법 또는 주택법, 민간임대주택에 관한 특별법, 공공주택 특별법, 건축법, 집합건물의 소유 및 관리에 관한 법률을 위반한 범죄로 벌금형을 선고받은 후 2년이 지나지 아니한 사람 ㉥ 선거관리위원회 위원(사퇴하거나 해임 또는 해촉된 사람으로서 그 남은 임기 중에 있는 사람을 포함한다) ㉦ 공동주택의 소유자가 서면으로 위임한 대리권이 없는 소유자의 배우자나 직계존비속 ㉧ 해당 공동주택 관리주체의 소속 임직원과 해당 공동주택 관리주체에 용역을 공급하거나 사업자로 지정된 자의 소속 임원. 이 경우 관리주체가 주택관리업자인 경우에는 해당 주택관리업자를 기준으로 판단한다. ㉨ 해당 공동주택의 동별 대표자를 사퇴한 날부터 1년(해당 동별 대표자에 대한 해임이 요구된 후 사퇴한 경우에는 2년을 말한다)이 지나지 아니하거나 해임된 날부터 2년이 지나지 아니한 사람 ㉩ 관리비 등을 최근 3개월 이상 연속하여 체납한 사람 ㉪ 동별 대표자로서 임기 중에 ㉩에 해당하여 퇴임한 사람으로서 그 남은 임기(남은 임기가 1년을 초과하는 경우에는 1년을 말한다) 중에 있는 사람 ② 공동주택 소유자 또는 공동주택을 임차하여 사용하는 사람의 결격사유는 그를 대리하는 자에게 미치며, 공유(共有)인 공동주택 소유자의 결격사유를 판단할 때에는 지분의 과반을 소유한 자의 결격사유를 기준으로 한다.
임 기	① 동별 대표자의 임기는 2년으로 한다. 다만, 보궐선거 또는 재선거로 선출된 동별 대표자의 임기는 다음의 구분에 따른다. ㉠ 모든 동별 대표자의 임기가 동시에 시작하는 경우: 2년 ㉡ 그 밖의 경우: 전임자 임기(재선거의 경우 재선거 전에 실시한 선거에서 선출된 동별 대표자의 임기를 말한다)의 남은 기간

임 기	② 동별 대표자는 한 번만 중임할 수 있다. 이 경우 보궐선거 또는 재선거로 선출된 동별 대표자의 임기가 6개월 미만인 경우에는 임기의 횟수에 포함하지 않는다. ③ 2회의 선출공고(직전 선출공고일부터 2개월 이내에 공고하는 경우만 2회로 계산한다)에도 불구하고 동별 대표자의 후보자가 없거나 선출된 사람이 없는 선거구에서 직전 선출공고일부터 2개월 이내에 선출공고를 하는 경우에는 동별 대표자를 중임한 사람도 해당 선거구 입주자 등의 과반수의 찬성으로 다시 동별 대표자로 선출될 수 있다. 이 경우 후보자 중 동별 대표자를 중임하지 않은 사람이 있으면 동별 대표자를 중임한 사람은 후보자의 자격을 상실한다.
임원 선출	① 입주자대표회의에는 다음의 임원을 두어야 한다. 　㉠ 회장 1명 　㉡ 감사 2명 이상 　㉢ 이사 1명 이상 ② 임원은 동별 대표자 중에서 다음의 구분에 따른 방법으로 선출한다. 　㉠ 회장 선출방법 　　ⓐ 입주자 등의 보통·평등·직접·비밀선거를 통하여 선출 　　ⓑ 후보자가 2명 이상인 경우: 전체 입주자 등의 10분의 1 이상이 투표하고 후보자 중 최다득표자를 선출 　　ⓒ 후보자가 1명인 경우: 전체 입주자 등의 10분의 1 이상이 투표하고 투표자 과반수의 찬성으로 선출 　　ⓓ 다음의 경우에는 입주자대표회의 구성원 과반수의 찬성으로 선출하며, 입주자대표회의 구성원 과반수 찬성으로 선출할 수 없는 경우로서 최다득표자가 2인 이상인 경우에는 추첨으로 선출 　　　㉮ 후보자가 없거나 ⓐ부터 ⓒ까지의 규정에 따라 선출된 자가 없는 경우 　　　㉯ ⓐ부터 ⓒ까지의 규정에도 불구하고 500세대 미만의 공동주택 단지에서 관리규약으로 정하는 경우 　㉡ 감사 선출방법 　　ⓐ 입주자 등의 보통·평등·직접·비밀선거를 통하여 선출 　　ⓑ 후보자가 선출필요인원을 초과하는 경우: 전체 입주자 등의 10분의 1 이상이 투표하고 후보자 중 다득표자 순으로 선출 　　ⓒ 후보자가 선출필요인원과 같거나 미달하는 경우: 후보자별로 전체 입주자 등의 10분의 1 이상이 투표하고 투표자 과반수의 찬성으로 선출 　　ⓓ 다음의 경우에는 입주자대표회의 구성원 과반수의 찬성으로 선출하며, 입주자대표회의 구성원 과반수 찬성으로 선출할 수 없는 경우로서 최다득표자가 2인 이상인 경우에는 추첨으로 선출 　　　㉮ 후보자가 없거나 ⓐ부터 ⓒ까지의 규정에 따라 선출된 자가 없는 경우(선출된 자가 선출필요인원에 미달하여 추가선출이 필요한 경우를 포함한다)

임원 선출	㉯ ⓐ부터 ⓒ까지의 규정에도 불구하고 500세대 미만의 공동주택 단지에서 관리규약으로 정하는 경우 ⓒ 이사 선출방법 : 입주자대표회의 구성원 과반수의 찬성으로 선출하며, 입주자대표회의 구성원 과반수 찬성으로 선출할 수 없는 경우로서 최다득표자가 2인 이상인 경우에는 추첨으로 선출
해 임	동별 대표자 및 입주자대표회의의 임원은 관리규약으로 정한 사유가 있는 경우에 다음의 구분에 따른 방법으로 해임한다. ① 동별 대표자는 해당 선거구 전체 입주자 등의 과반수가 투표하고 투표자 과반수의 찬성으로 해임한다. ② 입주자대표회의의 임원은 다음의 구분에 따른 방법으로 해임한다. ㉠ 회장 및 감사 : 전체 입주자 등의 10분의 1 이상이 투표하고 투표자 과반수의 찬성으로 해임. 다만, 입주자대표회의 구성원 과반수의 찬성으로 선출된 회장 및 감사는 관리규약으로 정하는 절차에 따라 해임한다. ㉡ 이사 : 관리규약으로 정하는 절차에 따라 해임
선거 관리 위원회	① 입주자 등은 동별 대표자나 입주자대표회의의 임원을 선출하거나 해임하기 위하여 선거관리위원회를 구성한다. ② 다음의 어느 하나에 해당하는 사람은 선거관리위원회 위원이 될 수 없으며 그 자격을 상실한다. ㉠ 동별 대표자 또는 그 후보자 ㉡ ㉠에 해당하는 사람의 배우자 또는 직계존비속 ㉢ 미성년자, 피성년후견인 또는 피한정후견인 ㉣ 동별 대표자를 사퇴하거나 그 지위에서 해임된 사람 또는 퇴임한 사람으로서 그 남은 임기 중에 있는 사람 ㉤ 선거관리위원회 위원을 사퇴하거나 그 지위에서 해임 또는 해촉된 사람으로서 그 남은 임기 중에 있는 사람 ③ 선거관리위원회는 입주자 등 중에서 위원장을 포함하여 다음의 구분에 따른 위원으로 구성한다. ㉠ 500세대 이상인 공동주택 : 5명 이상 9명 이하 ㉡ 500세대 미만인 공동주택 : 3명 이상 9명 이하 ④ 선거관리위원회 위원장은 위원 중에서 호선한다. ⑤ 500세대 이상인 공동주택은 「선거관리위원회법」에 따른 선거관리위원회 소속 직원 1명을 관리규약으로 정하는 바에 따라 위원으로 위촉할 수 있다. ⑥ 선거관리위원회는 그 구성원(관리규약으로 정한 정원을 말한다) 과반수의 찬성으로 그 의사를 결정한다. 이 경우 공동주택관리법시행령 및 관리규약으로 정하지 아니한 사항은 선거관리위원회 규정으로 정할 수 있다. ⑦ 선거관리위원회의 구성·운영·업무(동별 대표자 결격사유의 확인을 포함한다)·경비, 위원의 선임·해임 및 임기 등에 관한 사항은 관리규약으로 정한다. ⑧ 선거관리위원회는 선거관리를 위하여 「선거관리위원회법」에 따라 해당 소재지를 관할하는 구·시·군선거관리위원회에 투표 및 개표 관리 등 선거 지원을 요청할 수 있다.

2 회의소집 및 의결사항

회의소집	소집	입주자대표회의는 관리규약으로 정하는 바에 따라 회장이 그 명의로 소집한다. 다만, 다음의 어느 하나에 해당하는 때에는 회장은 해당일부터 14일 이내에 입주자대표회의를 소집하여야 하며, 회장이 회의를 소집하지 아니하는 경우에는 관리규약으로 정하는 이사가 그 회의를 소집하고 회장의 직무를 대행한다. ① 입주자대표회의 구성원 3분의 1 이상이 청구하는 때 ② 입주자 등의 10분의 1 이상이 요청하는 때 ③ 전체 입주자의 10분의 1 이상이 요청하는 때[입주자대표회의의 의결사항인 장기수선계획 및 안전관리계획의 수립 또는 조정(비용지출을 수반하는 경우로 한정한다) 중 장기수선계획의 수립 또는 조정에 관한 사항만 해당한다]
	회의록	① 입주자대표회의는 그 회의를 개최한 때에는 회의록을 작성하여 관리주체에게 보관하게 하여야 한다. 이 경우 입주자대표회의는 관리규약으로 정하는 바에 따라 입주자 등에게 회의를 실시간 또는 녹화·녹음 등의 방식으로 중계하거나 방청하게 할 수 있다. ② 300세대 이상인 공동주택의 관리주체는 관리규약으로 정하는 범위·방법 및 절차 등에 따라 회의록을 입주자 등에게 공개하여야 하며, 300세대 미만인 공동주택의 관리주체는 관리규약으로 정하는 바에 따라 회의록을 공개할 수 있다. 이 경우 관리주체는 입주자 등이 회의록의 열람을 청구하거나 자기의 비용으로 복사를 요구하는 때에는 관리규약으로 정하는 바에 따라 이에 응하여야 한다.
	의결사항	① 입주자대표회의는 입주자대표회의 구성원 과반수의 찬성으로 의결한다. ② 입주자대표회의의 의결사항은 다음과 같다. 　㉠ 관리규약 개정안의 제안(제안서에는 개정안의 취지, 내용, 제안유효기간 및 제안자 등을 포함한다) 　㉡ 관리규약에서 위임한 사항과 그 시행에 필요한 규정의 제정·개정 및 폐지 　㉢ 공동주택 관리방법의 제안 　㉣ 관리비 등의 집행을 위한 사업계획 및 예산의 승인(변경승인을 포함한다) 　㉤ 공용시설물 이용료 부과기준의 결정 　㉥ 관리비 등의 회계감사 요구 및 회계감사보고서의 승인 　㉦ 관리비 등의 결산의 승인 　㉧ 단지 안의 전기·도로·상하수도·주차장·가스설비·냉난방설비 및 승강기 등의 유지·운영 기준 　㉨ 자치관리를 하는 경우 자치관리기구 직원의 임면에 관한 사항 　㉩ 장기수선계획에 따른 공동주택 공용부분의 보수·교체 및 개량 　㉪ 공동주택 공용부분의 행위허가 또는 신고 행위의 제안 　㉫ 공동주택 공용부분의 담보책임 종료 확인 　㉬ 「주택건설기준 등에 관한 규정」에 따른 주민공동시설 위탁 운영의 제안

의결사항	ⓗ 제29조의2에 따른 인근 공동주택단지 입주자 등의 주민공동시설 이용에 대한 허용 제안 ㉮ 장기수선계획 및 안전관리계획의 수립 또는 조정(비용지출을 수반하는 경우로 한정한다) ㉯ 입주자 등 상호간에 이해가 상반되는 사항의 조정 ㉰ 공동체 생활의 활성화 및 질서유지에 관한 사항 ㉱ 그 밖에 공동주택의 관리와 관련하여 관리규약으로 정하는 사항 ③ ① 및 ②에도 불구하고 입주자대표회의 구성원 중 사용자인 동별 대표자가 과반수인 경우에는 의결사항 중 공동주택 공용부분의 담보책임 종료 확인에 관한 사항은 의결사항에서 제외하고, 장기수선계획의 수립 또는 조정에 관한 사항은 전체 입주자 과반수의 서면동의를 받아 그 동의 내용대로 의결한다. ④ 입주자대표회의는 ②의 사항을 의결할 때에는 입주자 등이 아닌 자로서 해당 공동주택의 관리에 이해관계를 가진 자의 권리를 침해해서는 안 된다.

3 입주자대표회의 구성원 교육

실시권자 등	① 시장·군수·구청장은 입주자대표회의의 구성원에게 입주자대표회의의 운영과 관련하여 필요한 교육 및 윤리교육을 실시하여야 한다. 이 경우 입주자대표회의의 구성원은 그 교육을 성실히 이수하여야 한다. ② 교육 내용에는 다음의 사항을 포함하여야 한다. ㉠ 공동주택의 관리에 관한 관계 법령 및 관리규약의 준칙에 관한 사항 ㉡ 입주자대표회의의 구성원의 직무·소양 및 윤리에 관한 사항 ㉢ 공동주택단지 공동체의 활성화에 관한 사항 ㉣ 관리비·사용료 및 장기수선충당금에 관한 사항 ㉤ 공동주택 회계처리에 관한 사항 ㉥ 층간소음 예방 및 입주민 간 분쟁의 조정에 관한 사항 ㉦ 하자 보수에 관한 사항 ㉧ 그 밖에 입주자대표회의의 운영에 필요한 사항 ③ 시장·군수·구청장은 관리주체·입주자 등이 희망하는 경우에는 ①의 교육을 관리주체·입주자 등에게 실시할 수 있다.
교육시기 등	① 시장·군수·구청장은 입주자대표회의 구성원에 대하여 입주자대표회의의 운영과 관련하여 필요한 교육 및 윤리교육을 하려면 다음의 사항을 교육 10일 전까지 공고하거나 교육대상자에게 알려야 한다. ㉠ 교육일시, 교육기간 및 교육장소 ㉡ 교육내용 ㉢ 교육대상자 ㉣ 그 밖에 교육에 관하여 필요한 사항 ② 입주자대표회의 구성원은 매년 4시간의 운영·윤리교육을 이수하여야 한다. ③ 운영·윤리교육은 집합교육의 방법으로 한다. 다만, 교육 참여현황의 관리가 가능한 경우에는 그 전부 또는 일부를 온라인교육으로 할 수 있다.

교육시기 등	④ 시장·군수·구청장은 운영·윤리교육을 이수한 사람에게 수료증을 내주어야 한다. 다만, 교육수료사실을 수료자가 소속된 입주자대표회의에 문서로 통보함으로써 수료증의 수여를 갈음할 수 있다. ⑤ 입주자대표회의 구성원에 대한 운영·윤리교육의 수강비용은 입주자대표회의 운영경비에서 부담하며, 입주자 등에 대한 운영·윤리교육의 수강비용은 수강생 본인이 부담한다. 다만, 시장·군수·구청장은 필요하다고 인정하는 경우에는 그 비용의 전부 또는 일부를 지원할 수 있다. ⑥ 시장·군수·구청장은 입주자대표회의 구성원의 운영·윤리교육 참여현황을 엄격히 관리하여야 하며, 운영·윤리교육을 이수하지 아니한 자에 대해서는 필요한 조치를 하여야 한다.

02 임차인대표회의

구성범위 및 통지	① 임대사업자가 20세대 이상의 범위에서 대통령령으로 정하는 세대 이상의 민간임대주택을 공급하는 공동주택단지에 입주하는 임차인은 임차인대표회의를 구성할 수 있다. 다만, 임대사업자가 150세대 이상의 민간임대주택을 공급하는 공동주택단지 중 대통령령으로 정하는 공동주택단지에 입주하는 임차인은 임차인대표회의를 구성하여야 한다. ② ①의 본문에서 '대통령령으로 정하는 세대'란 20세대를 말한다. ③ ①의 단서에서 '대통령령으로 정하는 공동주택단지'란 다음의 어느 하나에 해당하는 공동주택단지를 말한다. 　㉠ 300세대 이상의 공동주택 　㉡ 150세대 이상의 공동주택으로서 승강기가 설치된 공동주택 　㉢ 150세대 이상의 공동주택으로서 중앙집중식 난방방식 또는 지역난방방식인 공동주택 ④ 임대사업자는 입주예정자의 과반수가 입주한 때에는 과반수가 입주한 날부터 30일 이내에 입주현황과 임차인대표회의를 구성할 수 있다는 사실 또는 구성하여야 한다는 사실을 입주한 임차인에게 통지하여야 한다. 다만, 임대사업자가 본문에 따른 통지를 하지 아니하는 경우 시장·군수·구청장이 임차인대표회의를 구성하도록 임차인에게 통지할 수 있다. ⑤ 위 ①의 단서에 따라 임차인대표회의를 구성하여야 하는 임차인이 임차인대표회의를 구성하지 아니한 경우 임대사업자는 임차인이 임차인대표회의를 구성할 수 있도록 대통령령으로 정하는 바에 따라 지원하여야 한다. ⑥ 임대사업자는 임차인이 임차인대표회의를 구성하지 않는 경우에 임차인대표회의를 구성해야 한다는 사실과 임대사업자와의 협의사항 및 임차인대표회의의 구성·운영에 관한 사항을 반기 1회 이상 임차인에게 통지해야 한다.

구성원 및 자격	① 임차인대표회의는 민간임대주택의 동별 세대수에 비례하여 선출한 대표자(이하 '동별 대표자'라 한다)로 구성한다. ② 동별 대표자가 될 수 있는 사람은 해당 민간임대주택단지에서 6개월 이상 계속 거주하고 있는 임차인으로 한다. 다만, 최초로 임차인대표회의를 구성하는 경우에는 그러하지 아니하다. ③ 임차인대표회의는 회장 1명, 부회장 1명 및 감사 1명을 동별 대표자 중에서 선출하여야 한다.
회의절차	① 임차인대표회의를 소집하려는 경우에는 소집일 5일 전까지 회의의 목적·일시 및 장소 등을 임차인에게 알리거나 공고하여야 한다. ② 임차인대표회의는 그 회의에서 의결한 사항, 임대사업자와의 협의결과 등 주요 업무의 추진상황을 지체 없이 임차인에게 알리거나 공고하여야 한다. ③ 임차인대표회의는 회의를 개최하였을 때에는 회의록을 작성하여 보관하고, 임차인이 회의록의 열람을 청구하거나 자기의 비용으로 복사를 요구할 경우에는 그에 따라야 한다.

임대사업자와 협의사항	임차인대표회의가 구성된 경우에는 임대사업자는 다음의 사항에 관하여 협의하여야 한다.
	① 민간임대주택 관리규약의 제정 및 개정
	② 관리비
	③ 민간임대주택의 공용부분·부대시설 및 복리시설의 유지·보수
	④ 임대료 증감
	⑤ 하자보수
	⑥ 공동주택의 관리에 관하여 임대사업자와 임차인대표회의가 합의한 사항
	⑦ 임차인 외의 자에게 민간임대주택 주차장을 개방하는 경우 다음의 사항
	    ㉠ 개방할 수 있는 주차대수 및 위치
	    ㉡ 주차장의 개방시간
	    ㉢ 주차료 징수 및 사용에 관한 사항
	    ㉣ 그 밖에 주차장의 적정한 개방을 위해 필요한 사항

주차장의 외부개방	임대사업자는 위 임대사업자와의 협의사항 중 민간임대주택 주차장의 외부개방에 따라 임차인대표회의와 협의하여 결정한 사항에 대해 전체 임차인 과반수의 서면동의를 받은 경우 지방자치단체와 협약을 체결하여 주차장을 개방할 수 있다. 이 경우 개방하는 민간임대주택 주차장의 운영·관리자는 지방자치단체, 지방공기업법에 따라 설립된 지방공단 또는 지방자치단체의 장이 지정하는 자 중에서 지방자치단체와의 협약에 따라 정한다.

03 관리규약

1 정 의

관리규약이란 공동주택의 입주자 등을 보호하고 주거생활의 질서를 유지하기 위하여 입주자 등이 정하는 자치규약을 말한다.

2 절차 등

(1) **관리규약의 준칙**

① 특별시장·광역시장·특별자치시장·도지사 또는 특별자치도지사(이하 "시·도지사"라 한다)는 공동주택의 입주자 등을 보호하고 주거생활의 질서를 유지하기 위하여 대통령령으로 정하는 바에 따라 공동주택의 관리 또는 사용에 관하여 준거가 되는 관리규약의 준칙을 정하여야 한다.

② 입주자 등은 관리규약의 준칙을 참조하여 관리규약을 정한다. 이 경우 「주택법」에 따라 공동주택에 설치하는 어린이집의 임대료 등에 관한 사항은 ①에 따른 관리규약의 준칙, 어린이집의 안정적 운영, 보육서비스 수준의 향상 등을 고려하여 결정하여야 한다.

③ 관리규약은 입주자 등의 지위를 승계한 사람에 대하여도 그 효력이 있다.

(2) **관리규약 등의 신고**

① 입주자대표회의의 회장(관리규약의 제정의 경우에는 사업주체를 말한다)은 다음의 사항을 시장·군수·구청장에게 신고하여야 한다. 신고한 사항이 변경되는 경우에도 또한 같다.

㉠ 관리규약의 제정·개정
㉡ 입주자대표회의의 구성·변경
㉢ 그 밖에 필요한 사항으로서 대통령령으로 정하는 사항

② **신고수리 여부의 통지 등**

㉠ 시장·군수·구청장은 ①에 따른 신고를 받은 날부터 7일 이내에 신고수리 여부를 신고인에게 통지하여야 한다.

㉡ 시장·군수·구청장이 ㉠에서 정한 기간 내에 신고수리 여부 또는 민원 처리 관련 법령에 따른 처리기간의 연장을 신고인에게 통지하지 아니하면 그 기간(민원 처리 관련 법령에 따라 처리기간이 연장 또는 재연장된 경우에는 해당 처리기간을 말한다)이 끝난 날의 다음 날에 신고를 수리한 것으로 본다.

보충학습

1. 시장·군수·구청장은 의무관리대상 전환 공동주택의 전환신고 및 제외신고를 받은 날
   부터 10일 이내에 신고수리 여부를 신고인에게 통지하여야 한다.
2. 입주자대표회의의 회장이 공동주택의 관리방법을 결정 [위탁관리하는 방법을 선택한 경
   우에는 그 주택관리업자의 선정을 포함]한 경우 시장·군수·구청장에게 신고하여야 하
   고, 시장·군수·구청장은 신고를 받은 날부터 7일 이내에 신고수리 여부를 신고인에게
   통지하여야 한다.
3. 주택임대관리업자는 등록사항을 변경하거나 말소하고자 할 경우 시장·군수·구청장에
   게 신고하여야 하고 시장·군수·구청장은 신고를 받은 날부터 5일 이내에 신고수리 여
   부를 신고인에게 통지하여야 한다.
4. 입주자대표회의의 회장[관리규약의 제정의 경우에는 사업주체 또는 의무관리대상 전환
   공동주택의 관리인을 말한다]은 관리규약이 제정·개정되거나 입주자대표회의의 구성·
   변경되는 경우에 시장·군수·구청장에게 신고하여야 하고 시장·군수·구청장은 신고
   를 받은 날부터 7일 이내에 신고수리 여부를 신고인에게 통지하여야 한다.

③ ①에 따른 신고를 하려는 입주자대표회의의 회장(관리규약 제정의 경우에는 사업
주체 또는 의무관리대상 전환 공동주택의 관리인을 말한다)은 관리규약이 제정·
개정되거나 입주자대표회의가 구성·변경된 날부터 30일 이내에 신고서를 시장·
군수·구청장에게 제출해야 한다.

④ 입주자대표회의의 회장(관리규약 제정의 경우에는 사업주체를 말한다)은 시장·
군수·구청장에게 신고서를 제출할 때에는 다음의 구분에 따른 서류를 첨부하여
야 한다.
  ㉠ 관리규약의 제정·개정을 신고하는 경우 : 관리규약의 제정·개정 제안서 및 그
    에 대한 입주자 등의 동의서
  ㉡ 입주자대표회의의 구성·변경을 신고하는 경우 : 입주자대표회의의 구성 현황
    (임원 및 동별 대표자의 성명·주소·생년월일 및 약력과 그 선출에 관한 증
    명서류를 포함한다)

(3) **관리규약의 제정 등**

① 사업주체는 입주예정자와 관리계약을 체결할 때 관리규약 제정안을 제안하여야
한다. 다만 사업주체가 입주자대표회의가 구성되기 전에 공동주택의 어린이집·
다함께돌봄센터·공동육아나눔터의 임대계약을 체결하려는 경우에는 입주개시일
3개월 전부터 관리규약 제정안을 제안할 수 있다.

② 공동주택 분양 후 최초의 관리규약은 사업주체가 제안한 내용을 해당 입주예정자
의 과반수가 서면으로 동의하는 방법으로 결정한다.

③ ②의 경우 사업주체는 해당 공동주택단지의 인터넷 홈페이지(인터넷 홈페이지가 없는 경우에는 인터넷 포털을 통해 관리주체가 운영·통제하는 유사한 기능의 웹사이트 또는 관리사무소의 게시판을 말한다)에 제안내용을 공고하고 입주예정자에게 개별 통지해야 한다.

④ 의무관리대상 전환 공동주택의 관리규약 제정안은 의무관리대상 전환 공동주택의 관리인이 제안하고, 그 내용을 전체 입주자 등 과반수의 서면동의로 결정한다. 이 경우 관리규약 제정안을 제안하는 관리인은 ③의 방법에 따라 공고·통지해야 한다.

⑤ 관리규약을 개정하려는 경우에는 다음의 사항을 기재한 개정안을 ③의 방법에 따른 공고·통지를 거쳐 ⑥과 같은 방법으로 결정한다.
  ⊙ 개정 목적
  ⓛ 종전의 관리규약과 달라진 내용
  ⓒ 관리규약의 준칙과 달라진 내용

⑥ 공동주택 관리규약의 개정은 다음의 어느 하나에 해당하는 방법으로 개정한다.
  ⊙ 입주자대표회의의 의결로 제안하고 전체 입주자 등의 과반수가 찬성
  ⓛ 전체 입주자 등의 10분의 1 이상이 제안하고 전체 입주자 등의 과반수가 찬성

⑦ 공동주택의 관리주체는 관리규약을 보관하여 입주자 등이 열람을 청구하거나 자기의 비용으로 복사를 요구하면 응하여야 한다.

04 공동주거이론

구 분	내 용
용어의 정의	① 초고속정보통신건물은 초고속정보통신서비스를 편리하게 이용할 수 있도록 일정 기준 이상의 구내정보통신 설비를 갖춘 건축물의 말한다. ② 홈네트워크건물은 원격에서 조명, 난방, 출입통제 등의 홈네트워크 서비스를 제공할 수 있도록 일정 기준 이상의 홈네트워크용배관, 배선 등을 갖춘 건축물의 말한다. ③ 공동주택은 건축법시행령에서 분류하고 있는 아파트, 연립주택, 다세대주택, 기숙사를 말한다. ④ 업무시설은 건축법시행령에서 분류된 국가 또는 지방자치단체의 청사, 금융업소, 사무소, 신문사, 오피스텔을 말한다.

초고속 정보통신 건물 인증	① 인증대상 : 건축법의 공동주택 중 20세대 이상 건축물, 연면적 $3,300m^2$ 이상인 건축물 ② 인증등급 ㄱ 초고속 정보통신 특등급 ㄴ 초고속 정보통신 1등급 ㄷ 초고속 정보통신 2등급
홈 네트워크 건물 인증	① 인증대상 : 홈네트워크 인증대상은 건축법의 공동주택 중 20세대 이상의 건축물 ② 인증등급 ㄱ 홈네트워크 AAA등급(홈IoT) ㄴ 홈네트워크 AA등급 ㄷ 홈네트워크 A등급
공동주거 자산관리	① 시설관리 : 설비운전 및 보수, 외주관리, 에너지관리, 환경안전관리 등 ② 부동산자산관리 : 인력관리, 회계업무, 임대료 책정을 위한 적절한 기준과 계획, 보험 및 세금에 대한 업무 등 ③ 입주자관리 : 임대차 서비스, 이사 서비스, 불만사항 처리 등

공동주거관리의 필요성

① 자원낭비로부터의 환경보호 : 지속가능한 주거환경의 정착을 위하여 재건축으로 인한 단절보다는 주택의 수명을 연장시키고 오랫동안 이용하고 거주할 수 있는 관리방식이 요구되고 있다. 특히 공동주택은 건설 시에 대량의 자원과 에너지를 소비하게 되고 제거 시에도 대량의 폐기물이 발생되므로 주택의 수명연장이 필수적이다.

② 양질의 사회적 자산형성 : 주택난 해결을 위해 양적으로만 공급했던 고도 경제성장기의 사회로부터 삶의 질을 추구하고 안정된 주거생활을 영위하는 저성장 경제사회가 도래하면서 주택은 양적으로나 질적으로 공동 사회적 자산으로서의 풍요로움이 더해 갈 것으로 예상된다. 따라서 성숙된 사회로의 발전을 위해서 생활변화에 대응하면서 쾌적하게 오랫동안 살 수 있는 주택스톡 대책으로 공동주택의 적절한 유지관리는 필수적이다.

> 🖐 참고
> 주택스톡은 주거용 건물을 말하며, 자산개념으로서의 주택을 의미한다.

③ 자연재해로부터의 안전성 : 주택은 시간이 흐름에 따라 노후화되지만 적절한 시기에 점검과 수선, 보수를 반복하면 주택의 안전성을 확보할 수 있다. 지진이나 태풍, 홍수 등으로 손쉽게 파괴되고 인명피해까지 주는 일이 없도록 미리 예방해야 할 것이다.

④ 지속적인 커뮤니티로부터의 주거문화 계승 : 주거가 존재한다는 것은 주거문화가 만들어지는 것을 의미한다. 주거문화를 유형과 무형으로서 나누어 볼 때 유형의 대상은 물리적 공간인 주택이며 무형의 대상은 물리적 공간 내외부에서 일어나는 인간들의 삶의 이야기와 지속적인 커뮤니티라 할 수 있다. 그러므로 이러한 주거문화의 계승은 주거관리 행위가 바람직하게 지속적으로 이루어질 때 형성된다.

05 혼합주택단지의 관리

구 분	내 용
공동 결정사항	입주자대표회의와 임대사업자는 혼합주택단지의 관리에 관한 다음의 사항을 공동으로 결정하여야 한다. ① 관리방법의 결정 및 변경 ② 주택관리업자의 선정 ③ 장기수선계획의 조정 ④ 장기수선충당금 및 특별수선충당금을 사용하는 주요 시설의 교체 및 보수에 관한 사항 ⑤ 관리비 등을 사용하여 시행하는 각종 공사 및 용역에 관한 사항
각자 결정사항	다음의 요건을 모두 갖춘 혼합주택단지에서는 장기수선충당금 및 특별수선충당금을 사용하는 주요 시설의 교체 및 보수에 관한 사항과 관리비 등을 사용하여 시행하는 각종 공사 및 용역에 관한 사항을 입주자대표회의와 임대사업자가 각자 결정할 수 있다. ① 분양을 목적으로 한 공동주택과 임대주택이 별개의 동(棟)으로 배치되는 등의 사유로 구분하여 관리가 가능할 것 ② 입주자대표회의와 임대사업자가 공동으로 결정하지 아니하고 각자 결정하기로 합의하였을 것
합의가 안된 경우	입주자대표회의와 임대사업자 간의 합의가 이루어지지 아니하는 경우에는 다음의 구분에 따라 혼합주택단지의 관리에 관한 사항을 결정한다. ① 관리방법의 결정 및 변경, 주택관리업자의 선정에 관한 사항: 해당 혼합주택단지 공급면적의 2분의 1을 초과하는 면적을 관리하는 입주자대표회의 또는 임대사업자가 결정 ② 장기수선계획의 조정, 장기수선충당금 및 특별수선충당금을 사용하는 주요 시설의 교체 및 보수에 관한 사항, 관리비 등을 사용하여 시행하는 각종 공사 및 용역에 관한 사항: 해당 혼합주택단지 공급면적의 3분의 2 이상을 관리하는 입주자대표회의 또는 임대사업자가 결정. 다만, 다음의 요건에 모두 해당하는 경우에는 해당 혼합주택단지 공급면적의 2분의 1을 초과하는 면적을 관리하는 자가 결정한다. ㉠ 해당 혼합주택단지 공급면적의 3분의 2 이상을 관리하는 입주자대표회의 또는 임대사업자가 없을 것 ㉡ 시설물의 안전관리계획 수립대상 등 안전관리에 관한 사항일 것 ㉢ 입주자대표회의와 임대사업자 간 2회의 협의에도 불구하고 합의가 이뤄지지 않을 것
조정신청	입주자대표회의 또는 임대사업자는 혼합주택단지의 관리에 관한 공동결정이 이루어지지 아니하는 경우에는 공동주택관리 분쟁조정위원회에 분쟁의 조정을 신청할 수 있다.

06 공동관리 · 구분관리

구 분	내 용
제 안	입주자대표회의는 해당 공동주택의 관리에 필요하다고 인정하는 경우에는 국토교통부령으로 정하는 바에 따라 인접한 공동주택단지(임대주택단지를 포함한다)와 공동으로 관리하거나 500세대 이상의 단위로 나누어 관리하게 할 수 있다.
공동관리 등	① 입주자대표회의는 공동주택관리법에 따라 공동주택을 공동관리하거나 구분관리하려는 경우에는 다음의 사항을 입주자 등에게 통지하고 입주자 등의 서면동의를 받아야 한다. 　㉠ 공동관리 또는 구분관리의 필요성 　㉡ 공동관리 또는 구분관리의 범위 　㉢ 공동관리 또는 구분관리에 따른 다음의 내용 　　ⓐ 입주자대표회의의 구성 및 운영 방안 　　ⓑ 공동주택 관리기구의 구성 및 운영 방안 　　ⓒ 장기수선계획의 조정 및 장기수선충당금의 적립 및 관리 방안 　　ⓓ 입주자 등이 부담하여야 하는 비용변동의 추정치 　　ⓔ 그 밖에 공동관리 또는 구분관리에 따라 변경될 수 있는 사항 중 입주자대표회의가 중요하다고 인정하는 사항 　㉣ 그 밖에 관리규약으로 정하는 사항 ② ①에 따른 서면동의는 다음의 구분에 따라 받아야 한다. 　㉠ 공동관리의 경우: 단지별로 입주자 등 과반수의 서면동의. 다만, ③ ㉡의 단서에 해당하는 경우에는 단지별로 입주자 등 3분의 2 이상의 서면동의를 받아야 한다. 　㉡ 구분관리의 경우: 구분관리 단위별 입주자 등 과반수의 서면동의. 다만, 관리규약으로 달리 정한 경우에는 그에 따른다. ③ 공동관리시 기준 　㉠ 공동관리는 단지별로 입주자 등의 과반수의 서면동의를 받은 경우(임대주택단지의 경우에는 임대사업자와 임차인대표회의의 서면동의를 받은 경우를 말한다)로서 국토교통부령으로 정하는 기준에 적합한 경우에만 해당한다. 　㉡ ㉠에서 '국토교통부령으로 정하는 기준'이란 다음의 기준을 말한다. 다만, 특별자치시장 · 특별자치도지사 · 시장 · 군수 또는 구청장(구청장은 자치구의 구청장을 말하며, 이하 '시장 · 군수 · 구청장'이라 한다)이 지하도, 육교, 횡단보도, 그 밖에 이와 유사한 시설의 설치를 통하여 단지간 보행자 통행의 편리성 및 안전성이 확보되었다고 인정하는 경우에는 ⓑ의 기준은 적용하지 아니한다.

공동관리 등	ⓐ 공동관리하는 총세대수가 1,500세대 이하일 것. 다만, 의무관리대상 공동주택단지와 인접한 300세대 미만의 공동주택단지를 공동으로 관리하는 경우는 제외한다. ⓑ 공동주택 단지 사이에 다음의 어느 하나에 해당하는 시설이 없을 것 가. 철도·고속도로·자동차전용도로 나. 폭 20m 이상인 일반도로 다. 폭 8m 이상인 도시계획예정도로 라. 가부터 다까지의 시설에 준하는 것으로서 주택법 시행령으로 정하는 시설
결정 통보	① 입주자대표회의 또는 관리주체는 공동주택을 공동관리하거나 구분관리하는 경우에는 공동관리 또는 구분관리 단위별로 공동주택관리기구를 구성하여야 한다. ② 입주자대표회의는 공동주택을 공동관리하거나 구분관리할 것을 결정한 경우에는 지체 없이 그 내용을 시장·군수·구청장에게 통보하여야 한다.

07 공동주택관리 분쟁조정

1 공동주택관리 분쟁조정위원회

(1) 공동주택관리 분쟁(공동주택의 하자담보책임 및 하자보수 등과 관련한 분쟁을 제외한다)을 조정하기 위하여 국토교통부에 중앙 공동주택관리 분쟁조정위원회(이하 "중앙분쟁조정위원회"라 한다)를 두고, 시·군·구에 지방 공동주택관리 분쟁조정위원회(이하 "지방분쟁조정위원회"라 한다)를 둔다. 다만, 공동주택 비율이 낮은 시·군·구로서 국토교통부장관이 인정하는 시·군·구의 경우에는 지방분쟁조정위원회를 두지 아니할 수 있다.

(2) 공동주택관리 분쟁조정위원회는 다음의 사항을 심의·조정한다.
① 입주자대표회의의 구성·운영 및 동별 대표자의 자격·선임·해임·임기에 관한 사항
② 공동주택관리기구의 구성·운영 등에 관한 사항
③ 관리비·사용료 및 장기수선충당금 등의 징수·사용 등에 관한 사항
④ 공동주택(공용부분만 해당한다)의 유지·보수·개량 등에 관한 사항
⑤ 공동주택의 리모델링에 관한 사항

⑥ 공동주택의 층간소음에 관한 사항

⑦ 혼합주택단지에서의 분쟁에 관한 사항

⑧ 다른 법령에서 공동주택관리 분쟁조정위원회가 분쟁을 심의·조정할 수 있도록 한 사항

⑨ 그 밖에 공동주택의 관리와 관련하여 분쟁의 심의·조정이 필요하다고 대통령령 또는 시·군·구의 조례(지방분쟁조정위원회에 한정한다)로 정하는 사항

2 중앙분쟁조정위원회

(1) 중앙분쟁조정위원회의 구성 등

① 중앙분쟁조정위원회는 위원장 1명을 포함한 15명 이내의 위원으로 구성한다.

② 중앙분쟁조정위원회를 구성할 때에는 성별을 고려하여야 한다.

③ 중앙분쟁조정위원회의 위원은 공동주택관리에 관한 학식과 경험이 풍부한 사람으로서 다음의 어느 하나에 해당하는 사람 중에서 국토교통부장관이 임명 또는 위촉한다. 이 경우 ©에 해당하는 사람이 3명 이상 포함되어야 한다.

  ㉠ 1급부터 4급까지 상당의 공무원 또는 고위공무원단에 속하는 공무원

  ㉡ 공인된 대학이나 연구기관에서 부교수 이상 또는 이에 상당하는 직에 재직한 사람

  ㉢ 판사·검사 또는 변호사의 직에 6년 이상 재직한 사람

  ㉣ 공인회계사·세무사·건축사·감정평가사 또는 공인노무사의 자격이 있는 사람으로서 10년 이상 근무한 사람

  ㉤ 주택관리사로서 공동주택의 관리사무소장으로 10년 이상 근무한 사람

  ㉥ 「민사조정법」에 따른 조정위원으로서 사무를 3년 이상 수행한 사람

  ㉦ 국가, 지방자치단체, 「공공기관의 운영에 관한 법률」에 따른 공공기관 및 「비영리민간단체 지원법」에 따른 비영리민간단체에서 공동주택관리 관련 업무에 5년 이상 종사한 사람

④ 위원장은 국토교통부장관이 임명한다.

⑤ 위원장과 공무원이 아닌 위원의 임기는 2년으로 하되 연임할 수 있으며, 보궐위원의 임기는 전임자의 남은 임기로 한다.

⑥ 중앙분쟁조정위원회의 회의는 재적위원 과반수의 출석으로 개의하고, 출석위원 과반수의 찬성으로 의결한다.

⑦ 중앙분쟁조정위원회는 위원회의 소관사무 처리절차와 그 밖에 위원회의 운영에 관한 규칙을 정할 수 있다.

(2) 분쟁조정의 신청 및 조정 등

① 1 의 (2)에 대하여 분쟁이 발생한 때에는 중앙분쟁조정위원회에 조정을 신청할 수 있다.

② 중앙분쟁조정위원회는 조정의 신청을 받은 때에는 지체 없이 조정의 절차를 개시하여야 한다. 이 경우 중앙분쟁조정위원회는 필요하다고 인정하면 당사자나 이해관계인을 중앙분쟁조정위원회에 출석하게 하여 의견을 들을 수 있다.

③ 중앙분쟁조정위원회는 조정절차를 개시한 날부터 30일 이내에 그 절차를 완료한 후 조정안을 작성하여 지체 없이 이를 각 당사자에게 제시하여야 한다. 다만, 부득이한 사정으로 30일 이내에 조정절차를 완료할 수 없는 경우 중앙분쟁조정위원회는 그 기간을 연장할 수 있다. 이 경우 그 사유와 기한을 명시하여 당사자에게 서면으로 통지하여야 한다.

④ 조정안을 제시받은 당사자는 그 제시를 받은 날부터 30일 이내에 그 수락 여부를 중앙분쟁조정위원회에 서면으로 통보하여야 한다. 이 경우 30일 이내에 의사표시가 없는 때에는 수락한 것으로 본다.

⑤ 당사자가 조정안을 수락하거나 수락한 것으로 보는 경우 중앙분쟁조정위원회는 조정서를 작성하고, 위원장 및 각 당사자가 서명ㆍ날인한 후 조정서 정본을 지체 없이 각 당사자 또는 그 대리인에게 송달하여야 한다. 다만, 수락한 것으로 보는 경우에는 각 당사자의 서명ㆍ날인을 생략할 수 있다.

(3) 중앙분쟁조정위원회의 회의 등

① 중앙분쟁조정위원회의 위원장은 위원회의 회의를 소집하려면 특별한 사정이 있는 경우를 제외하고는 회의 개최 3일 전까지 회의의 일시ㆍ장소 및 심의안건을 각 위원에게 서면(전자우편을 포함한다)으로 알려야 한다.

② 중앙분쟁조정위원회는 조정을 효율적으로 하기 위하여 필요하다고 인정하면 해당 사건들을 분리하거나 병합할 수 있다.

③ 중앙분쟁조정위원회는 해당 사건들을 분리하거나 병합한 경우에는 조정의 당사자에게 지체 없이 서면으로 그 뜻을 알려야 한다.

④ 중앙분쟁조정위원회는 당사자나 이해관계인을 중앙분쟁조정위원회에 출석시켜 의견을 들으려면 회의 개최 5일 전까지 서면(전자우편을 포함한다)으로 출석을 요청하여야 한다. 이 경우 출석을 요청받은 사람은 출석할 수 없는 부득이한 사유가 있는 경우에는 미리 서면으로 의견을 제출할 수 있다.

(4) 분쟁조정 신청의 통지 등

중앙분쟁조정위원회로부터 분쟁조정 신청에 관한 통지를 받은 입주자대표회의(구성원을 포함한다)와 관리주체는 분쟁조정에 응하여야 한다.

(5) 조정의 효력

당사자가 조정안을 수락하거나 수락한 것으로 보는 때에는 그 조정서의 내용은 재판상 화해와 동일한 효력을 갖는다.

3 지방분쟁조정위원회

(1) 구성 및 회의 등

지방분쟁조정위원회의 구성에 필요한 사항은 대통령령으로 정하며, 지방분쟁조정위원회의 회의·운영 등에 필요한 사항은 해당 시·군·구의 조례로 정한다.

(2) 지방분쟁조정위원회의 구성

① 지방분쟁조정위원회는 위원장 1명을 포함하여 10명 이내의 위원으로 구성하되, 성별을 고려하여야 한다.

② 지방분쟁조정위원회의 위원은 다음의 어느 하나에 해당하는 사람 중에서 해당 시장·군수·구청장이 위촉하거나 임명한다.

  ㉠ 해당 시·군 또는 구(자치구를 말한다) 소속 공무원

  ㉡ 법학·경제학·부동산학 등 주택분야와 관련된 학문을 전공한 사람으로 대학이나 공인된 연구기관에서 조교수 이상 또는 이에 상당하는 직(職)에 있거나 있었던 사람

  ㉢ 변호사·공인회계사·세무사·건축사·공인노무사의 자격이 있는 사람 또는 판사·검사

  ㉣ 공동주택 관리사무소장으로 5년 이상 근무한 경력이 있는 주택관리사

  ㉤ 그 밖에 공동주택관리 분야에 대한 학식과 경험을 갖춘 사람

③ 지방분쟁조정위원회의 위원장은 위원 중에서 해당 지방자치단체의 장이 지명하는 사람이 된다.

④ 공무원이 아닌 위원의 임기는 2년으로 한다. 다만, 보궐위원의 임기는 전임자의 남은 임기로 한다.

(3) 조정의 효력

분쟁당사자가 지방분쟁조정위원회의 조정결과를 수락한 경우에는 당사자 간에 조정조서(調停調書)와 같은 내용의 합의가 성립된 것으로 본다.

4 임대주택 분쟁조정위원회

(1) 설 치

시장·군수·구청장은 임대주택[민간임대주택 및 공공임대주택을 말한다]에 관한 학식 및 경험이 풍부한 자 등으로 임대주택분쟁조정위원회(이하 "조정위원회"라 한다) 를 구성한다.

(2) 구 성

① 조정위원회는 위원장 1명을 포함하여 10명 이내로 구성하되, 조정위원회의 운영, 절차 등에 필요한 사항은 대통령령으로 정한다.

② 위원장을 제외한 위원은 다음의 어느 하나에 해당하는 사람 중에서 해당 시장· 군수·구청장이 성별을 고려하여 임명하거나 위촉하되, 각 호의 사람이 각각 1명 이상 포함되어야 하고, 공무원이 아닌 위원이 6명 이상이 되어야 한다.

    ㉠ 법학, 경제학이나 부동산학 등 주택 분야와 관련된 학문을 전공한 사람으로 서 고등교육법에 따른 학교에서 조교수 이상으로 1년 이상 재직한 사람 1명 이상

    ㉡ 변호사, 회계사, 감정평가사 또는 세무사로서 1년 이상 근무한 사람 1명 이상

    ㉢ 주택관리사가 된 후 관련 업무에 3년 이상 근무한 사람 1명 이상

    ㉣ 국가 또는 다른 지방자치단체에서 민간임대주택 또는 공공임대주택사업의 인·허가 등 관련 업무를 수행하는 5급 이상 공무원으로서 해당 기관의 장이 추천한 사람 또는 해당 지방자치단체에서 민간임대주택 또는 공공임대주택 사 업의 인·허가 등 관련 업무를 수행하는 5급 이상 공무원 1명 이상

    ㉤ 한국토지주택공사 또는 지방공사에서 민간임대주택 또는 공공임대주택 사업 관련 업무에 종사하고 있는 임직원으로서 해당 기관의 장이 추천한 사람 1명 이상

    ㉥ 임대주택과 관련된 시민단체 또는 소비자단체가 추천한 사람

③ 위원장은 해당 지방자치단체의 장이 된다.

④ 조정위원회의 부위원장은 위원 중에서 호선(互選)한다.

⑤ 공무원이 아닌 위원의 임기는 2년으로 하되, 두 차례만 연임할 수 있다.

(3) 분쟁의 조정신청

① **민간임대주택의 조정신청사항**: 임대사업자와 임차인대표회의는 다음의 어느 하나에 해당하는 분쟁에 관하여 조정위원회에 조정을 신청할 수 있다.

㉠ 임대료의 증액

㉡ 민간임대주택의 관리

㉢ 다음의 임차인대표회의와 임대사업자 간의 협의사항

ⓐ 민간임대주택 관리규약의 제정 및 개정

ⓑ 관리비

ⓒ 민간임대주택의 공용부분·부대시설 및 복리시설의 유지·보수

ⓓ 임대료 증감

ⓔ 하자 보수

ⓕ 공동주택의 관리에 관하여 임대사업자와 임차인대표회의가 합의한 사항

ⓖ 임차인 외의 자에게 민간임대주택 주차장을 개방하는 경우 다음의 사항

> 1. 개방할 수 있는 주차대수 및 위치
> 2. 주차장의 개방시간
> 3. 주차료 징수 및 사용에 관한 사항
> 4. 그 밖에 주차장의 적정한 개방을 위해 필요한 사항

㉣ 다음의 어느 하나에 해당하는 임대사업자의 민간임대주택에 대한 분양전환, 주택관리, 주택도시기금 융자금의 변제 및 임대보증금 반환 등에 관한 사항을 말한다.

ⓐ 발행한 어음 및 수표를 기한까지 결제하지 못하여 어음교환소로부터 거래정지 처분을 받은 임대사업자

ⓑ 「주택도시기금법」에 따른 주택도시기금 융자금에 대한 이자를 6개월을 초과하여 내지 아니한 임대사업자

ⓒ 임대보증금에 대한 보증에 가입하여야 하는 임대사업자로서 임대보증금에 대한 보증의 가입 또는 재가입이 거절된 이후 6개월이 지난 자

ⓓ 모회사가 위 ⓐ의 처분을 받은 경우로서 자기자본 전부가 잠식된 임대사업자

② **공공임대주택의 조정신청사항**: 공공주택사업자와 임차인대표회의는 다음의 어느 하나에 해당하는 분쟁에 관하여 조정위원회에 조정을 신청할 수 있다.

㉠ 위 ①의 사항

㉡ 공공임대주택의 분양전환가격. 다만 분양전환승인에 관한 사항은 제외한다.

③ 공공주택사업자, 임차인대표회의 또는 임차인은 「공공주택 특별법」에 따른 우선분양전환 자격에 대한 분쟁에 관하여 조정위원회에 조정을 신청할 수 있다.

(4) **회 의**

① 조정위원회의 회의는 위원장이 소집한다.

② 위원장은 회의 개최일 2일 전까지 회의와 관련된 사항을 위원에게 알려야 한다.

③ 조정위원회의 회의는 재적위원 과반수의 출석으로 개의(開議)하고, 출석위원 과반수의 찬성으로 의결한다.

(5) **조정효력**

임대사업자와 임차인대표회의가 조정위원회의 조정안을 받아들이면 당사자간에 조정조서와 같은 내용의 합의가 성립된 것으로 본다.

사무관리

01 노무관리

1 근로기준법

(1) 적용범위

이 법은 상시 5명 이상의 근로자를 사용하는 모든 사업 또는 사업장에 적용한다. 다만, 동거하는 친족만을 사용하는 사업 또는 사업장과 가사(家事)사용인에 대하여는 적용하지 아니한다.

근로계약	① 근로자가 사용자에게 근로를 제공하고 사용자는 이에 대하여 임금을 지급하는 것을 목적으로 체결된 계약을 말한다. ② 이 법에서 정하는 기준에 미치지 못하는 근로조건을 정한 근로계약은 그 부분에 한하여 무효로 하고 무효로 된 부분은 이 법에서 정한 기준에 따른다. ③ 단시간 근로자의 근로조건 　㉠ 단시간근로자의 근로조건은 그 사업장의 같은 종류의 업무에 종사하는 통상 근로자의 근로시간을 기준으로 산정한 비율에 따라 결정되어야 한다. 　㉡ 4주 동안(4주 미만으로 근로하는 경우에는 그 기간)을 평균하여 1주 동안의 소정근로시간이 15시간 미만인 근로자에 대하여는 휴일과 연차 유급휴가를 적용하지 아니한다. ④ 근로조건의 위반 　㉠ 명시된 근로조건이 사실과 다를 경우에 근로자는 근로조건 위반을 이유로 손해의 배상을 청구할 수 있으며 즉시 근로계약을 해제할 수 있다. 　㉡ ㉠에 따라 근로자가 손해배상을 청구할 경우에는 노동위원회에 신청할 수 있으며, 근로계약이 해제되었을 경우에는 사용자는 취업을 목적으로 거주를 변경하는 근로자에게 귀향 여비를 지급하여야 한다. ⑤ 사용자는 근로계약 불이행에 대한 위약금 또는 손해배상액을 예정하는 계약을 체결하지 못한다. ⑥ 사용자는 전차금(前借金)이나 그 밖에 근로할 것을 조건으로 하는 전대(前貸)채권과 임금을 상계하지 못한다.

🔑 **전차금**: 근로계약시에 근로를 제공할 것을 조건으로 사용자로부터 빌려 차후에 임금으로 변제할 것을 약정한 돈

🔑 **전대채권**: 전차금 이외에 근로할 것을 조건으로 사용자가 근로자 또는 친권자 등에게 지급하는 금전

취업규칙	① 상시 10명 이상의 근로자를 사용하는 사용자는 취업규칙을 작성하여 고용노동부장관에게 신고하여야 한다. 이를 변경하는 경우에도 또한 같다. ② 취업규칙에서 근로자에 대하여 감급의 제재를 정할 경우에 그 감액은 1회의 금액이 평균임금의 1일분의 2분의 1을, 총액이 1임금지급기의 임금 총액의 10분의 1을 초과하지 못한다. ③ 고용노동부장관은 법령이나 단체협약에 어긋나는 취업규칙의 변경을 명할 수 있다.
근로조건의 우선순위	① 취업규칙에서 정한 기준에 미달하는 근로조건을 정한 근로계약은 그 부분에 관하여는 무효로 한다. 이 경우 무효로 된 부분은 취업규칙에 정한 기준에 따른다. ② 취업규칙은 법령이나 해당 사업 또는 사업장에 대하여 적용되는 단체협약과 어긋나서는 아니 된다.

(2) 해직제도

해고 등의 제한	① 사용자는 근로자에게 정당한 이유 없이 해고·휴직·정직·전직·감봉, 그 밖의 징벌(懲罰)(부당해고 등)을 하지 못한다. ② 사용자는 근로자가 업무상 부상 또는 질병의 요양을 위하여 휴업한 기간과 그 후 30일 동안 또는 산전(産前)·산후(産後)의 여성이 근로기준법에 따라 휴업한 기간과 그 후 30일 동안은 해고하지 못한다. 다만, 사용자가 일시보상을 하였을 경우 또는 사업을 계속할 수 없게 된 경우에는 그러하지 아니하다.
해고의 예고	사용자는 근로자를 해고(경영상 이유에 의한 해고를 포함한다)하려면 적어도 30일 전에 예고를 하여야 하고, 30일 전에 예고를 하지 아니하였을 때에는 30일분 이상의 통상임금을 지급하여야 한다. 다만, 다음의 어느 하나에 해당하는 경우에는 그러하지 아니하다. ① 근로자가 계속 근로한 기간이 3개월 미만인 경우 ② 천재·사변, 그 밖의 부득이한 사유로 사업을 계속하는 것이 불가능한 경우 ③ 근로자가 고의로 사업에 막대한 지장을 초래하거나 재산상 손해를 끼친 경우로서 고용노동부령으로 정하는 사유에 해당하는 경우
서면통보	① 사용자는 근로자를 해고하려면 해고사유와 해고시기를 서면으로 통지하여야 한다. ② 근로자에 대한 해고는 ①에 따라 서면으로 통지하여야 효력이 있다.
경영상 이유에 의한 해고의 제한	① 사용자가 경영상 이유에 의하여 근로자를 해고하려면 긴박한 경영상의 필요가 있어야 한다. 이 경우 경영 악화를 방지하기 위한 사업의 양도·인수·합병은 긴박한 경영상의 필요가 있는 것으로 본다. ② ①의 경우에 사용자는 해고를 피하기 위한 노력을 다하여야 하며, 합리적이고 공정한 해고의 기준을 정하고 이에 따라 그 대상자를 선정하여야 한다. 이 경우 남녀의 성을 이유로 차별하여서는 아니 된다.

경영상 이유에 의한 해고의 제한	③ 사용자는 ②에 따른 해고를 피하기 위한 방법과 해고의 기준 등에 관하여 그 사업 또는 사업장에 근로자의 과반수로 조직된 노동조합이 있는 경우에는 그 노동조합(근로자의 과반수로 조직된 노동조합이 없는 경우에는 근로자의 과반수를 대표하는 자를 말한다. 이하 "근로자대표"라 한다)에 해고를 하려는 날의 50일 전까지 통보하고 성실하게 협의하여야 한다. ④ 사용자는 ①에 따라 대통령령으로 정하는 일정한 규모 이상의 인원을 해고하려면 대통령령으로 정하는 바에 따라 고용노동부장관에게 신고하여야 한다. ⑤ 사용자가 ①부터 ③까지의 규정에 따른 요건을 갖추어 근로자를 해고한 경우에는 정당한 이유가 있는 해고를 한 것으로 본다.
우선 재고용 등	① 근로자를 해고한 사용자는 근로자를 해고한 날부터 3년 이내에 해고된 근로자가 해고 당시 담당하였던 업무와 같은 업무를 할 근로자를 채용하려고 할 경우 해고된 근로자가 원하면 그 근로자를 우선적으로 고용하여야 한다. ② 정부는 해고된 근로자에 대하여 생계안정, 재취업, 직업훈련 등 필요한 조치를 우선적으로 취하여야 한다.

(3) 부당해고 등의 구제절차와 이행강제금

구제신청	① 사용자가 근로자에게 부당해고 등을 하면 근로자는 노동위원회에 구제를 신청할 수 있다. ② 구제신청은 부당해고 등이 있었던 날부터 3개월 이내에 하여야 한다.
구제명령 등	① 노동위원회는 심문을 끝내고 부당해고 등이 성립한다고 판정하면 사용자에게 구제명령을 하여야 하며, 부당해고 등이 성립하지 아니한다고 판정하면 구제신청을 기각하는 결정을 하여야 한다. ② ①에 따른 판정, 구제명령 및 기각결정은 사용자와 근로자에게 각각 서면으로 통지하여야 한다. ③ 노동위원회는 ①에 따른 구제명령(해고에 대한 구제명령만을 말한다)을 할 때에 근로자가 원직복직(原職復職)을 원하지 아니하면 원직복직을 명하는 대신 근로자가 해고기간 동안 근로를 제공하였더라면 받을 수 있었던 임금 상당액 이상의 금품을 근로자에게 지급하도록 명할 수 있다. ④ 노동위원회는 근로계약기간의 만료, 정년의 도래 등으로 근로자가 원직복직(해고 이외의 경우는 원상회복을 말한다)이 불가능한 경우에도 ①에 따른 구제명령이나 기각결정을 하여야 한다. 이 경우 노동위원회는 부당해고 등이 성립한다고 판정하면 근로자가 해고기간 동안 근로를 제공하였더라면 받을 수 있었던 임금 상당액에 해당하는 금품(해고 이외의 경우에는 원상회복에 준하는 금품을 말한다)을 사업주가 근로자에게 지급하도록 명할 수 있다.
구제명령 등의 확정	① 「노동위원회법」에 따른 지방노동위원회의 구제명령이나 기각결정에 불복하는 사용자나 근로자는 구제명령서나 기각결정서를 통지받은 날부터 10일 이내에 중앙노동위원회에 재심을 신청할 수 있다. ② ①에 따른 중앙노동위원회의 재심판정에 대하여 사용자나 근로자는 재심판정서를 송달받은 날부터 15일 이내에 「행정소송법」의 규정에 따라 소(訴)를 제기할 수 있다.

	③ ①과 ②에 따른 기간 이내에 재심을 신청하지 아니하거나 행정소송을 제기하지 아니하면 그 구제명령, 기각결정 또는 재심판정은 확정된다.
구제명령 등의 효력	노동위원회의 구제명령, 기각결정 또는 재심판정은 중앙노동위원회에 대한 재심 신청이나 행정소송 제기에 의하여 그 효력이 정지되지 아니한다.
이행 강제금	① 노동위원회는 구제명령(구제명령을 내용으로 하는 재심판정을 포함한다)을 받은 후 이행기한까지 구제명령을 이행하지 아니한 사용자에게 3천만원 이하의 이행강제금을 부과한다. ② 노동위원회는 ①에 따른 이행강제금을 부과하기 30일 전까지 이행강제금을 부과·징수한다는 뜻을 사용자에게 미리 문서로써 알려주어야 한다. ③ 노동위원회는 최초의 구제명령을 한 날을 기준으로 매년 2회의 범위에서 구제명령이 이행될 때까지 반복하여 ①에 따른 이행강제금을 부과·징수할 수 있다. 이 경우 이행강제금은 2년을 초과하여 부과·징수하지 못한다. ④ 노동위원회는 구제명령을 받은 자가 구제명령을 이행하면 새로운 이행강제금을 부과하지 아니하되, 구제명령을 이행하기 전에 이미 부과된 이행강제금은 징수하여야 한다. ⑤ 노동위원회는 이행강제금 납부의무자가 납부기한까지 이행강제금을 내지 아니하면 기간을 정하여 독촉을 하고, 지정된 기간에 ①에 따른 이행강제금을 내지 아니하면 국세 체납처분의 예에 따라 징수할 수 있다. ⑥ 근로자는 구제명령을 받은 사용자가 이행기한까지 구제명령을 이행하지 아니하면, 이행기한이 지난 때부터 15일 이내에 그 사실을 노동위원회에 알려줄 수 있다. ⑦ 노동위원회는 사용자에게 구제명령을 하는 때에는 이행기한을 정하여야 한다. 이 경우 이행기한은 구제명령을 한 날부터 30일 이내로 한다. ⑧ 노동위원회는 이행강제금을 부과하는 때에는 이행강제금의 부과통지를 받은 날부터 15일 이내의 납부기한을 정하여야 한다. ⑨ 노동위원회는 천재·사변, 그 밖의 부득이한 사유가 발생하여 ⑧에 따른 납부기한 내에 이행강제금을 납부하기 어려운 경우에는 그 사유가 없어진 날부터 15일 이내의 기간을 납부기한으로 할 수 있다. ⑩ 이행강제금을 부과·징수한다는 뜻을 사용자에게 미리 문서로써 알려줄 때에는 10일 이상의 기간을 정하여 구술 또는 서면(전자문서를 포함한다)으로 의견을 진술할 수 있는 기회를 주어야 한다. 이 경우 지정된 기일까지 의견진술이 없는 때에는 의견이 없는 것으로 본다. ⑪ 노동위원회는 중앙노동위원회의 재심판정이나 법원의 확정판결에 따라 노동위원회의 구제명령이 취소되면 직권 또는 사용자의 신청에 따라 이행강제금의 부과·징수를 즉시 중지하고 이미 징수한 이행강제금을 반환하여야 한다. ⑫ 노동위원회가 ⑪에 따라 이행강제금을 반환하는 때에는 이행강제금을 납부한 날부터 반환하는 날까지의 기간에 대하여 고용노동부령으로 정하는 이율을 곱한 금액을 가산하여 반환하여야 한다.

(4) 임금 등

임금	사용자가 근로의 대가로 근로자에게 임금, 봉급, 그 밖에 어떠한 명칭으로든지 지급하는 일체의 금품을 말한다.
통상 임금	① 정의: 근로자에게 정기적·일률적으로 소정근로 또는 총근로시간에 대한 대가로 지급하기로 정하여진 시간급금액·일급금액·주급금액·월급금액 또는 도급금액 ② 적용범위: 해고 비예고수당, 출산전후휴가급여, 육아휴직급여, 연장근로·야간근로·휴일근로
평균 임금	① 정의: 산정하여야 할 사유가 발생한 날 이전 3개월 동안에 그 근로자에게 지급된 임금의 총액을 그 기간의 일수로 나눈 금액을 말한다. 근로자가 취업한 후 3개월 미만인 경우도 이에 준한다. ② 적용범위: 휴업수당, 구직급여 임금일액산정, 재해보상(휴업보상, 유족보상, 일시보상, 장례비, 장해보상), 산업재해보상보험급여(휴업급여, 유족급여, 상병보상연금, 장의비, 장해급여)
지급의 원칙	매월 1회 이상 일정한 날짜를 정하여 통화로 직접 근로자에게 그 전액을 지급하여야 한다.
휴업 수당	사용자의 귀책사유로 휴업하는 경우에 사용자는 휴업기간 동안 그 근로자에게 평균임금의 100분의 70 이상의 수당을 지급하여야 한다. 다만, 평균임금의 100분의 70에 해당하는 금액이 통상임금을 초과하는 경우에는 통상임금을 휴업수당으로 지급할 수 있다.
임금채권의 우선변제	다음의 어느 하나에 해당하는 채권은 사용자의 총재산에 대하여 질권·저당권 또는 「동산·채권 등의 담보에 관한 법률」에 따른 담보권에 따라 담보된 채권, 조세·공과금 및 다른 채권에 우선하여 변제되어야 한다. ① 최종 3개월분의 임금 ② 재해보상금
시 효	임금채권은 3년간 행사하지 아니하면 시효로 소멸한다.

(5) 연차유급휴가

연차 유급 휴가	① 사용자는 1년간 80퍼센트 이상 출근한 근로자에게 15일의 유급휴가를 주어야 한다. ② 사용자는 계속하여 근로한 기간이 1년 미만인 근로자 또는 1년간 80퍼센트 미만 출근한 근로자에게 1개월 개근 시 1일의 유급휴가를 주어야 한다. ③ 사용자는 3년 이상 계속하여 근로한 근로자에게는 ①에 따른 휴가에 최초 1년을 초과하는 계속 근로연수 매 2년에 대하여 1일을 가산한 유급 휴가를 주어야 한다. 이 경우 가산휴가를 포함한 총 휴가 일수는 25일을 한도로 한다. ④ 사용자는 ①부터 ③까지의 규정에 따른 휴가를 근로자가 청구한 시기에 주어야 하고, 그 기간에 대하여는 취업규칙 등에서 정하는 통상임금 또는 평균임금을 지급하여야 한다. 다만, 근로자가 청구한 시기에 휴가를 주는 것이 사업 운영에 막대한 지장이 있는 경우에는 그 시기를 변경할 수 있다.

연차 유급 휴가	⑤ ①부터 ②까지의 규정을 적용하는 경우 다음의 어느 하나에 해당하는 기간은 출근한 것으로 본다. 　㉠ 근로자가 업무상의 부상 또는 질병으로 휴업한 기간 　㉡ 임신 중의 여성이 출산전후휴가와 유·사산보호휴가로 휴업한 기간 　㉢ 「남녀고용평등과 일·가정 양립 지원에 관한 법률」에 따른 육아휴직으로 휴업한 기간 　㉣ 「남녀고용평등과 일·가정 양립 지원에 관한 법률」에 따른 육아기 근로시간 단축을 사용하여 단축된 근로시간 　㉤ 임신기 근로시간 단축을 사용하여 단축된 근로시간 ⑥ ①부터 ③까지의 규정에 따른 휴가는 1년간 행사하지 아니하면 소멸된다. 다만, 사용자의 귀책사유로 사용하지 못한 경우에는 그러하지 아니하다.
연차 유급 휴가의 사용 촉진	① 사용자가 유급휴가(계속하여 근로한 기간이 1년 미만인 근로자의 유급휴가는 제외한다)의 사용을 촉진하기 위하여 다음의 조치를 하였음에도 불구하고 근로자가 휴가를 사용하지 아니하여 소멸된 경우에는 사용자는 그 사용하지 아니한 휴가에 대하여 보상할 의무가 없고, 사용자의 귀책사유에 해당하지 아니하는 것으로 본다. 　㉠ 1년의 기간이 끝나기 6개월 전을 기준으로 10일 이내에 사용자가 근로자별로 사용하지 아니한 휴가 일수를 알려주고, 근로자가 그 사용 시기를 정하여 사용자에게 통보하도록 서면으로 촉구할 것 　㉡ ㉠에 따른 촉구에도 불구하고 근로자가 촉구를 받은 때부터 10일 이내에 사용하지 아니한 휴가의 전부 또는 일부의 사용 시기를 정하여 사용자에게 통보하지 아니하면 1년의 기간이 끝나기 2개월 전까지 사용자가 사용하지 아니한 휴가의 사용 시기를 정하여 근로자에게 서면으로 통보할 것 ② 사용자가 계속하여 근로한 기간이 1년 미만인 근로자의 유급휴가의 사용을 촉진하기 위하여 다음의 조치를 하였음에도 불구하고 근로자가 휴가를 사용하지 아니하여 소멸된 경우에는 사용자는 그 사용하지 아니한 휴가에 대하여 보상할 의무가 없고, 사용자의 귀책사유에 해당하지 아니하는 것으로 본다. 　㉠ 최초 1년의 근로기간이 끝나기 3개월 전을 기준으로 10일 이내에 사용자가 근로자별로 사용하지 아니한 휴가 일수를 알려주고, 근로자가 그 사용 시기를 정하여 사용자에게 통보하도록 서면으로 촉구할 것. 다만, 사용자가 서면 촉구한 후 발생한 휴가에 대해서는 최초 1년의 근로기간이 끝나기 1개월 전을 기준으로 5일 이내에 촉구하여야 한다. 　㉡ ㉠에 따른 촉구에도 불구하고 근로자가 촉구를 받은 때부터 10일 이내에 사용하지 아니한 휴가의 전부 또는 일부의 사용 시기를 정하여 사용자에게 통보하지 아니하면 최초 1년의 근로기간이 끝나기 1개월 전까지 사용자가 사용하지 아니한 휴가의 사용 시기를 정하여 근로자에게 서면으로 통보할 것. 다만, ㉠ 단서에 따라 촉구한 휴가에 대해서는 최초 1년의 근로기간이 끝나기 10일 전까지 서면으로 통보하여야 한다. ③ 사용자는 근로자대표와의 서면 합의에 따라 연차 유급휴가일을 갈음하여 특정한 근로일에 근로자를 휴무시킬 수 있다.

(6) 근로시간과 휴식 등

근로시간	① 1주간의 근로시간은 휴게시간을 제외하고 40시간을 초과할 수 없다. ② 1일의 근로시간은 휴게시간을 제외하고 8시간을 초과할 수 없다. ③ ① 및 ②에 따른 근로시간을 산정함에 있어 작업을 위하여 근로자가 사용자의 지휘·감독 아래에 있는 대기시간 등은 근로시간으로 본다.
휴 게	① 사용자는 근로시간이 4시간인 경우에는 30분 이상, 8시간인 경우에는 1시간 이상의 휴게시간을 근로시간 도중에 주어야 한다. ② 휴게시간은 근로자가 자유롭게 이용할 수 있다.
휴 일	① 사용자는 근로자에게 1주일에 평균 1회 이상의 유급휴일을 주어야 한다. ② 유급휴일은 1주 동안의 소정근로일을 개근한 자에게 주어야 한다.
근로시간, 휴게와 휴일의 적용제외 근로자	① 근로시간, 휴게와 휴일에 관한 규정은 다음의 어느 하나에 해당하는 근로자에 대하여는 적용하지 아니한다. 　㉠ 토지의 경작·개간, 식물의 재식(栽植)·재배·채취 사업, 그 밖의 농림 사업 　㉡ 동물의 사육, 수산 동식물의 채포(採捕)·양식 사업, 그 밖의 축산, 양잠, 수산 사업 　㉢ 감시(監視) 또는 단속적(斷續的)으로 근로에 종사하는 자로서 사용자가 고용노동부장관의 승인을 받은 자 　㉣ 사업의 종류에 관계없이 관리·감독 업무 또는 기밀을 취급하는 업무에 종사하는 근로자 ② 사용자는 감시 또는 단속적으로 근로에 종사하는 자에 대한 근로시간 등의 적용제외 승인을 받으려면 감시적 또는 단속적 근로종사자에 대한 적용제외 승인 신청서를 관할 지방노동관서의 장에게 제출하여야 한다. 　㉠ 감시적 근로에 종사하는 자는 감시업무를 주 업무로 하며 상태적으로 정신적·육체적 피로가 적은 업무에 종사하는 자로 한다. 　㉡ 단속적으로 근로에 종사하는 자는 근로가 간헐적·단속적으로 이루어져 휴게시간이나 대기시간이 많은 업무에 종사하는 자로 한다. ③ 관할 지방노동관서의 장은 ②에 따른 신청에 대하여 승인을 할 경우에는 감시적 또는 단속적 근로종사자에 대한 적용제외 승인서를 내주어야 한다.
연장·야간 및 휴일근로	① 사용자는 연장근로에 대하여는 통상임금의 100분의 50 이상을 가산하여 근로자에게 지급하여야 한다. ② ①에도 불구하고 사용자는 휴일근로에 대하여는 다음의 기준에 따른 금액 이상을 가산하여 근로자에게 지급하여야 한다. 　㉠ 8시간 이내의 휴일근로 : 통상임금의 100분의 50 　㉡ 8시간을 초과한 휴일근로 : 통상임금의 100분의 100 ③ 사용자는 야간근로(오후 10시부터 다음 날 오전 6시 사이의 근로를 말한다)에 대하여는 통상임금의 100분의 50 이상을 가산하여 근로자에게 지급하여야 한다. ④ 사용자는 근로자대표와의 서면 합의에 따라 연장근로·야간근로 및 휴일근로에 대하여 임금을 지급하는 것을 갈음하여 휴가를 줄 수 있다.

(7) **재해보상**

종류	요양 보상	근로자가 업무상 부상 또는 질병에 걸리면 사용자는 그 비용으로 필요한 요양을 행하거나 필요한 요양비를 부담하여야 한다.
	휴업 보상	사용자는 요양 중에 있는 근로자에게 그 근로자의 요양 중 평균임금의 100분의 60의 휴업보상을 하여야 한다.
	장해 보상	근로자가 업무상 부상 또는 질병에 걸리고, 완치된 후 신체에 장해가 있으면 사용자는 그 장해 정도에 따라 평균임금에 별표에서 정한 일수를 곱한 금액의 장해보상을 하여야 한다.
	유족 보상	근로자가 업무상 사망한 경우에는 사용자는 근로자가 사망한 후 지체 없이 그 유족에게 평균임금 1,000일분의 유족보상을 하여야 한다.
	장례비	근로자가 업무상 사망한 경우에는 사용자는 근로자가 사망한 후 지체 없이 평균임금 90일분의 장례비를 지급하여야 한다.
	일시 보상	보상을 받는 근로자가 요양을 시작한 지 2년이 지나도 부상 또는 질병이 완치되지 아니하는 경우에는 사용자는 그 근로자에게 평균임금 1,340일분의 일시보상을 하여 그 후의 이 법에 따른 모든 보상책임을 면할 수 있다.
기타		① 휴업보상과 장해보상의 예외: 근로자가 중대한 과실로 업무상 부상 또는 질병에 걸리고 또한 사용자가 그 과실에 대하여 노동위원회의 인정을 받으면 휴업보상이나 장해보상을 하지 아니하여도 된다. ② 분할보상: 사용자는 지급 능력이 있는 것을 증명하고 보상을 받는 자의 동의를 받으면 장해보상, 유족보상, 일시보상에 따른 보상금을 1년에 걸쳐 분할보상을 할 수 있다. ③ 보상을 받을 권리는 퇴직으로 인하여 변경되지 아니하고, 양도나 압류하지 못한다. ④ 보상을 받게 될 자가 동일한 사유에 대하여 「민법」이나 그 밖의 법령에 따라 이 법의 재해보상에 상당한 금품을 받으면 그 가액의 한도에서 사용자는 보상의 책임을 면한다.
서류의 보존 및 시효		① 사용자는 재해보상에 관한 중요한 서류를 재해보상이 끝나지 아니하거나 재해보상 청구권이 시효로 소멸되기 전에 폐기하여서는 아니 된다. ② 근로기준법에 따른 재해보상 청구권은 3년간 행사하지 아니하면 시효로 소멸한다.
고용노동부 장관의 심사와 중재		① 업무상의 부상, 질병 또는 사망의 인정, 요양의 방법, 보상금액의 결정, 그 밖에 보상의 실시에 관하여 이의가 있는 자는 고용노동부장관에게 심사나 사건의 중재를 청구할 수 있다. ② ①의 청구가 있으면 고용노동부장관은 1개월 이내에 심사나 중재를 하여야 한다. ③ 고용노동부장관은 필요에 따라 직권으로 심사나 사건의 중재를 할 수 있다.

고용노동부 장관의 심사와 중재	④ 고용노동부장관은 심사나 중재를 위하여 필요하다고 인정하면 의사에게 진단이나 검안을 시킬 수 있다. ⑤ ①에 따른 심사나 중재의 청구와 ②에 따른 심사나 중재의 시작은 시효의 중단에 관하여는 재판상의 청구로 본다.
노동위원회의 심사와 중재	① 고용노동부장관이 심사 또는 중재를 하지 아니하거나 심사와 중재의 결과에 불복하는 자는 노동위원회에 심사나 중재를 청구할 수 있다. ② ①의 청구가 있으면 노동위원회는 1개월 이내에 심사나 중재를 하여야 한다.

(8) 근로시간제

3개월 이내의 탄력적 근로시간제	① 2주 단위의 탄력적 근로시간제 : 사용자는 취업규칙(취업규칙에 준하는 것을 포함한다)에서 정하는 바에 따라 2주 이내의 일정한 단위기간을 평균하여 1주 간의 근로시간이 40시간을 초과하지 아니하는 범위에서 특정한 주에 40시간을, 특정한 날에 8시간을 초과하여 근로하게 할 수 있다. 다만, 특정한 주의 근로시간은 48시간을 초과할 수 없다. ② 3개월 단위 탄력적 근로시간제 : 사용자는 근로자대표와의 서면 합의에 따라 다음의 사항을 정하면 3개월 이내의 단위기간을 평균하여 1주 간의 근로시간이 40시간을 초과하지 아니하는 범위에서 특정한 주에 40시간을, 특정한 날에 8시간을 초과하여 근로하게 할 수 있다. 다만, 특정한 주의 근로시간은 52시간을, 특정한 날의 근로시간은 12시간을 초과할 수 없다. ㉠ 대상 근로자의 범위 ㉡ 단위기간(3개월 이내의 일정한 기간으로 정하여야 한다) ㉢ 단위기간의 근로일과 그 근로일별 근로시간 ㉣ 그 밖에 대통령령으로 정하는 사항 ③ ①과 ②는 15세 이상 18세 미만의 근로자와 임신 중인 여성 근로자에 대하여는 적용하지 아니한다. ④ 사용자는 ①과 ②에 따라 근로자를 근로시킬 경우에는 기존의 임금 수준이 낮아지지 아니하도록 임금보전방안(賃金補塡方案)을 강구하여야 한다.
3개월을 초과하는 탄력적 근로시간제	① 사용자는 근로자대표와의 서면 합의에 따라 다음의 사항을 정하면 3개월을 초과하고 6개월 이내의 단위기간을 평균하여 1주간의 근로시간이 40시간을 초과하지 아니하는 범위에서 특정한 주에 40시간을, 특정한 날에 8시간을 초과하여 근로하게 할 수 있다. 다만, 특정한 주의 근로시간은 52시간을, 특정한 날의 근로시간은 12시간을 초과할 수 없다. ㉠ 대상 근로자의 범위 ㉡ 단위기간(3개월을 초과하고 6개월 이내의 일정한 기간으로 정하여야 한다) ㉢ 단위기간의 주별 근로시간 ㉣ 그 밖에 대통령령으로 정하는 사항

3개월을 초과하는 탄력적 근로시간제	② 사용자는 ①에 따라 근로자를 근로시킬 경우에는 근로일 종료 후 다음 근로일 개시 전까지 근로자에게 연속하여 11시간 이상의 휴식 시간을 주어야 한다. 다만, 천재지변 등 대통령령으로 정하는 불가피한 경우에는 근로자대표와의 서면 합의가 있으면 이에 따른다. ③ 사용자는 ①의 ⓒ에 따른 각 주의 근로일이 시작되기 2주 전까지 근로자에게 해당 주의 근로일별 근로시간을 통보하여야 한다. ④ 사용자는 ①에 따른 근로자대표와의 서면 합의 당시에는 예측하지 못한 천재지변, 기계 고장, 업무량 급증 등 불가피한 사유가 발생한 때에는 ①의 ⓒ에 따른 단위기간 내에서 평균하여 1주간의 근로시간이 유지되는 범위에서 근로자대표와의 협의를 거쳐 ⑦의 ⓒ의 사항을 변경할 수 있다. 이 경우 해당 근로자에게 변경된 근로일이 개시되기 전에 변경된 근로일별 근로시간을 통보하여야 한다. ⑤ 사용자는 ①에 따라 근로자를 근로시킬 경우에는 기존의 임금 수준이 낮아지지 아니하도록 임금항목을 조정 또는 신설하거나 가산임금 지급 등의 임금보전방안(賃金補塡方案)을 마련하여 고용노동부장관에게 신고하여야 한다. 다만, 근로자대표와의 서면합의로 임금보전방안을 마련한 경우에는 그러하지 아니하다. ⑥ ①부터 ⑤까지의 규정은 15세 이상 18세 미만의 근로자와 임신 중인 여성 근로자에 대해서는 적용하지 아니한다.
선택적 근로시간제	① 사용자는 취업규칙(취업규칙에 준하는 것을 포함한다)에 따라 업무의 시작 및 종료 시각을 근로자의 결정에 맡기기로 한 근로자에 대하여 근로자대표와의 서면 합의에 따라 다음 각 호의 사항을 정하면 1개월(신상품 또는 신기술의 연구개발 업무의 경우에는 3개월로 한다) 이내의 정산기간을 평균하여 1주간의 근로시간이 40시간을 초과하지 아니하는 범위에서 1주 간에 40시간을, 1일에 8시간을 초과하여 근로하게 할 수 있다. ⑦ 대상 근로자의 범위(15세 이상 18세 미만의 근로자는 제외한다) ⓒ 정산기간 ⓒ 정산기간의 총 근로시간 ② 반드시 근로하여야 할 시간대를 정하는 경우에는 그 시작 및 종료 시각 ⓜ 근로자가 그의 결정에 따라 근로할 수 있는 시간대를 정하는 경우에는 그 시작 및 종료 시각 ⓗ 그 밖에 대통령령으로 정하는 사항 ② 사용자는 ⑦에 따라 1개월을 초과하는 정산기간을 정하는 경우에는 다음의 조치를 하여야 한다. ⑦ 근로일 종료 후 다음 근로일 시작 전까지 근로자에게 연속하여 11시간 이상의 휴식 시간을 줄 것. 다만, 천재지변 등 대통령령으로 정하는 불가피한 경우에는 근로자대표와의 서면 합의가 있으면 이에 따른다. ⓒ 매 1개월마다 평균하여 1주간의 근로시간이 40시간을 초과한 시간에 대해서는 통상임금의 100분의 50 이상을 가산하여 근로자에게 지급할 것.

2 최저임금법

적용범위	① 최저임금법은 근로자를 사용하는 모든 사업 또는 사업장에 적용한다. 다만, 동거하는 친족만을 사용하는 사업과 가사(家事) 사용인에게는 적용하지 아니한다. ② 최저임금법은 선원법의 적용을 받는 선원과 선원을 사용하는 선박의 소유자에게는 적용하지 아니한다.
최저임금 결정 기준과 구분	① 최저임금은 근로자의 생계비, 유사 근로자의 임금, 노동생산성 및 소득분배율 등을 고려하여 정한다. 이 경우 사업의 종류별로 구분하여 정할 수 있다. ② ① 따른 사업의 종류별 구분은 최저임금위원회의 심의를 거쳐 고용노동부장관이 정한다.
최저 임금액	① 최저임금액(최저임금으로 정한 금액을 말한다. 이하 같다)은 시간·일(日)·주(週) 또는 월(月)을 단위로 하여 정한다. 이 경우 일·주 또는 월을 단위로 하여 최저임금액을 정할 때에는 시간급으로도 표시하여야 한다. ② 2025년(1.1.~12.31.) 최저임금: 시간급 10,030원 ③ 1년 이상의 기간을 정하여 근로계약을 체결하고 수습 중에 있는 근로자로서 수습을 시작한 날부터 3개월 이내인 사람에 대해서는 시간급 최저임금액(최저임금으로 정한 금액을 말한다)에서 100분의 10을 뺀 금액을 그 근로자의 시간급 최저임금액으로 한다. 다만, 단순노무업무로 고용노동부장관이 정하여 고시한 직종에 종사하는 근로자는 제외한다.
효 력	① 사용자는 최저임금의 적용을 받는 근로자에게 최저임금액 이상의 임금을 지급하여야 한다. ② 사용자는 이 법에 따른 최저임금을 이유로 종전의 임금수준을 낮추어서는 아니 된다. ③ 최저임금의 적용을 받는 근로자와 사용자 사이의 근로계약 중 최저임금액에 미치지 못하는 금액을 임금으로 정한 부분은 무효로 하며, 이 경우 무효로 된 부분은 이 법으로 정한 최저임금액과 동일한 임금을 지급하기로 한 것으로 본다. ④ ①과 ③은 다음의 어느 하나에 해당하는 사유로 근로하지 아니한 시간 또는 일에 대하여 사용자가 임금을 지급할 것을 강제하는 것은 아니다. 　㉠ 근로자가 자기의 사정으로 소정근로시간 또는 소정의 근로일의 근로를 하지 아니한 경우 　㉡ 사용자가 정당한 이유로 근로자에게 소정근로시간 또는 소정의 근로일의 근로를 시키지 아니한 경우 ⑤ 도급으로 사업을 행하는 경우 도급인이 책임져야 할 사유로 수급인이 근로자에게 최저임금액에 미치지 못하는 임금을 지급한 경우 도급인은 해당 수급인과 연대하여 책임을 진다.

효력	⑥ ⑤에 따른 도급인이 책임져야 할 사유의 범위는 다음 각 호와 같다. 　　㉠ 도급인이 도급계약 체결 당시 인건비 단가를 최저임금액에 미치지 못하 　　　는 금액으로 결정하는 행위 　　㉡ 도급인이 도급계약 기간 중 인건비 단가를 최저임금액에 미치지 못하는 　　　금액으로 낮춘 행위
최저 임금의 적용 제외	① 다음의 어느 하나에 해당하는 사람으로서 사용자가 ②에서 정하는 바에 따 　라 고용노동부장관의 인가를 받은 사람에 대하여는 위 효력의 ①부터 ⑥의 　규정을 적용하지 아니한다. 　　㉠ 정신장애나 신체장애로 근로능력이 현저히 낮은 사람 　　㉡ 그 밖에 최저임금을 적용하는 것이 적당하지 아니하다고 인정되는 사람 ② 사용자가 고용노동부장관의 인가를 받아 최저임금의 적용을 제외할 수 있는 　자는 정신 또는 신체의 장애가 업무수행에 직접적으로 현저한 지장을 주는 　것이 명백하다고 인정되는 사람으로 한다.
최저 임금 지급 의무 면제	다음의 어느 하나에 해당하는 사유로 근로하지 아니한 시간 또는 일에 대하여 사용자가 임금을 지급할 것을 강제하는 것은 아니다. ① 근로자가 자기의 사정으로 소정근로시간 또는 소정의 근로일의 근로를 하지 　아니한 경우 ② 사용자가 정당한 이유로 근로자에게 소정근로시간 또는 소정의 근로일의 근 　로를 시키지 아니한 경우
고시 및 효력 발생	① 고용노동부장관은 최저임금을 결정한 때에는 지체 없이 그 내용을 고시하여 　야 한다. ② 고시된 최저임금은 다음 연도 1월 1일부터 효력이 발생한다. 다만, 고용노동 　부장관은 사업의 종류별로 임금교섭시기 등을 고려하여 필요하다고 인정하 　면 효력발생시기를 따로 정할 수 있다.
주지 의무	① 사용자가 근로자에게 주지시켜야 할 최저임금의 내용은 다음과 같다. 　　㉠ 적용을 받는 근로자의 최저임금액 　　㉡ 최저임금에 산입하지 아니하는 임금 　　㉢ 해당 사업에서 최저임금의 적용을 제외할 근로자의 범위 　　㉣ 최저임금의 효력발생 연월일 ② 사용자는 ①에 따른 최저임금의 내용을 최저임금의 효력발생일 전날까지 근 　로자에게 주지시켜야 한다.
벌칙	① 최저임금의 주지의무를 위반하여 근로자에게 해당 최저임금을 널리 알리지 아니 　한 자: 100만원 이하의 과태료를 부과한다. ② 도급인에게 연대책임이 발생하여 근로감독관이 그 연대책임을 이행하도록 시정 　지시하였음에도 불구하고 도급인이 시정기한 내에 이를 이행하지 아니한 경우: 　2년 이하의 징역 또는 1천만원 이하의 벌금에 처한다. ③ 최저임금액보다 적은 임금을 지급하거나 최저임금을 이유로 종전의 임금을 낮춘 자: 　3년 이하의 징역 또는 2천만원 이하의 벌금에 처한다. 이 경우 징역과 벌금을 　병과할 수 있다.

3 근로자 퇴직급여보장법

용어정의	① 급여 : 퇴직급여제도나 개인형퇴직연금제도에 의하여 근로자에게 지급되는 연금 또는 일시금을 말한다. ② 퇴직급여제도 : 확정급여형퇴직연금제도, 확정기여형퇴직연금제도 및 퇴직금제도를 말한다. ③ 퇴직연금제도 : 확정급여형퇴직연금제도, 확정기여형퇴직연금제도 및 개인형퇴직연금제도를 말한다. ④ 확정급여형퇴직연금제도 : 근로자가 받을 급여의 수준이 사전에 결정되어 있는 퇴직연금제도를 말한다. ⑤ 확정기여형퇴직연금제도 : 급여의 지급을 위하여 사용자가 부담하여야 할 부담금의 수준이 사전에 결정되어 있는 퇴직연금제도를 말한다. ⑥ 개인형퇴직연금제도 : 가입자의 선택에 따라 가입자가 납입한 일시금이나 사용자 또는 가입자가 납입한 부담금을 적립·운용하기 위하여 설정한 퇴직연금제도로서 급여의 수준이나 부담금의 수준이 확정되지 아니한 퇴직연금제도를 말한다. ⑦ 가입자 : 퇴직연금제도 또는 중소기업퇴직연금기금제도에 가입한 사람을 말한다. ⑧ 적립금 : 가입자의 퇴직 등 지급사유가 발생할 때에 급여를 지급하기 위하여 사용자 또는 가입자가 납입한 부담금으로 적립된 자금을 말한다. ⑨ 퇴직연금사업자 : 퇴직연금제도의 운용관리업무 및 자산관리업무를 수행하기 위하여 등록한 자를 말한다. ⑩ 중소기업퇴직연금기금제도 : 중소기업(상시 30명 이하의 근로자를 사용하는 사업에 한정한다) 근로자의 안정적인 노후생활 보장을 지원하기 위하여 둘 이상의 중소기업 사용자 및 근로자가 납입한 부담금 등으로 공동의 기금을 조성·운영하여 근로자에게 급여를 지급하는 제도를 말한다.
퇴직급여 제도	① 사용자는 퇴직하는 근로자에게 급여를 지급하기 위하여 퇴직급여제도 중 하나 이상의 제도를 설정하여야 한다. 다만, 계속근로기간이 1년 미만인 근로자, 4주간을 평균하여 1주간의 소정근로시간이 15시간 미만인 근로자에 대하여는 그러하지 아니하다. ② 퇴직급여제도를 설정하는 경우에 하나의 사업에서 급여 및 부담금 산정방법의 적용 등에 관하여 차등을 두어서는 아니 된다. ③ 사용자가 퇴직급여제도를 설정하거나 설정된 퇴직급여제도를 다른 종류의 퇴직급여제도로 변경하려는 경우에는 근로자의 과반수가 가입한 노동조합이 있는 경우에는 그 노동조합, 근로자의 과반수가 가입한 노동조합이 없는 경우에는 근로자 과반수(근로자대표)의 동의를 받아야 한다. ④ 사용자가 설정되거나 변경된 퇴직급여제도의 내용을 변경하려는 경우에는 근로자대표의 의견을 들어야 한다. 다만, 근로자에게 불리하게 변경하려는 경우에는 근로자대표의 동의를 받아야 한다. ⑤ 사용자가 퇴직급여제도나 개인형퇴직연금제도를 설정하지 아니한 경우에는 퇴직금제도를 설정한 것으로 본다.

퇴직금 제도	① 퇴직금제도를 설정하려는 사용자는 계속근로기간 1년에 대하여 30일분 이상의 평균임금을 퇴직금으로 퇴직 근로자에게 지급할 수 있는 제도를 설정하여야 한다. ② 사용자는 주택구입 등 대통령령으로 정하는 사유로 근로자가 요구하는 경우에는 근로자가 퇴직하기 전에 해당 근로자의 계속근로기간에 대한 퇴직금을 미리 정산하여 지급할 수 있다. 이 경우 미리 정산하여 지급한 후의 퇴직금 산정을 위한 계속근로기간은 정산시점부터 새로 계산한다. ③ 사용자는 퇴직금을 미리 정산하여 지급한 경우 근로자가 퇴직한 후 5년이 되는 날까지 관련 증명 서류를 보존하여야 한다. ④ 퇴직금 지급 등 　㉠ 사용자는 근로자가 퇴직한 경우에는 그 지급사유가 발생한 날부터 14일 이내에 퇴직금을 지급하여야 한다. 다만, 특별한 사정이 있는 경우에는 당사자 간의 합의에 따라 지급기일을 연장할 수 있다. 　㉡ ㉠에 따른 퇴직금은 근로자가 지정한 개인형퇴직연금제도의 계정 또는 중소기업퇴직연금기금제도 가입자부담금 계정(이하 "개인형퇴직연금제도의 계정 등"이라 한다)으로 이전하는 방법으로 지급하여야 한다. 다만, 근로자가 55세 이후에 퇴직하여 급여를 받는 경우 등 대통령령으로 정하는 사유가 있는 경우에는 그러하지 아니하다. 　㉢ 근로자가 ㉡에 따라 개인형퇴직연금제도의 계정 등을 지정하지 아니한 경우에는 근로자 명의의 개인형퇴직연금제도의 계정으로 이전한다. ⑤ 퇴직금을 받을 권리는 3년간 행사하지 아니하면 시효로 인하여 소멸한다.
퇴직급여 등의 우선변제	① 사용자에게 지급의무가 있는 퇴직금, 확정급여형퇴직연금제도의 급여, 확정기여형퇴직연금제도의 부담금 중 미납입 부담금 및 미납입 부담금에 대한 지연이자, 중소기업퇴직연금기금제도의 부담금 중 미납입 부담금 및 미납입 부담금에 대한 지연이자, 개인형퇴직연금제도의 부담금 중 미납입 부담금 및 미납입 부담금에 대한 지연이자(이하 "퇴직급여 등"이라한다)는 사용자의 총재산에 대하여 질권 또는 저당권에 의하여 담보된 채권을 제외하고는 조세·공과금 및 다른 채권에 우선하여 변제되어야 한다. 다만, 질권 또는 저당권에 우선하는 조세·공과금에 대하여는 그러하지 아니하다. ② ①에도 불구하고 최종 3년간의 퇴직급여 등은 사용자의 총재산에 대하여 질권 또는 저당권에 의하여 담보된 채권, 조세·공과금 및 다른 채권에 우선하여 변제되어야 한다. ③ 퇴직급여 등 중 퇴직금, 확정급여형퇴직연금제도의 급여는 계속근로기간 1년에 대하여 30일분의 평균임금으로 계산한 금액으로 한다. ④ 퇴직급여 등 중 확정기여형퇴직연금제도의 부담금, 중소기업퇴직연금기금제도의 부담금 및 개인형퇴직연금제도의 부담금은 가입자의 연간 임금총액의 12분의 1에 해당하는 금액으로 계산한 금액으로 한다.

확정 급여형 퇴직연금 제도	① 확정급여형퇴직연금제도를 설정하려는 사용자는 근로자대표의 동의를 얻거나 의견을 들어 확정급여형퇴직연금규약을 작성하여 고용노동부장관에게 신고하여야 한다. ② 가입기간은 퇴직연금제도의 설정 이후 해당 사업에서 근로를 제공하는 기간으로 한다. ③ 해당 퇴직연금제도의 설정 전에 해당 사업에서 제공한 근로기간에 대하여도 가입기간으로 할 수 있다. 이 경우 퇴직금을 미리 정산한 기간은 제외한다. ④ 급여 수준은 가입자의 퇴직일을 기준으로 산정한 일시금이 계속근로기간 1년에 대하여 30일분 이상의 평균임금에 상당하는 금액 이상이 되도록 하여야 한다. ⑤ 사용자는 가입자의 퇴직 등 급여를 지급할 사유가 발생한 날부터 14일 이내에 퇴직연금사업자로 하여금 적립금의 범위에서 지급의무가 있는 급여 전액을 지급하도록 하여야 한다. ⑥ 퇴직연금사업자는 매년 1회 이상 적립금액 및 운용수익률 등을 고용노동부령으로 정하는 바에 따라 가입자에게 알려야 한다.
확정 기여형 퇴직연금 제도	① 확정기여형퇴직연금제도를 설정하려는 사용자는 근로자대표의 동의를 얻거나 의견을 들어 확정기여형퇴직연금규약을 작성하여 고용노동부장관에게 신고하여야 한다. ② 확정기여형퇴직연금제도를 설정한 사용자는 가입자의 연간 임금총액의 12분의 1 이상에 해당하는 부담금을 현금으로 가입자의 확정기여형퇴직연금제도 계정에 납입하여야 한다. ③ 가입자는 사용자가 부담하는 부담금 외에 스스로 부담하는 추가 부담금을 가입자의 확정기여형퇴직연금 계정에 납입할 수 있다. ④ 사용자는 매년 1회 이상 정기적으로 부담금을 가입자의 확정기여형퇴직연금제도 계정에 납입하여야 한다. ⑤ 확정기여형퇴직연금제도의 가입자는 적립금의 운용방법을 스스로 선정할 수 있고, 반기마다 1회 이상 적립금의 운용방법을 변경할 수 있다. ⑥ 퇴직연금사업자는 반기마다 1회 이상 위험과 수익구조가 서로 다른 세 가지 이상의 적립금 운용방법을 제시하여야 한다. ⑦ 확정기여형퇴직연금제도에 가입한 근로자는 주택구입 등 대통령령으로 정하는 사유가 발생하면 적립금을 중도인출할 수 있다.
개인형 퇴직연금 제도	① 상시 10명 미만의 근로자를 사용하는 사업의 경우 사용자가 개별 근로자의 동의를 받거나 근로자의 요구에 따라 개인형퇴직연금제도를 설정하는 경우에는 해당 근로자에 대하여 퇴직급여제도를 설정한 것으로 본다. ② 사용자는 개인형 퇴직연금제도 가입자의 퇴직 등 대통령령으로 정하는 사유가 발생한 때에 해당 가입자에 대한 부담금을 납입하지 아니한 경우에는 그 사유가 발생한 날부터 14일 이내에 그 부담금과 지연이자를 해당 가입자의 개인형 퇴직연금제도의 계정에 납입하여야 한다. 다만, 특별한 사정이 있는 경우에는 당사자 간의 합의에 따라 납입 기일을 연장할 수 있다.

4 노동조합 및 노동관계조정법

설립신고	① 고용노동부장관: 연합단체인 노동조합과 2 이상의 특별시·광역시·특별자치시·도·특별자치도에 걸치는 단위노동조합 ② 특별시장·광역시장·도지사: 2 이상의 시·군·구(자치구를 말한다)에 걸치는 단위노동조합 ③ 특별자치시장·특별자치도지사·시장·군수·구청장: ①과 ②를 제외한 그 외의 노동조합
신고증의 교부	① 고용노동부장관·특별시장·광역시장·특별자치시장·도지사·특별자치도지사 또는 시장·군수·구청장(이하 '행정관청'이라 한다)은 설립신고서를 접수한 때에는 ②의 전단 및 ③의 경우를 제외하고는 3일 이내에 신고증을 교부하여야 한다. ② 행정관청은 설립신고서 또는 규약이 기재사항의 누락 등으로 보완이 필요한 경우에는 대통령령(아래 ③)이 정하는 바에 따라 20일 이내의 기간을 정하여 보완을 요구하여야 한다. 이 경우 보완된 설립신고서 또는 규약을 접수한 때에는 3일 이내에 신고증을 교부하여야 한다. ③ 설립신고서의 보완요구 등: 행정관청은 노동조합의 설립신고가 다음의 어느 하나에 해당하는 경우에는 보완을 요구하여야 한다. 　㉠ 설립신고서에 규약이 첨부되어 있지 아니하거나 설립신고서 또는 규약의 기재사항 중 누락 또는 허위사실이 있는 경우 　㉡ 임원의 선거 또는 규약의 제정절차가 법령에 위반되는 경우 ④ 행정관청은 설립하고자 하는 노동조합이 다음 중 하나에 해당하는 경우에는 설립신고서를 반려하여야 한다. 　㉠ 다음의 사유에 해당하는 경우 　　ⓐ 사용자 또는 항상 그의 이익을 대표하여 행동하는 자의 참가를 허용하는 경우 　　ⓑ 그 경비지출에 있어서 주로 사용자의 원조를 받는 경우 　　ⓒ 공제·수양 기타 복리사업만을 목적으로 하는 경우 　　ⓓ 근로자가 아닌 자의 가입을 허용하는 경우 　　ⓔ 주로 정치운동을 목적으로 하는 경우 　㉡ ②에 의하여 보완을 요구하였음에도 불구하고 그 기간 내에 보완을 하지 아니하는 경우 ⑤ 노동조합이 설립신고증을 교부받은 후 설립신고서의 반려사유가 발생한 경우에는 행정관청은 30일의 기간을 정하여 시정을 요구할 수 있다. ⑥ 행정관청은 노동조합에 설립신고증을 교부한 때에는 지체 없이 그 사실을 관할 노동위원회와 해당 사업 또는 사업장의 사용자나 사용자단체에 통보해야 한다. ⑦ 노동조합이 신고증을 교부받은 경우에는 설립신고서가 접수된 때에 설립된 것으로 본다.

노동조합	근로자가 주체가 되어 자주적으로 단결하여 근로조건의 유지·개선 기타 근로자의 경제적·사회적 지위의 향상을 도모함을 목적으로 조직하는 단체 또는 그 연합단체를 말한다.
노동조합으로 보지 않는 경우	① 사용자 또는 항상 그의 이익을 대표하여 행동하는 자의 참가를 허용하는 경우 ② 그 경비지출에 있어서 주로 사용자의 원조를 받는 경우 ③ 공제·수양 기타 복리사업만을 목적으로 하는 경우 ④ 근로자가 아닌 자의 가입을 허용하는 경우 ⑤ 주로 정치운동을 목적으로 하는 경우
노동조합의 조직·가입·활동	① 근로자는 자유로이 노동조합을 조직하거나 이에 가입할 수 있다. 다만, 공무원과 교원에 대하여는 따로 법률로 정한다. ② 사업 또는 사업장에 종사하는 근로자(이하 "종사근로자"라 한다)가 아닌 노동조합의 조합원은 사용자의 효율적인 사업 운영에 지장을 주지 아니하는 범위에서 사업 또는 사업장 내에서 노동조합 활동을 할 수 있다. ③ 종사근로자인 조합원이 해고되어 노동위원회에 부당노동행위의 구제신청을 한 경우에는 중앙노동위원회의 재심판정이 있을 때까지는 종사근로자로 본다.
조합원의 권리와 의무	노동조합의 조합원은 그 조합의 모든 문제에 균등하게 참여할 권리와 의무를 가진다. 그러나 노동조합은 규약으로 조합비를 납부하지 아니한 조합원의 권리를 제한할 수 있다.
관리	① 노동조합은 매년 1회 이상 총회를 개최하여야 한다. ② 노동조합의 대표자는 그 회계감사원으로 하여금 6월에 1회 이상 당해 노동조합의 모든 재원 및 용도, 주요한 기부자의 성명, 현재의 경리 상황 등에 대한 회계감사를 실시하게 하고 그 내용과 감사결과를 전체 조합원에게 공개하여야 한다. ③ 노동조합의 회계감사원은 필요하다고 인정할 경우에는 당해 노동조합의 회계감사를 실시하고 그 결과를 공개할 수 있다. ④ 노동조합은 조합설립일부터 30일 이내에 다음의 서류를 작성하여 그 주된 사무소에 비치하여야 한다. 　㉠ 조합원 명부(연합단체인 노동조합에 있어서는 그 구성단체의 명칭) 　㉡ 규약 　㉢ 임원의 성명·주소록 　㉣ 회의록 　㉤ 재정에 관한 장부와 서류 ⑤ 노동조합의 회의록, 재정에 관한 장부와 서류는 3년간 보존하여야 한다.
해산	노동조합이 해산한 때에는 그 대표자는 해산한 날부터 15일 이내에 행정관청에게 이를 신고하여야 한다.
단체협약 유효기간의 상한	① 단체협약의 유효기간은 3년을 초과하지 않는 범위에서 노사가 합의하여 정할 수 있다. ② 단체협약에 그 유효기간을 정하지 아니한 경우 또는 ①의 기간을 초과하는 유효기간을 정한 경우에 그 유효기간은 3년으로 한다.

부당
노동행위의
유형

1. 사용자는 다음의 어느 하나에 해당하는 행위(이하 '부당노동행위'라 한다)를 할 수 없다.
   ① 근로자가 노동조합에 가입 또는 가입하려고 하였거나 노동조합을 조직하려고 하였거나 기타 노동조합의 업무를 위한 정당한 행위를 한 것을 이유로 그 근로자를 해고하거나 그 근로자에게 불이익을 주는 행위
   ② 근로자가 어느 노동조합에 가입하지 아니할 것 또는 탈퇴할 것을 고용조건으로 하거나 특정한 노동조합의 조합원이 될 것을 고용조건으로 하는 행위. 다만, 노동조합이 당해 사업장에 종사하는 근로자의 3분의 2 이상을 대표하고 있을 때에는 근로자가 그 노동조합의 조합원이 될 것을 고용조건으로 하는 단체협약의 체결은 예외로 하며, 이 경우 사용자는 근로자가 그 노동조합에서 제명된 것 또는 그 노동조합을 탈퇴하여 새로 노동조합을 조직하거나 다른 노동조합에 가입한 것을 이유로 근로자에게 신분상 불이익한 행위를 할 수 없다.
   ③ 노동조합의 대표자 또는 노동조합으로부터 위임을 받은 자와의 단체협약체결 기타의 단체교섭을 정당한 이유 없이 거부하거나 해태하는 행위
   ④ 근로자가 노동조합을 조직 또는 운영하는 것을 지배하거나 이에 개입하는 행위와 노동조합의 운영비를 원조하는 행위. 다만, 근로자가 근로시간 중에 제24조 제2항에 따른 활동을 하는 것을 사용자가 허용함은 무방하며, 또한 근로자의 후생자금 또는 경제상의 불행 그 밖에 재해의 방지와 구제 등을 위한 기금의 기부와 최소한의 규모의 노동조합사무소의 제공 및 그 밖에 이에 준하여 노동조합의 자주적인 운영 또는 활동을 침해할 위험이 없는 범위에서의 운영비 원조행위는 예외로 한다.
   ⑤ 근로자가 정당한 단체행위에 참가한 것을 이유로 하거나 또는 노동위원회에 대하여 사용자가 이 조의 규정에 위반한 것을 신고하거나 그에 관한 증언을 하거나 기타 행정관청에 증거를 제출한 것을 이유로 그 근로자를 해고하거나 그 근로자에게 불이익을 주는 행위

2. 1.의 ④에 따른 '노동조합의 자주적 운영 또는 활동을 침해할 위험' 여부를 판단할 때에는 다음의 사항을 고려하여야 한다.
   ① 운영비 원조의 목적과 경위
   ② 원조된 운영비 횟수와 기간
   ③ 원조된 운영비 금액과 원조방법
   ④ 원조된 운영비가 노동조합의 총수입에서 차지하는 비율
   ⑤ 원조된 운영비의 관리방법 및 사용처 등

⊞ 노동조합 및 노동관계조정법 제24조 제2항

> 제24조【근로시간 면제 등】② 사용자로부터 급여를 지급받는 근로자(이하 "근로시간면제자"라 한다)는 사업 또는 사업장별로 종사근로자인 조합원 수 등을 고려하여 제24조의2에 따라 결정된 근로시간 면제 한도를 초과하지 아니하는 범위에서 임금의 손실 없이 사용자와의 협의·교섭, 고충처리, 산업안전 활동 등 이 법 또는 다른 법률에서 정하는 업무와 건전한 노사관계 발전을 위한 노동조합의 유지·관리업무를 할 수 있다.

부당노동 행위의 구제절차	① 사용자의 부당노동행위로 인하여 그 권리를 침해당한 근로자 또는 노동조합은 노동위원회에 그 구제를 신청할 수 있다. ② ①의 규정에 의한 구제의 신청은 부당노동행위가 있은 날(계속하는 행위는 그 종료일)부터 3월 이내에 이를 행하여야 한다. ③ 노동위원회는 심문을 종료하고 부당노동행위가 성립한다고 판정한 때에는 사용자에게 구제명령을 발하여야 하며, 부당노동행위가 성립되지 아니한다고 판정한 때에는 그 구제신청을 기각하는 결정을 하여야 한다. ④ 지방노동위원회 또는 특별노동위원회의 구제명령 또는 기각결정에 불복이 있는 관계 당사자는 그 명령서 또는 결정서의 송달을 받은 날부터 10일 이내에 중앙노동위원회에 그 재심을 신청할 수 있다. ⑤ 중앙노동위원회의 재심판정에 대하여 관계 당사자는 그 재심판정서의 송달을 받은 날부터 15일 이내에 행정소송법이 정하는 바에 의하여 소를 제기할 수 있다. ⑥ ④및 ⑤의 규정된 기간 내에 재심을 신청하지 아니하거나 행정소송을 제기하지 아니한 때에는 그 구제명령·기각결정 또는 재심판정은 확정된다.

⊞ 근로기준법령상 부당노동행위의 구제절차

① 사용자가 근로자에게 부당해고 등을 하면 근로자는 노동위원회에 구제를 신청할 수 있다.
② 구제신청은 부당해고 등이 있었던 날부터 3개월 이내에 하여야 한다.
③ 노동위원회는 심문을 끝내고 부당해고 등이 성립한다고 판정하면 사용자에게 구제명령을 하여야 하며, 부당해고 등이 성립하지 아니한다고 판정하면 구제신청을 기각하는 결정을 하여야 한다.
④ ③에 따른 판정, 구제명령 및 기각결정은 사용자와 근로자에게 각각 서면으로 통지하여야 한다.
⑤ 「노동위원회법」에 따른 지방노동위원회의 구제명령이나 기각결정에 불복하는 사용자나 근로자는 구제명령서나 기각결정서를 통지받은 날부터 10일 이내에 중앙노동위원회에 재심을 신청할 수 있다.
⑥ 중앙노동위원회의 재심판정에 대하여 사용자나 근로자는 재심판정서를 송달받은 날부터 15일 이내에 「행정소송법」의 규정에 따라 소(訴)를 제기할 수 있다.
⑦ ⑤와 ⑥에 따른 기간 이내에 재심을 신청하지 아니하거나 행정소송을 제기하지 아니하면 그 구제명령, 기각결정 또는 재심판정은 확정된다.

5 남녀고용평등과 일·가정 양립 지원에 관한 법률

배우자의 출산휴가	① 사업주는 근로자가 배우자의 출산을 이유로 휴가(이하 "배우자 출산휴가"라 한다)를 고지하는 경우에 20일의 휴가를 주어야 한다. 이 경우 사용한 휴가 기간은 유급으로 한다. ② 배우자 출산휴가는 근로자의 배우자가 출산한 날부터 120일이 지나면 사용할 수 없다. ③ 배우자 출산휴가는 3회에 한정하여 나누어 사용할 수 있다.
난임치료 휴가	① 사업주는 근로자가 인공수정 또는 체외수정 등 난임치료를 받기 위하여 휴가(이하 "난임치료휴가"라 한다)를 청구하는 경우에 연간 6일 이내의 휴가를 주어야 하며, 이 경우 최초 2일은 유급으로 한다. 다만, 근로자가 청구한 시기에 휴가를 주는 것이 정상적인 사업 운영에 중대한 지장을 초래하는 경우에는 근로자와 협의하여 그 시기를 변경할 수 있다. ② 사업주는 난임치료휴가를 이유로 해고, 징계 등 불리한 처우를 하여서는 아니 된다. ③ 난임치료휴가를 신청하려는 근로자는 난임치료휴가를 사용하려는 날, 난임 치료휴가 신청 연월일 등에 대한 사항을 적은 문서(전자문서를 포함한다)를 사업주에게 제출해야 한다. ④ 사업주는 난임치료휴가를 신청한 근로자에게 난임치료를 받을 사실을 증명할 수 있는 서류의 제출을 요구할 수 있다.
가족돌봄 휴직 및 가족돌봄 휴가	① 가족돌봄휴직 및 가족돌봄휴가의 사용기간과 분할횟수는 다음에 따른다. 　㉠ 가족돌봄휴직 기간은 연간 최장 90일로 하며, 이를 나누어 사용할 수 있을 것. 이 경우 나누어 사용하는 1회의 기간은 30일 이상이 되어야 한다. 　㉡ 가족돌봄휴가 기간은 연간 최장 10일[㉢에 따라 가족돌봄휴가 기간이 연장되는 경우 20일(「한부모가족지원법」의 모 또는 부에 해당하는 근로자의 경우 25일) 이내로 하며, 일단위로 사용할 수 있을 것. 다만, 가족돌봄휴가 기간은 가족돌봄휴직 기간에 포함된다. 　㉢ 고용노동부장관은 감염병의 확산 등을 원인으로 「재난 및 안전관리 기본법」에 따른 심각단계의 위기경보가 발령되거나, 이에 준하는 대규모 재난이 발생한 경우로서 근로자에게 가족을 돌보기 위한 특별한 조치가 필요하다고 인정되는 경우 「고용정책 기본법」에 따른 고용정책심의회의 심의를 거쳐 가족돌봄휴가 기간을 연간 10일(「한부모가족지원법」에 따른 모 또는 부에 해당하는 근로자의 경우 15일)의 범위에서 연장할 수 있을 것. 이 경우 고용노동부장관은 지체 없이 기간 및 사유 등을 고시하여야 한다. ② ①의 ㉢에 따라 연장된 가족돌봄휴가는 다음의 어느 하나에 해당하는 경우에만 사용할 수 있다.

가족돌봄 휴직 및 가족돌봄 휴가	㉠ 감염병 확산을 사유로 「재난 및 안전관리 기본법」에 따른 심각단계의 위기경보가 발령된 경우로서 가족이 위기경보가 발령된 원인이 되는 감염병의 「감염병의 예방 및 관리에 관한 법률」의 감염병환자, 감염병의사환자, 병원체보유자인 경우 또는 감염병의심자 중 유증상자 등으로 분류되어 돌봄이 필요한 경우 ㉡ 자녀가 소속된 「초·중등교육법」의 학교, 「유아교육법」의 유치원 또는 「영유아보육법」의 어린이집(이하 이 조에서 "학교 등"이라 한다)에 대한 「초·중등교육법」에 따른 휴업명령 또는 휴교처분, 「유아교육법」에 따른 휴업 또는 휴원 명령이나 「영유아보육법」에 따른 휴원명령으로 자녀의 돌봄이 필요한 경우 ㉢ 자녀가 ㉠에 따른 감염병으로 인하여 「감염병의 예방 및 관리에 관한 법률」에 따른 자가(自家) 격리 대상이 되거나 학교 등에서 등교 또는 등원 중지 조치를 받아 돌봄이 필요한 경우 ㉣ 그 밖에 근로자의 가족돌봄에 관하여 고용노동부장관이 정하는 사유에 해당하는 경우 ③ 가족돌봄휴직 및 가족돌봄휴가 기간은 근속기간에 포함한다. 다만, 「근로기준법」에 따른 평균임금 산정기간에서는 제외한다.
가족돌봄 등을 위한 근로시간 단축	① 사업주는 근로자가 다음의 어느 하나에 해당하는 사유로 근로시간의 단축을 신청하는 경우에 이를 허용하여야 한다. 다만, 대체인력 채용이 불가능한 경우, 정상적인 사업 운영에 중대한 지장을 초래하는 경우 등 대통령령으로 정하는 경우에는 그러하지 아니하다. ㉠ 근로자가 가족의 질병, 사고, 노령으로 인하여 그 가족을 돌보기 위한 경우 ㉡ 근로자 자신의 질병이나 사고로 인한 부상 등의 사유로 자신의 건강을 돌보기 위한 경우 ㉢ 55세 이상의 근로자가 은퇴를 준비하기 위한 경우 ㉣ 근로자의 학업을 위한 경우 ② ①의 각 호 외의 부분 단서에서 "대체인력 채용이 불가능한 경우, 정상적인 사업 운영에 중대한 지장을 초래하는 경우 등 대통령령으로 정하는 경우"란 다음 각 호의 어느 하나에 해당하는 경우를 말한다. ㉠ 가족돌봄 등 단축개시예정일의 전날까지 해당 사업에서 계속 근로한 기간이 6개월 미만의 근로자가 신청한 경우 ㉡ 사업주가 직업안정기관에 구인신청을 하고 14일 이상 대체인력을 채용하기 위하여 노력했으나 대체인력을 채용하지 못한 경우. 다만, 직업안정기관의 장의 직업소개에도 불구하고 정당한 이유 없이 2회 이상 채용을 거부한 경우는 제외한다. ㉢ 가족돌봄 등 근로시간 단축을 신청한 근로자의 업무 성격상 근로시간을 분할하여 수행하기 곤란하거나 그 밖에 가족돌봄 등 근로시간 단축이 정상적인 사업 운영에 중대한 지장을 초래하는 경우로서 사업주가 이를 증명하는 경우 ㉣ 가족돌봄 등 근로시간 단축 종료일부터 2년이 지나지 않은 근로자가 신청한 경우

가족돌봄 등을 위한 근로시간 단축	③ ①의 단서에 따라 사업주가 근로시간 단축을 허용하지 아니하는 경우에는 해당 근로자에게 그 사유를 서면으로 통보하고 휴직을 사용하게 하거나 그 밖의 조치를 통하여 지원할 수 있는지를 해당 근로자와 협의하여야 한다. ④ 사업주가 ①에 따라 해당 근로자에게 근로시간 단축을 허용하는 경우 단축 후 근로시간은 주당 15시간 이상이어야 하고 30시간을 넘어서는 아니 된다. ⑤ 근로시간 단축의 기간은 1년 이내로 한다. 다만, ①의 ㉠부터 ㉢까지의 어느 하나에 해당하는 근로자는 합리적 이유가 있는 경우에 추가로 2년의 범위 안에서 근로시간 단축의 기간을 연장할 수 있다.
가족돌봄 등을 위한 근로시간 단축 중 근로조건 등	① 사업주는 근로시간 단축을 하고 있는 근로자에게 근로시간에 비례하여 적용하는 경우 외에는 가족돌봄 등을 위한 근로시간 단축을 이유로 그 근로조건을 불리하게 하여서는 아니 된다. ② 근로시간 단축을 한 근로자의 근로조건(근로시간 단축 후 근로시간을 포함한다)은 사업주와 그 근로자 간에 서면으로 정한다. ③ 사업주는 근로시간 단축을 하고 있는 근로자에게 단축된 근로시간 외에 연장근로를 요구할 수 없다. 다만, 그 근로자가 명시적으로 청구하는 경우에는 사업주는 주 12시간 이내에서 연장근로를 시킬 수 있다. ④ 근로시간 단축을 한 근로자에 대하여 「근로기준법」에 따른 평균임금을 산정하는 경우에는 그 근로자의 근로시간 단축 기간을 평균임금 산정기간에서 제외한다.

육아휴직	① 사업주는 임신 중인 여성 근로자가 모성을 보호하거나 근로자가 만 8세 이하 또는 초등학교 2학년 이하의 자녀(입양한 자녀를 포함한다)를 양육하기 위하여 휴직(이하 "육아휴직"이라 한다)을 신청하는 경우에 이를 허용하여야 한다. 다만, 육아휴직을 시작하려는 날(이하 '휴직개시예정일'이라 한다)의 전날까지 해당 사업에서 계속 근로한 기간이 6개월 미만인 근로자의 경우에는 그러하지 아니하다.
	 ② 육아휴직의 기간은 1년 이내로 한다. 다만, 다음의 어느 하나에 해당하는 근로자의 경우 6개월 이내에서 추가로 육아휴직을 사용할 수 있다.
	   ㉠ 같은 자녀를 대상으로 부모가 모두 육아휴직을 각각 3개월 이상 사용한 경우의 부 또는 모
	   ㉡ 「한부모가족지원법」의 부 또는 모
	   ㉢ 고용노동부령으로 정하는 장애아동의 부 또는 모
	 ③ 사업주는 육아휴직을 이유로 해고나 그 밖의 불리한 처우를 하여서는 아니 되며, 육아휴직기간에는 그 근로자를 해고하지 못한다. 다만, 사업을 계속할 수 없는 경우에는 그러하지 아니하다.
	 ④ 사업주는 육아휴직을 마친 후에는 휴직 전과 같은 업무 또는 같은 수준의 임금을 지급하는 직무에 복귀시켜야 한다. 또한 ②의 육아휴직기간은 근속기간에 포함한다.
	 ⑤ 기간제근로자 또는 파견근로자의 육아휴직기간은 기간제 및 단시간근로자 보호 등에 관한 법률에 따른 사용기간 또는 파견근로자보호 등에 관한 법률에 따른 근로자파견기간에서 제외한다.

육아기 근로시간 단축	① 사업주는 근로자가 만 12세 이하 또는 초등학교 6학년 이하의 자녀를 양육하기 위하여 근로시간의 단축(이하 "육아기 근로시간 단축"이라 한다)을 신청하는 경우에 이를 허용하여야 한다. 다만, 다음의 경우에는 이를 허용하지 않을 수 있다. 　㉠ 단축개시예정일의 전날까지 해당 사업에서 계속 근로한 기간이 6개월 미만인 근로자가 신청한 경우 　㉡ 사업주가 직업안정법에 따른 직업안정기관에 구인신청을 하고 14일 이상 대체인력을 채용하기 위하여 노력하였으나 대체인력을 채용하지 못한 경우. 다만, 직업안정기관의 장의 직업소개에도 불구하고 정당한 이유 없이 2회 이상 채용을 거부한 경우는 제외한다. 　㉢ 육아기 근로시간 단축을 신청한 근로자의 업무성격상 근로시간을 분할하여 수행하기 곤란하거나 그 밖에 육아기 근로시간 단축이 정상적인 사업 운영에 중대한 지장을 초래하는 경우로서 사업주가 이를 증명하는 경우 ② 사업주가 육아기 근로시간 단축을 허용하지 아니하는 경우에는 해당 근로자에게 그 사유를 서면으로 통보하고 육아휴직을 사용하게 하거나 출근 및 퇴근 시간 조정 등 다른 조치를 통하여 지원할 수 있는지를 해당 근로자와 협의하여야 한다. ③ 사업주가 해당 근로자에게 육아기 근로시간 단축을 허용하는 경우, 단축 후 근로시간은 주당 15시간 이상이어야 하고 35시간을 넘어서는 아니 된다. ④ 육아기 근로시간 단축의 기간은 1년 이내로 한다. 다만, 육아휴직을 신청할 수 있는 근로자가 육아휴직 기간 중 사용하지 아니한 기간이 있으면 그 기간의 두 배를 가산한 기간 이내로 한다. ⑤ 사업주는 육아기 근로시간 단축을 하고 있는 근로자에게 단축된 근로시간 외에 연장근로를 요구할 수 없다. 다만, 그 근로자가 명시적으로 청구하는 경우에는 사업주는 주 12시간 이내에서 연장근로를 시킬 수 있다. ⑥ 육아기 근로시간 단축을 한 근로자에 대하여 근로기준법에 따른 평균임금을 산정하는 경우에는 그 근로자의 육아기 근로시간 단축기간을 평균임금 산정기간에서 제외한다.
사용형태	① 근로자는 육아휴직을 3회에 한정하여 나누어 사용할 수 있다. 이 경우 임신 중인 여성 근로자가 모성보호를 위하여 육아휴직을 사용한 횟수는 육아휴직을 나누어 사용한 횟수에 포함하지 아니한다. ② 근로자는 육아기 근로시간 단축을 나누어 사용할 수 있다. 이 경우 나누어 사용하는 1회의 기간은 1개월(근로계약기간의 만료로 1개월 이상 근로시간 단축을 사용할 수 없는 기간제근로자에 대해서는 남은 근로계약기간을 말한다) 이상이 되어야 한다.
성희롱 예방교육 등	① 사업주는 직장 내 성희롱을 예방하고 근로자가 안전한 근로환경에서 일할 수 있는 여건을 조성하기 위하여 직장 내 성희롱의 예방을 위한 교육(이하 '성희롱 예방 교육'이라 한다)을 매년 실시하여야 한다. ② 사업주 및 근로자는 ①에 따른 성희롱 예방 교육을 받아야 한다.

<table>
<tr>
<td rowspan="15">성희롱
예방교육
등</td>
<td>

③ 사업주는 성희롱 예방 교육의 내용을 근로자가 자유롭게 열람할 수 있는 장소에 항상 게시하거나 갖추어 두어 근로자에게 널리 알려야 한다.

④ 사업주는 고용노동부령으로 정하는 기준에 따라 직장 내 성희롱 예방 및 금지를 위한 조치를 하여야 한다.

⑤ 사업주는 성희롱 예방 교육을 고용노동부장관이 지정하는 기관(이하 '성희롱 예방 교육기관'이라 한다)에 위탁하여 실시할 수 있다.

⑥ 사업주는 직장 내 성희롱 예방을 위한 교육을 연 1회 이상 하여야 한다.

⑦ 성희롱예방 교육은 사업의 규모나 특성 등을 고려하여 직원연수·조회·회의, 인터넷 등 정보통신망을 이용한 사이버 교육 등을 통하여 실시할 수 있다. 다만, 단순히 교육자료 등을 배포·게시하거나 전자우편을 보내거나 게시판에 공지하는 데 그치는 등 근로자에게 교육 내용이 제대로 전달되었는지 확인하기 곤란한 경우에는 예방 교육을 한 것으로 보지 아니한다.

⑧ 다음의 어느 하나에 해당하는 사업의 사업주는 근로자가 알 수 있도록 교육자료 또는 홍보물을 게시하거나 배포하는 방법으로 직장 내 성희롱 예방 교육을 할 수 있다.
  ㉠ 상시 10명 미만의 근로자를 고용하는 사업
  ㉡ 사업주 및 근로자 모두가 남성 또는 여성 중 어느 한 성(性)으로 구성된 사업

⑨ 직장 내 성희롱 예방 교육을 하였음을 확인할 수 있는 서류는 3년간 보관하여야 한다.

⑩ 성희롱 예방 교육기관은 고용노동부령으로 정하는 기관 중에서 지정하되, 고용노동부령으로 정하는 강사를 1명 이상 두어야 한다.

⑪ 성희롱 예방 교육기관은 고용노동부령으로 정하는 바에 따라 교육을 실시하고 교육이수증이나 이수자 명단 등 교육 실시 관련 자료를 보관하며 사업주나 피교육자에게 그 자료를 내주어야 한다.

⑫ 고용노동부장관은 성희롱 예방 교육기관이 다음의 어느 하나에 해당하면 그 지정을 취소할 수 있다.
  ㉠ 거짓이나 그 밖의 부정한 방법으로 지정을 받은 경우
  ㉡ 정당한 사유 없이 ⑧에 따른 강사를 3개월 이상 계속하여 두지 아니한 경우
  ㉢ 2년 동안 직장 내 성희롱 예방 교육 실적이 없는 경우

⑬ 고용노동부장관은 성희롱 예방 교육기관의 지정을 취소하려면 청문을 하여야 한다.

⑭ 남녀고용평등과 일·가정 양립 지원에 관한 법률의 적용을 받는 사업주가 직장 내 성희롱과 관련하여 피해를 입은 근로자에게 해고나 그 밖의 불리한 조치를 하는 경우에는 3년 이하의 징역 또는 2천만원 이하의 벌금에 처한다.

⑮ 직장 내 성희롱을 하여 최근 3년 이내에 과태료처분을 받은 사실이 있는 사업주가 다시 직장 내 성희롱을 한 경우 1천만원의 과태료에 해당한다.

</td>
</tr>
</table>

<table>
<tr>
<td>명예고용
평등
감독관</td>
<td>고용노동부장관은 사업장의 남녀고용평등 이행을 촉진하기 위하여 그 사업장 소속 근로자 중 노사가 추천하는 자를 명예고용평등감독관(이하 "명예감독관"이라 한다)으로 위촉할 수 있다.</td>
</tr>
</table>

02 보험관리

1 사회보험 비교표

구 분	관장/수탁기관	취득신고/상실신고(근로자)	위탁 등
국민연금법	① 관장: 보건복지부장관 ② 수탁: 국민연금공단	그 사유가 발생한 날이 속하는 달의 다음 달 15일까지 국민연금공단에 신고	보험료 징수업무를 국민건강보험공단에 위탁
국민건강보험법	① 관장: 보건복지부장관 ② 수탁: 국민건강보험공단	자격취득일(자격을 잃는 날)부터 14일 이내에 보험자에게 신고	—
고용보험법	① 관장: 고용노동부장관 ② 수탁 　㉠ 근로자: 고용노동부장관 　㉡ 사용자: 근로복지공단	그 사유가 발생한 날이 속하는 달의 다음 달 15일까지 고용노동부장관에게 신고	보험료 등의 고지 및 수납과 보험료 등의 체납관리는 국민건강보험공단이 고용노동부장관으로부터 위탁받아 수행
산재보험법	① 관장: 고용노동부장관 ② 수탁: 근로복지공단	① 사업장이 성립한 날 또는 소멸한 날부터 14일 이내에 근로복지공단에 신고 ② 근로자에 대한 취득신고와 상실신고 규정은 없음	

구 분	보험료 부담	납기일	보험급여사업
국민연금법	기여금은 사업장가입자 본인이, 부담금은 사용자가 각각 부담하되, 그 금액은 각각 기준소득월액의 1천분의 45에 해당하는 금액으로 함	다음 달 10일까지 (국민건강보험공단)	① 노령연금 ② 장애연금 ③ 유족연금 ④ 반환일시금
건강보험법	근로자와 사업주가 각각 보험료액의 100분의 50씩 부담함		① 요양급여　② 요양비 ③ 부가급여　④ 건강검진 ⑤ 장애인에 대한 특례
고용보험법	① 근로자: 실업급여 2분의 1 ② 사업주: 고용안정 및 직업능력개발사업(전액 부담) + 실업급여 2분의 1		① 고용안정사업 · 직업능력개발사업 ② 실업급여 ③ 육아휴직급여 ④ 육아기 근로시간 단축급여 ⑤ 출산전후휴가급여

산재보험법 사업주 부담	① 요양급여 ② 휴업급여 ③ 장해급여 ④ 간병급여 ⑤ 유족급여 ⑥ 장례비 ⑦ 상병보상연금 ⑧ 직업재활급여

2 사회보험 급여내용

구 분	보험급여내용
산재보험	① 요양급여 　㉠ 요양급여는 근로자가 업무상의 사유로 부상을 당하거나 질병에 걸린 경우에 그 근로자에게 지급한다. 　㉡ 요양급여는 산재보험 의료기관에서 요양을 하게 한다. 다만, 부득이한 경우에는 요양을 갈음하여 요양비를 지급할 수 있다. 　㉢ 부상 또는 질병이 3일 이내의 요양으로 치유될 수 있으면 요양급여를 지급하지 아니한다. ② 휴업급여: 휴업급여는 업무상 사유로 부상을 당하거나 질병에 걸린 근로자에게 요양으로 취업하지 못한 기간에 대하여 지급하되, 1일당 지급액은 평균임금의 100분의 70에 상당하는 금액으로 한다. 다만, 취업하지 못한 기간이 3일 이내이면 지급하지 아니한다. ③ 장해급여: 장해급여는 근로자가 업무상의 사유로 부상을 당하거나 질병에 걸려 치유된 후 신체 등에 장해가 있는 경우에 그 근로자에게 지급한다. ④ 간병급여: 요양급여를 받은 자 중 치유 후 의학적으로 상시 또는 수시로 간병이 필요하여 실제로 간병을 받는 자에게 지급한다. ⑤ 유족급여: 유족급여는 근로자가 업무상의 사유로 사망한 경우에 유족에게 지급한다. ⑥ 상병보상연금: 요양급여를 받는 근로자가 요양을 시작한 지 2년이 지난 날 이후에 다음 요건 모두에 해당하는 상태가 계속되면 휴업급여 대신 상병보상연금을 그 근로자에게 지급한다. 　㉠ 그 부상이나 질병이 치유되지 아니한 상태일 것 　㉡ 그 부상이나 질병에 따른 중증요양상태의 정도가 대통령령으로 정하는 중증요양상태의 등급 기준에 해당할 것 　㉢ 요양으로 인하여 취업하지 못하였을 것 ⑦ 장례비: 장례비는 근로자가 업무상의 사유로 사망한 경우에 지급하되, 평균임금의 120일분에 상당하는 금액을 그 장례를 지낸 유족에게 지급한다. 다만, 장례를 지낼 유족이 없거나 그 밖에 부득이한 사유로 유족이 아닌 사람이 장례를 지낸 경우에는 평균임금의 120일분에 상당하는 금액의 범위에서 실제 드는 비용을 그 장례를 지낸 사람에게 지급한다. 🔁 근로기준법령상 재해보상 중 장례비: 근로자가 업무상 사망한 경우에는 사용자는 근로자가 사망한 후 지체 없이 평균임금 90일분의 장례비를 지급하여야 한다.

산재보험	⑧ 직업재활급여 : 직업재활급여의 종류는 다음과 같다. 　㉠ 장해급여 또는 진폐보상연금을 받은 자나 장해급여를 받을 것이 명백한 　　자로서 대통령령으로 정하는 자 중 취업을 위하여 직업훈련이 필요한 자 　　에 대하여 실시하는 직업훈련에 드는 비용 및 직업훈련수당 　㉡ 업무상의 재해가 발생할 당시의 사업장에 복귀한 장해급여자에 대하여 　　사업주가 고용을 유지하거나 직장적응훈련 또는 재활운동을 실시하는 경 　　우에 각각 지급하는 직장복귀지원금, 직장적응훈련비 및 재활운동비
건강보험	① 요양급여 : 가입자 및 피부양자의 질병·부상·출산 등에 대하여 다음 각 호 　의 요양급여를 실시한다. 　㉠ 진찰·검사, 약제·치료재료의 지급, 처치·수술 기타의 치료 　㉡ 예방·재활, 입원, 간호, 후송 ② 요양비 : 가입자 또는 피부양자가 보건복지부령이 정하는 긴급 기타 부득이 　한 사유로 인하여 요양기관과 유사한 기능을 수행하는 기관으로서 보건복지 　부령이 정하는 기관에서 질병·부상·출산 등에 대하여 요양을 받거나 요양기 　관외의 장소에서 출산을 한 때에는 그 요양급여에 상당하는 금액을 보건복지 　부령이 정하는 바에 의하여 그 가입자 또는 피부양자에게 요양비로 지급한다. ③ 부가급여 : 공단은 이 법에 규정한 요양급여 외에 장제비·상병수당 기타의 　급여를 실시할 수 있다. ④ 장애인에 대한 특례 : 공단은 「장애인복지법」에 의하여 등록한 장애인인 가입 　자 및 피부양자에게는 보장구에 대하여 보험급여를 실시할 수 있다. ⑤ 건강검진 : 공단은 가입자 및 피부양자에 대하여 질병의 조기발견과 그에 따 　른 요양급여를 하기 위하여 건강검진을 실시한다.
고용보험	① 고용안정 및 직업능력개발사업 : 고용노동부장관은 피보험자 및 피보험자였던 자, 　그 밖에 취업할 의사를 가진 자에 대한 실업의 예방, 취업의 촉진, 고용기회 　의 확대, 직업능력개발·향상의 기회 제공 및 지원, 그 밖에 고용안정과 사업 　주에 대한 인력 확보를 지원하기 위하여 고용안정·직업능력개발 사업을 실 　시한다. ② 실업급여 : 실업급여는 구직급여와 취업촉진수당으로 구분한다. 　㉠ 급여의 기초가 되는 임금일액 　　ⓐ 구직급여의 산정 기초가 되는 임금일액(기초일액)은 수급자격의 인정 　　　과 관련된 마지막 이직 당시 근로기준법에 따라 산정된 평균임금으로 　　　한다. 　　ⓑ 구직급여의 산정 기초가 되는 임금일액이 11만원을 초과하는 경우에 　　　는 11만원을 해당 임금일액으로 한다. 　　ⓒ 구직급여일액 : 수급자격자의 기초일액에 100분의 60을 곱한 금액

구 분		피보험기간				
		1년 미만	1년 이상 3년 미만	3년 이상 5년 미만	5년 이상 10년 미만	10년 이상
이직일 현재 연령	50세 미만	120일	150일	180일	210일	240일
	50세 이상	120일	180일	210일	240일	270일

🔁 비고: 「장애인고용촉진 및 직업재활법」에 따른 장애인은 50세 이상인 것으로 보아 위 표를 적용한다.

    ⓓ 구직급여의 급여일수
  ⓛ 취업촉진수당의 종류는 다음과 같다.
    ⓐ 조기재취업수당
    ⓑ 직업능력개발수당
    ⓒ 광역 구직활동비
    ⓓ 이주비

③ 육아휴직급여: 급여는 다음의 구분에 따른 금액을 월별 지급액으로 한다.
  ㉠ 육아휴직 시작일부터 3개월까지: 육아휴직 시작일을 기준으로 한 월 통상임금에 해당하는 금액. 다만, 해당 금액이 250만원을 넘는 경우에는 250만원으로 하고, 해당 금액이 70만원보다 적은 경우에는 70만원으로 한다.
  ㉡ 육아휴직 4개월째부터 6개월째까지: 육아휴직 시작일을 기준으로 한 월 통상임금에 해당하는 금액. 다만, 해당 금액이 200만원을 넘는 경우에는 200만원으로 하고, 해당 금액이 70만원보다 적은 경우에는 70만원으로 한다.
  ㉢ 육아휴직 7개월째부터 종료일까지: 육아휴직 시작일을 기준으로 한 월 통상임금의 100분의 80에 해당하는 금액. 다만, 해당 금액이 160만원을 넘는 경우에는 160만원으로 하고, 해당 금액이 70만원보다 적은 경우에는 70만원으로 한다.

④ 육아기 근로시간 단축급여

(매주 최초 10시간 단축분) 육아기 근로시간 단축 개시일을 기준으로 「근로기준법」에 따라 산정한 월 통상임금에 해당하는 금액(220만원을 상한액으로 하고, 50만원을 하한액으로 한다)	×	$\dfrac{10 \text{(주당 단축 근로시간이 10시간 미만인 경우 실제 단축한 시간)}}{\text{단축 전 소정근로시간}}$
(나머지 근로시간 단축분) 육아기 근로시간 단축 개시일을 기준으로 「근로기준법」에 따라 산정한 월 통상임금의 100분의 80에 해당하는 금액(150만원을 상한액으로 하고, 50만원을 하한액으로 한다)	×	$\dfrac{\text{단축 전 소정근로시간} - \text{단축 후 소정근로시간} - 10}{\text{단축 전 소정근로시간}}$

⑤ 출산전후휴가급여: 출산전후 휴가급여 등은 근로기준법의 통상임금에 해당하는 금액을 지급한다.

고용보험

3 적용제외사업 등, 취득/상실 등

구 분		내 용
적용제외 사업 (산재 보험법)		① 「공무원 재해보상법」 또는 「군인 재해보상법」에 따라 재해보상이 되는 사업. 다만, 「공무원 재해보상법」에 따라 순직유족급여 또는 위험직무순직유족급여에 관한 규정을 적용받는 경우는 제외한다. ② 「선원법」, 「어선원 및 어선 재해보상보험법」 또는 「사립학교교직원 연금법」에 따라 재해보상이 되는 사업 ③ 가구 내 고용활동 ④ 농업, 임업(벌목업은 제외한다), 어업 및 수렵업 중 법인이 아닌 자의 사업으로서 상시근로자 수가 5명 미만인 사업
적용제외 사업 및 근로자 (고용 보험법)	적용 제외 사업	① 농업·임업 및 어업 중 법인이 아닌 자가 상시 4명 이하의 근로자를 사용하는 사업 ② 다음의 어느 하나에 해당하는 공사. 　㉠ 「고용보험 및 산업재해보상보험의 보험료징수 등에 관한 법률 시행령」에 따른 총공사금액이 2천만원 미만인 공사 　㉡ 연면적이 100제곱미터 이하인 건축물의 건축 또는 연면적이 200제곱미터 이하인 건축물의 대수선에 관한 공사 ③ 가구 내 고용활동 및 달리 분류되지 아니한 자가소비 생산활동
	적용 제외 대상자	① 적용제외 대상자 　㉠ 다음의 어느 하나에 해당하는 사람에게는 고용보험법을 적용하지 아니한다. 　　ⓐ 해당 사업에서 1개월간 소정근로시간이 60시간 미만이거나 1주간의 소정근로시간이 15시간 미만인 근로자 　　ⓑ 국가공무원법과 지방공무원법에 의한 공무원. 다만, 별정직공무원 및 임기제공무원의 경우는 본인의 의사에 따라 고용보험(실업급여에 한정한다)에 가입할 수 있다. 　　ⓒ 사립학교교직원 연금법의 적용을 받는 사람 　　ⓓ 별정우체국법에 의한 별정우체국 직원 　㉡ ㉠의 ⓐ에도 불구하고 다음 각 호의 어느 하나에 해당하는 근로자는 법 적용 대상으로 한다. 　　㉠ 해당 사업에서 3개월 이상 계속하여 근로를 제공하는 근로자 　　㉡ 일용근로자 ② 65세 이후에 고용(65세 전부터 피보험자격을 유지하던 사람이 65세 이후에 계속하여 고용된 경우는 제외한다)되거나 자영업을 개시한 사람에게는 실업급여 및 육아휴직급여와 출산전후 휴가 급여 등을 적용하지 아니한다.

구 분	고용보험 및 산업재해보상보험의 보험료 징수 등에 관한 법률
성립일	① 고용보험의 당연가입자가 되는 사업의 경우에는 그 사업이 시작된 날 ② 산재보험의 당연가입자가 되는 사업의 경우에는 그 사업이 시작된 날 ③ 임의적용사업장으로서 공단이 그 사업의 사업주로부터 보험가입승인신청서를 접수한 날의 다음날
소멸일	① 사업이 폐지 또는 종료된 날의 다음 날 ② 보험계약을 해지하는 경우에는 그 해지에 관하여 근로복지공단의 승인을 얻은 날의 다음 날 ③ 근로복지공단이 보험관계를 소멸시키는 경우에는 그 소멸의 결정 · 통지를 한 날의 다음 날 ④ 사업주가 사업의 운영 중에 근로자를 사용하지 아니한 최초의 날부터 1년이 되는 날의 다음 날

구 분	고용보험법
피보험 자격의 취득일	① 근로자인 피보험자는 이 법이 적용되는 사업에 고용된 날에 피보험자격을 취득한다. 다만, 다음의 경우에는 각각 그 해당되는 날에 피보험자격을 취득한 것으로 본다. 　㉠ 적용 제외 근로자였던 사람이 이 법의 적용을 받게 된 경우에는 그 적용을 받게 된 날 　㉡ 고용산재보험료징수법에 따른 보험관계 성립일 전에 고용된 근로자의 경우에는 그 보험관계가 성립한 날 ② 자영업자인 피보험자는 고용산재보험료징수법에 따라 보험관계가 성립한 날에 피보험자격을 취득한다.
피보험 자격의 상실일	① 근로자인 피보험자는 다음의 어느 하나에 해당하는 날에 각각 그 피보험자격을 상실한다. 　㉠ 근로자인 피보험자가 적용 제외 근로자에 해당하게 된 경우에는 그 적용 제외 대상자가 된 날 　㉡ 고용산재보험료징수법에 따라 보험관계가 소멸한 경우에는 그 보험관계가 소멸한 날 　㉢ 근로자인 피보험자가 이직한 경우에는 이직한 날의 다음 날 　㉣ 근로자인 피보험자가 사망한 경우에는 사망한 날의 다음 날 ② 자영업자인 피보험자는 고용산재보험료징수법에 따라 보험관계가 소멸한 날에 피보험자격을 상실한다.
신고기한	① 사업주는 그 사업에 고용된 근로자의 피보험자격의 취득 및 상실 등에 관한 사항을 대통령령으로 정하는 바에 따라 고용노동부장관에게 신고하여야 한다. ② 사업주나 하수급인(下受給人)은 ①에 따라 고용노동부장관에게 그 사업에 고용된 근로자의 피보험자격 취득 및 상실에 관한 사항을 신고하려는 경우에는 그 사유가 발생한 날이 속하는 달의 다음 달 15일까지(근로자가 그 기일 이전에 신고할 것을 요구하는 경우에는 지체 없이) 신고해야 한다.

구 분	국민건강보험법
취득일	1. 가입자는 국내에 거주하게 된 날(직장가입자)에 자격을 취득 2. 다음의 경우는 해당되는 날에 취득 　① 수급권자이었던 자는 그 대상자에서 제외된 날 　② 직장가입자의 피부양자이었던 자가 그 자격을 잃은 날 　③ 유공자 등 의료보호대상자이었던 자는 그 대상자에서 제외된 날 　④ 유공자 등 의료보호대상자로서 건강보험의 적용을 보험자에 신청한 자는 그 신청한 날
상실일	① 사망한 날의 다음 날 ② 국적을 잃은 날의 다음 날 ③ 국내에 거주하지 아니하게 된 날의 다음 날 ④ 직장가입자의 피부양자가 된 날 ⑤ 수급권자가 된 날 ⑥ 건강보험의 적용을 받고 있던 자로서 유공자 등 의료보호대상자가 된 자가 건강보험의 적용배제신청을 한 날
신고기한	① 자격을 얻은 경우 직장가입자의 사용자는 자격을 취득한 날부터 14일 이내에 보험자에게 신고하여야 한다. ② 자격이 변동된 경우 직장가입자는 자격이 변동된 날부터 14일 이내에 보험자에게 신고하여야 한다. ③ 자격을 잃은 경우 직장가입자의 사용자는 자격을 잃은 날부터 14일 이내에 보험자에게 신고하여야 한다.

구 분	국민연금법(사업장 가입자)
취득일	① 당연적용사업장에 사용된 때 또는 그 사업장의 사용자가 된 때 ② 당연적용사업장으로 된 때
상실일	① 사망한 날의 다음 날 ② 국적을 상실하거나 국외에 이주한 날의 다음 날 ③ 사용관계가 종료된 날의 다음 날 ④ 60세에 달한 날의 다음 날 ⑤ 국민연금가입대상제외자(공무원, 군인, 사립학교교직원, 별정우체국 직원 등)에 해당하게 된 날
신고기한	사용자는 해당 사업장의 근로자나 사용자 본인이 사업장가입자의 자격을 취득하거나 사업장가입자의 자격을 상실하면 그 사유가 발생한 날이 속하는 달의 다음 달 15일까지 자격취득과 상실에 관한 서류를 국민연금공단에 제출하여야 한다.

4 사회보험의 심사청구 등 및 소멸시효

구 분		청구시점	
심사청구	산재보험법	결정 등이 있음을 안 날: 근로복지공단	기한: 90일 이내
	고용보험법	확인 또는 처분이 있음을 안 날: 고용보험 심사관	
	국민 건강보험법	처분이 있음을 안 날: 국민건강보험공단(이의신청)	
	국민연금법	처분이 있음을 안 날: 국민연금공단 또는 국민건강보험공단	
재심사청구	산재보험법	결정이 있음을 안 날: 산업재해보상보험재심사위원회	
	고용보험법	결정이 있음을 안 날: 고용보험심사위원회	
	국민 건강보험법	처분이 있음을 안 날: 건강보험분쟁조정위원회(심판청구)	
	국민연금법	결정통지를 받은 날: 국민연금재심사위원회	
일수 등	산재보험법	① 심사청구서를 받은 근로복지공단의 소속기관은 5일 이내에 의견서를 첨부하여 근로복지공단에 보내야 한다. ② 근로복지공단은 심사청구서를 받은 날부터 60일 이내에 심사위원회의 심의를 거쳐 심사청구에 대한 결정을 하여야 한다. 다만, 부득이한 사유로 그 기간 이내에 결정을 할 수 없으면 1차에 한하여 20일을 넘지 아니하는 범위에서 그 기간을 연장할 수 있다. ③ 결정기간을 연장할 때에는 최초의 결정기간이 끝나기 7일 전까지 심사 청구인 및 보험급여 결정 등을 한 근로복지공단의 소속기관에 알려야 한다.	
	고용보험법	① 직업안정기관은 심사청구서를 받은 날부터 5일 이내에 의견서를 첨부하여 심사청구서를 고용보험심사관에게 보내야 한다. ② 고용보험심사관은 심사청구를 받으면 30일 이내에 그 심사청구에 대한 결정을 하여야 한다. 다만, 부득이한 사정으로 그 기간에 결정할 수 없을 때에는 1차에 한하여 10일을 넘지 아니하는 범위에서 그 기간을 연장할 수 있다.	
	국민연금법	① 심사청구는 그 처분이 있음을 안 날부터 90일 이내에 문서로 하여야 하며, 처분이 있은 날부터 180일을 경과하면 이를 제기하지 못한다. 다만, 정당한 사유로 그 기간에 심사청구를 할 수 없었음을 증명하면 그 기간이 지난 후에도 심사청구를 할 수 있다. ② 국민연금공단 또는 국민건강보험공단은 재심사청구서를 제출받으면 재심사청구서를 받은 날부터 10일 이내에 그 재심사청구서를 보건복지부장관에게 보내야 한다.	

일수 등	국민 건강 보험법	① 이의신청은 처분이 있음을 안 날부터 90일 이내에 문서(전자문 서를 포함한다)로 하여야 하며, 처분이 있은 날부터 180일을 지 나면 제기하지 못한다. 다만, 정당한 사유로 그 기간에 이의신청 을 할 수 없었음을 소명한 경우에는 그러하지 아니하다. ② 심판청구의 제기기간 및 제기방법에 관하여는 ①을 준용한다.
시 효	고용보험 및 산업재해보상보험의 보험료징수 등에 관한 법률	3년
	산재보험법	다음의 권리는 3년간 행사하지 아니하면 시효로 말미암아 소멸한다. 다만, ①의 보험급여 중 장해급여, 유족급여, 장례비, 진폐보상연금 및 진폐유족연금을 받을 권리는 5년간 행사하지 아니하면 시효의 완성으로 소멸한다. ① 보험급여를 받을 권리 ② 산재보험 의료기관의 권리 ③ 약국의 권리 ④ 보험가입자의 권리 ⑤ 국민건강보험공단등의 권리
	고용보험법	다음의 어느 하나에 해당하는 권리는 3년간 행사하지 아니하면 시 효로 소멸한다. ① 지원금을 지급받거나 반환받을 권리 ② 취업촉진 수당을 지급받거나 반환받을 권리 ③ 구직급여를 반환받을 권리 ④ 육아휴직 급여, 육아기 근로시간 단축 급여 및 출산전후휴가 급 여등을 반환받을 권리
	국민 건강보험법	다음의 권리는 3년 동안 행사하지 아니하면 소멸시효가 완성 된다. ① 보험료, 연체금 및 가산금을 징수할 권리 ② 보험료, 연체금 및 가산금으로 과오납부한 금액을 환급받을 권리 ③ 보험급여를 받을 권리 ④ 보험급여 비용을 받을 권리 ⑤ 과다납부된 본인일부부담금을 돌려받을 권리 ⑥ 근로복지공단의 권리
	국민연금법	① 연금보험료, 환수금, 그 밖의 국민연금법에 따른 징수금을 징수 하거나 환수할 권리: 3년 ② 급여(가입기간이 10년 미만인 자가 60세가 된 때에 따른 반환 일시금은 제외한다)를 받거나 과오납금을 반환받을 수급권자 또는 가입자 등의 권리: 5년 ③ 가입기간이 10년 미만인 자가 60세가 된 때에 따른 반환일시금 을 지급받을 권리: 10년

시 효	국민연금법	※ 반환일시금의 청구사유 가입자 또는 가입자였던 자가 다음 각 호의 어느 하나에 해당하게 되면 본인이나 그 유족의 청구에 의하여 반환일시금을 지급받을 수 있다. 1. 가입기간이 10년 미만인 자가 60세가 된 때 2. 가입자 또는 가입자였던 자가 사망한 때. 다만, 국민연금법에 따라 유족연금이 지급되는 경우에는 그러하지 아니하다. 3. 국적을 상실하거나 국외로 이주한 때

5 보험료 납부 등

보험료 납부 등	① 「고용보험법」에 따라 65세 이후에 고용(65세 전부터 피보험자격을 유지하던 사람이 65세 이후에 계속하여 고용된 경우는 제외한다)되거나 자영업을 개시한 자에 대하여는 고용보험료 중 실업급여의 보험료를 징수하지 아니한다. ② 건강보험료는 가입자의 자격을 취득한 날이 속하는 달의 다음 달부터 가입자의 자격을 상실한 날의 전날이 속하는 달까지 징수한다. 다만, 가입자의 자격을 매월 1일에 취득한 경우 또는 유공자 등 의료보호대상자 중 건강보험의 적용을 보험자에게 신청하여 가입자의 자격을 취득하는 경우에는 그 달부터 징수한다. ③ 건강보험료는 가입자의 자격이 변동된 경우에는 변동된 날이 속하는 달의 보험료는 변동되기 전의 자격을 기준으로 징수한다. 다만, 가입자의 자격이 매월 1일에 변동된 경우에는 변동된 자격을 기준으로 징수한다. ④ 국민건강보험법령상 보험급여를 받을 수 있는 사람이 다음의 어느 하나에 해당하면 그 기간에는 보험급여를 하지 아니한다. 다만, ⓛ 및 ⓒ의 경우에는 요양급여를 실시한다. 　ⓖ 국외에 체류하는 경우 　ⓛ 「병역법」에 따른 현역병(지원에 의하지 아니하고 임용된 하사를 포함한다), 전환복무된 사람 및 군간부후보생 　ⓒ 교도소, 그 밖에 이에 준하는 시설에 수용되어 있는 경우 ⑤ 국민건강보험공단은 직장가입자가 아래의 어느 하나에 해당하는 경우(ⓖ에 해당하는 경우에는 1개월 이상의 기간으로서 대통령령으로 정하는 기간 이상 국외에 체류하는 경우에 한정한다) 그 가입자의 보험료를 면제한다. 다만, 국외에 체류하는 경우에 해당하는 직장가입자의 경우에는 국내에 거주하는 피부양자가 없을 때에만 보험료를 면제한다. 　ⓖ 국외에 체류하는 경우 　ⓛ 병역법에 따른 현역병(지원에 의하지 아니하고 임용된 하사를 포함한다), 전환복무된 사람 및 군간부후보생 　ⓒ 교도소, 그 밖에 이에 준하는 시설에 수용되어 있는 경우

보험료 납부 등	⑥ ⑤에서 "대통령령으로 정하는 기간"이란 3개월을 말한다. 다만, 업무에 종사하기 위해 국외에 체류하는 경우라고 국민건강보험공단이 인정하는 경우에는 1개월을 말한다. ⑦ 국민연금보험료를 내지 아니한 기간은 가입기간에 산입하지 아니한다. ⑧ 산업재해보상보험법령상 다른 보상이나 손해배상과의 관계 　㉠ 수급권자가 산업재해보상보험법에 따라 보험급여를 받았거나 받을 수 있으면 보험가입자는 동일한 사유에 대하여「근로기준법」에 따른 재해보상 책임이 면제된다. 　㉡ 수급권자가 동일한 사유에 대하여 산업재해보상보험법에 따른 보험급여를 받으면 보험가입자는 그 금액의 한도 안에서「민법」이나 그 밖의 법령에 따른 손해배상의 책임이 면제된다. 이 경우 장해보상연금 또는 유족보상연금을 받고 있는 자는 장해보상일시금 또는 유족보상일시금을 받은 것으로 본다. 　㉢ 수급권자가 동일한 사유로「민법」이나 그 밖의 법령에 따라 산업재해보상보험법의 보험급여에 상당한 금품을 받으면 근로복지공단은 그 받은 금품을 대통령령으로 정하는 방법에 따라 환산한 금액의 한도 안에서 산업재해보상보험법에 따른 보험급여를 지급하지 아니한다. 　㉣ 요양급여를 받는 근로자가 요양을 시작한 후 3년이 지난 날 이후에 상병보상연금을 지급받고 있으면「근로기준법」제23조 제2항 단서를 적용할 때 그 사용자는 그 3년이 지난 날 이후에는 일시보상을 지급한 것으로 본다. 　🔑 위 ㉣의「근로기준법」제23조 제2항 단서 제23조【해고 등의 제한】② 사용자는 근로자가 업무상 부상 또는 질병의 요양을 위하여 휴업한 기간과 그 후 30일 동안 또는 산전(産前)·산후(産後)의 여성이 이 법에 따라 휴업한 기간과 그 후 30일 동안은 해고하지 못한다. 다만, 사용자가 일시보상을 하였을 경우 또는 사업을 계속할 수 없게 된 경우에는 그러하지 아니하다.
국민연금 중복 급여의 조정	장애연금 또는 유족연금의 수급권자가 국민연금법에 따른 장애연금 또는 유족연금의 지급사유와 같은 사유로 다음에 해당하는 급여를 받을 수 있는 경우에는 장애연금액이나 유족연금액은 그 2분의 1에 해당하는 금액을 지급한다. ① 근로기준법에 따른 장해보상이나 유족보상 또는 일시보상 ② 산업재해보상보험법에 따른 장해급여나 유족급여 ③ 선원법에 따른 장해보상, 일시보상 또는 유족보상 ④ 어선원 및 어선 재해보상보험법에 따른 장해급여, 일시보상급여 또는 유족급여

04 리모델링

Chapter

01 리모델링

구 분		내 용

정 의		리모델링이란 건축물의 노후화 억제 또는 기능 향상 등을 위한 다음의 어느 하나에 해당하는 행위를 말한다.
		① 대수선(大修繕)
		② 사용검사일(주택단지 안의 공동주택 전부에 대하여 임시사용승인을 받은 경우에는 그 임시사용승인일을 말한다) 또는 「건축법」에 따른 사용승인일부터 15년[15년 이상 20년 미만의 연수 중 특별시·광역시·특별자치시·도 또는 특별자치도(이하 "시·도"라 한다)의 조례로 정하는 경우에는 그 연수로 한다]이 경과된 공동주택을 각 세대의 주거전용면적의 30퍼센트 이내(세대의 주거전용면적이 85제곱미터 미만인 경우에는 40퍼센트 이내)에서 증축하는 행위. 이 경우 공동주택의 기능 향상 등을 위하여 공용부분에 대하여도 별도로 증축할 수 있다.
		③ ②에 따른 각 세대의 증축 가능 면적을 합산한 면적의 범위에서 기존 세대수의 15퍼센트 이내에서 세대수를 증가하는 증축 행위(이하 "세대수 증가형 리모델링"이라 한다). 다만, 수직으로 증축하는 행위(이하 "수직증축형 리모델링"이라 한다)는 다음 요건을 모두 충족하는 경우로 한정한다.
		㉠ 수직증축허용 범위
		  ⓐ 수직으로 증축하는 행위(이하 "수직증축형 리모델링"이라 한다)의 대상이 되는 기존 건축물의 층수가 15층 이상인 경우 : 3개 층
		  ⓑ 수직으로 증축하는 행위의 대상이 되는 기존 건축물의 층수가 14층 이하인 경우 : 2개 층
		㉡ 수직증축형 리모델링 대상이 되는 기존 건축물의 신축 당시의 구조도를 보유하고 있을 것
		
		※ 건축법 : 리모델링이란 건축물의 노후화를 억제하거나 기능 향상 등을 위하여 대수선하거나 건축물의 일부를 증축 또는 개축하는 행위를 말한다.

허 용 행 위	**공동 주택**	① 리모델링은 주택단지별 또는 동별로 한다. ② 복리시설을 분양하기 위한 것이 아니어야 한다. 다만, 1층을 필로티 구조로 전용하여 세대의 일부 또는 전부를 부대시설 및 복리시설 등으로 이용하는 경우에는 그렇지 않다. ③ ②에 따라 1층을 필로티 구조로 전용하는 경우 수직증측 허용범위를 초과하여 증축하는 것이 아니어야 한다. ④ 내력벽의 철거에 의하여 세대를 합치는 행위가 아니어야 한다.

허용행위	입주자 공유가 아닌 복리시설 등	① 사용검사를 받은 후 10년 이상 지난 복리시설로서 공동주택과 동시에 리모델링하는 경우로서 시장·군수·구청장이 구조안전에 지장이 없다고 인정하는 경우로 한정한다. ② 증축은 기존건축물 연면적 합계의 10분의 1 이내여야 하고, 증축 범위는 「건축법 시행령」에 따른다. 다만, 주택과 주택 외의 시설이 동일 건축물로 건축된 경우는 주택의 증축 면적비율의 범위 안에서 증축할 수 있다.
	공동주택 리모델링 동의비율 등	① 입주자·사용자 또는 관리주체의 경우: 입주자 전체의 동의 ② 입주자대표회의 경우: 주택단지의 소유자 전원의 동의 ③ 리모델링주택조합(인가요건) 　㉠ 주택단지 전체를 리모델링하고자 하는 경우에는 주택단지 전체의 구분소유자와 의결권의 각 3분의 2 이상의 결의 및 각 동의 구분소유자와 의결권의 각 과반수의 결의 　㉡ 동을 리모델링하고자 하는 경우에는 그 동의 구분소유자 및 의결권의 각 3분의 2 이상의 결의 ④ 리모델링주택조합(동의비율) 　㉠ 주택단지 전체 구분소유자 및 의결권의 각 75퍼센트 이상의 동의와 각 동별 구분소유자 및 의결권의 각 50퍼센트 이상의 동의 　㉡ 동을 리모델링하는 경우에는 그 동의 구분소유자 및 의결권의 각 75퍼센트 이상의 동의 ⑤ 인가를 받아 설립된 리모델링주택조합은 그 리모델링 결의에 찬성하지 아니하는 자의 주택 및 토지에 대하여 매도청구를 할 수 있다. ⑥ 주택조합은 설립인가를 받은 날부터 2년 이내에 사업계획승인(30세대 이상 세대수가 증가하지 아니하는 리모델링인 경우에는 허가를 말한다)을 신청하여야 한다.
	심의 등	시장·군수·구청장이 세대수 증가형 리모델링(50세대 이상으로 세대수가 증가하는 경우로 한정한다)을 허가하려는 경우에는 기반시설에의 영향이나 도시·군관리계획과의 부합 여부 등에 대하여 「국토의 계획 및 이용에 관한 법률」에 따라 설치된 시·군·구도시계획위원회의 심의를 거쳐야 한다.
	시공자 선정 등	① 리모델링을 하는 경우 설립인가를 받은 리모델링주택조합의 총회 또는 소유자 전원의 동의를 받은 입주자대표회의에서 「건설산업기본법」에 따른 건설업자 또는 건설업자로 보는 등록사업자를 시공자로 선정하여야 한다. ② 시공자를 선정하는 경우에는 국토교통부장관이 정하는 경쟁입찰의 방법으로 하여야 한다. 다만, 경쟁입찰의 방법으로 시공자를 선정하는 것이 곤란하다고 인정되는 경우 등 ③으로 정하는 경우에는 그러하지 아니하다. ③ 시공자 선정을 위하여 국토교통부장관이 정하는 경쟁입찰의 방법으로 2회 이상 경쟁입찰을 하였으나 입찰자의 수가 해당 경쟁입찰의 방법에서 정하는 최저 입찰자 수에 미달하여 경쟁입찰의 방법으로 시공자를 선정할 수 없게 된 경우를 말한다.

공동주택 회계관리

01 관리비 등

1 연간예산제와 월별정산제의 비교

구 분	연간예산제	월별정산제
장 점	① 가계부담의 균형 ② 정산사무가 간편 ③ 잔액발생 시 긴급비용 사용 ④ 인건비 절약가능	① 수혜자 부담 원칙에 부합 ② 매월 정산하므로 회계처리에 대한 민원 배제 ③ 물가변동 적용용이
단 점	① 수혜자 부담원칙에 위배 ② 연말결산으로 회계처리에 대한 민원 잠재 ③ 물가변동에 대한 적용곤란	① 가계부담 불균형 ② 정산사무 번잡 ③ 긴급비용 발생 시 별도징수 ④ 인건비 증가우려

2 관리비예치금

의 의	공용부분의 관리 및 운용 등에 필요한 경비
징 수	사업주체는 입주예정자와 관리계약을 체결하여야 하며, 그 관리계약에 의하여 관리비예치금을 징수할 수 있다.
반환 등	① 관리주체는 해당 공동주택의 공용부분의 관리 및 운영 등에 필요한 경비를 공동주택의 소유자로부터 징수할 수 있다. ② 관리주체는 소유자가 공동주택의 소유권을 상실한 경우에는 징수한 관리비예치금을 반환하여야 한다. 다만, 소유자가 관리비·사용료 및 장기수선충당금 등을 미납한 때에는 관리비예치금에서 정산한 후 그 잔액을 반환할 수 있다.

3 사용료, 구분 징수항목, 따로 부과

구 분	항 목
사용료	① 전기료(공동시설의 전기료를 포함) ② 수도료(공동시설의 수도료를 포함) ③ 가스사용료 ④ 지역난방방식인 공동주택의 난방비와 급탕비 ⑤ 건물전체를 대상으로 하는 보험료 ⑥ 생활폐기물수수료 ⑦ 정화조오물수수료 ⑧ 입주자대표회의 운영경비 ⑨ 선거관리위원회 운영경비 ⑩ 텔레비전방송수신료
구분 징수	① 장기수선충당금 ② 안전진단실시비용
따로 부과	① 관리주체는 인양기 등 공용시설물의 사용료를 당해 시설의 사용자에게 따로 부과할 수 있다. ② 관리주체는 보수를 요하는 시설(누수되는 시설을 포함한다)이 2세대 이상의 공동사용에 제공되는 것인 경우에는 이를 직접 보수하고, 당해 입주자 등에게 그 비용을 따로 부과할 수 있다.

4 관리비의 세부내역

관리비 항목	구성명세
1. 일반관리비	① 인건비 : 급여, 제수당, 상여금, 퇴직금, 산재보험료, 고용보험료, 국민연금, 국민건강보험료 및 식대 등 복리후생비 ② 제사무비 : 일반사무용품비, 도서인쇄비, 교통통신비 등 관리사무소에 직접 소요되는 비용 ③ 제세공과금 : 관리기구가 사용한 전기료, 통신료, 우편료 및 관리기구에 부과되는 세금 등 ④ 피복비 ⑤ 교육훈련비 ⑥ 차량유지비 : 연료비, 수리비 및 보험료 등 차량유지에 직접 소요되는 비용 ⑦ 그 밖의 부대비용 : 관리용품구입비, 회계감사비 그 밖에 관리업무에 소요되는 비용
2. 청소비	용역 시에는 용역금액, 직영 시에는 청소원인건비, 피복비 및 청소용품비 등 청소에 직접 소요된 비용
3. 경비비	용역 시에는 용역금액, 직영 시에는 경비원인건비, 피복비 등 경비에 직접 소요된 비용

4. 소독비	용역 시에는 용역금액, 직영 시에는 소독용품비 등 소독에 직접 소요되는 비용
5. 승강기 유지비	용역 시에는 용역금액, 직영 시에는 제부대비, 자재 등. 다만, 전기료는 공동으로 사용되는 시설의 전기료에 포함한다.
6. 지능형 홈네트워크 설비 유지비	용역 시에는 용역금액, 직영 시에는 지능형 홈네트워크 설비 관련 인건비, 자재비 등 지능형 홈네크워크 설비의 유지 및 관리에 직접 소요되는 비용. 다만, 전기료는 공동으로 사용되는 시설의 전기료에 포함한다.
7. 난방비	난방 및 급탕에 소요된 원가(유류대, 난방비 및 급탕용수비)에서 급탕비를 뺀 금액
8. 급탕비	급탕용 유류대 및 급탕용수비
9. 수선유지비	① 장기수선계획에서 제외되는 공동주택의 공용부분의 수선·보수에 소요되는 비용으로 보수용역 시에는 용역금액, 직영 시에는 자재 및 인건비 ② 냉·난방시설의 청소비, 소화기충약비 등 공동으로 이용하는 시설의 보수유지비 및 제반 검사비 ③ 건축물의 안전점검비용 ④ 재난 및 재해 등의 예방에 따른 비용
10. 위탁관리 수수료	주택관리업자에게 위탁하여 관리하는 경우로서 입주자대표회의와 주택관리업자 간의 계약으로 정한 월간 비용

02 공개내역 등

공개 방법 등	① 의무관리대상 공동주택의 관리주체는 다음의 내역(항목별 산출내역을 말하며, 세대별 부과내역은 제외한다)을 대통령령으로 정하는 바에 따라 해당 공동주택단지의 인터넷 홈페이지(인터넷 홈페이지가 없는 경우에는 인터넷 포털을 통하여 관리주체가 운영·통제하는 유사한 기능의 웹사이트 또는 관리사무소의 게시판을 말한다) 및 동별 게시판(통로별 게시판이 설치된 경우에는 이를 포함한다)과 국토교통부장관이 구축·운영하는 공동주택관리정보시스템에 공개하여야 한다. 다만, 공동주택관리정보시스템에 공개하기 곤란한 경우로서 대통령령으로 정하는 경우에는 해당 공동주택단지의 인터넷 홈페이지 및 동별 게시판에만 공개할 수 있다. ㉠ 관리비 ㉡ 사용료 등 ㉢ 장기수선충당금과 그 적립금액 ㉣ 그 밖에 대통령령으로 정하는 사항

공개 방법 등	② 의무관리대상이 아닌 공동주택으로서 50세대(주택 외의 시설과 주택을 동일 건축물로 건축한 건축물의 경우 주택을 기준으로 한다) 이상인 공동주택의 관리인은 관리비 등의 내역을 ①의 공개방법에 따라 공개하여야 한다. 이 경우 공동주택관리정보시스템 공개는 생략할 수 있으며, 구체적인 공개 내역·기한 등은 아래 ③에서 정하는 바에 따른다. ③ ②의 전단에 따른 공동주택의 관리인은 다음의 관리비 등을 ⑤의 방법(공동주택관리정보시스템은 제외한다)에 따라 다음 달 말일까지 공개해야 한다. 　㉠ 관리비 비목별 월별 합계액 　㉡ 장기수선충당금 　㉢ 사용료(세대 수가 50세대 이상 100세대 미만인 공동주택의 경우에는 각각의 사용료의 합계액을 말한다) 　㉣ 잡수입 ④ 관리주체는 관리비 등을 다음의 금융기관 중 입주자대표회의가 지정하는 금융기관에 예치하여 관리하되, 장기수선충당금은 별도의 계좌로 예치·관리하여야 한다. 이 경우 계좌는 관리사무소장의 직인 외에 입주자대표회의 회장의 인감을 복수로 등록할 수 있다. 　㉠ 은행법에 따른 은행 　㉡ 중소기업은행법에 따른 중소기업은행 　㉢ 상호저축은행법에 따른 상호저축은행 　㉣ 보험업법에 따른 보험회사 　㉤ 그 밖의 법률에 따라 금융업무를 하는 기관으로서 아래에 해당하는 기관 　　ⓐ 농업협동조합법에 따른 조합·농업협동조합중앙회 및 농협은행 　　ⓑ 수산업협동조합법에 따른 수산업협동조합 및 수산업협동조합중앙회 　　ⓒ 신용협동조합법에 따른 신용협동조합 및 신용협동조합중앙회 　　ⓓ 새마을금고법에 따른 새마을금고 및 새마을금고중앙회 　　ⓔ 산림조합법에 따른 산림조합 및 산림조합중앙회 　　ⓕ 한국주택금융공사법에 따른 한국주택금융공사 　　ⓖ 우체국예금·보험에 관한 법률에 따른 체신관서 ⑤ 관리비 등을 입주자 등에게 부과한 관리주체는 그 명세[관리비 비목 중 난방비, 급탕비 및 사용료 중 전기료(공동으로 사용하는 시설의 전기료를 포함한다), 수도료(공동으로 사용하는 수도료를 포함한다), 가스사용료, 지역난방방식인 공동주택의 난방비와 급탕비는 사용량을, 장기수선충당금은 그 적립요율 및 사용한 금액을 각각 포함한다]를 다음 달 말일까지 해당 공동주택단지의 인터넷 홈페이지 및 동별 게시판(통로별 게시판이 설치된 경우에는 이를 포함한다)과 공동주택관리정보시스템에 공개해야 한다. 잡수입(재활용품의 매각 수입, 복리시설의 이용료 등 공동주택을 관리하면서 부수적으로 발생하는 수입을 말한다)의 경우에도 동일한 방법으로 공개해야 한다.
기 타	① 관리주체는 관리비 등을 통합하여 부과하는 때에는 그 수입 및 집행내역을 쉽게 알 수 있도록 정리하여 입주자 등에게 알려주어야 한다. ② 국가 또는 지방자치단체가 관리주체인 경우에 관리비, 장기수선충당금의 체납이 있는 때에는 국세체납처분 또는 지방세체납처분의 예에 의하여 이를 강제징수할 수 있다.

Memo

01 하자보수제도 등과 시설관리

Chapter

01 장기수선계획 및 장기수선충당금

1 장기수선계획

구 분	내 용
수립대상 공동주택 범위	① 300세대 이상의 공동주택 ② 승강기가 설치된 공동주택 ③ 중앙집중식 난방방식 또는 지역난방방식의 공동주택 ④ 건축허가를 받아 주택 외의 시설과 주택을 동일 건축물로 건축한 건축물
인계절차	사업주체 또는 리모델링을 하는 자는 그 공동주택의 공용부분에 대한 장기수선계획을 수립하여 「주택법」에 따른 사용검사(건축허가를 받아 주택 외의 시설과 주택을 동일 건축물로 건축한 건축물의 경우에는 「건축법」에 따른 사용승인을 말한다)를 신청할 때에 사용검사권자에게 제출하고, 사용검사권자는 이를 그 공동주택의 관리주체에게 인계하여야 한다. 이 경우 사용검사권자는 사업주체 또는 리모델링을 하는 자에게 장기수선계획의 보완을 요구할 수 있다.
조 정	① 입주자대표회의와 관리주체는 장기수선계획을 3년마다 검토하고 필요한 경우 이를 국토교통부령으로 정하는 바에 따라 조정하여야 하며, 수립 또는 조정된 장기수선계획에 따라 주요시설을 교체하거나 보수하여야 한다. 이 경우 입주자대표회의와 관리주체는 장기수선계획에 대한 검토사항을 기록하고 보관하여야 한다. ② 입주자대표회의와 관리주체는 장기수선계획을 조정하려는 경우에는 관리주체가 장기수선계획의 조정안을 작성한 후 입주자대표회의의 의결을 거쳐야 한다. ③ 입주자대표회의와 관리주체는 주요시설을 신설하는 등 관리여건상 필요하여 전체 입주자 과반수의 서면동의를 받은 경우에는 장기수선계획을 수립하거나 조정한 날부터 3년이 지나기 전에 장기수선계획을 검토하여 이를 조정할 수 있다. ④ 입주자대표회의와 관리주체는 장기수선계획을 조정하려는 경우 「에너지이용 합리화법」에 따라 산업통상자원부장관에게 등록한 에너지절약전문기업이 제시하는 에너지절약을 통한 주택의 온실가스 감소를 위한 시설 개선 방법을 반영할 수 있다.

2 장기수선충당금

구 분	내 용
징 수	① 관리주체는 장기수선계획에 따라 공동주택의 주요 시설의 교체 및 보수에 필요한 장기수선충당금을 해당 주택의 소유자로부터 징수하여 적립하여야 한다. ② 공동주택 중 분양되지 아니한 세대의 장기수선충당금은 사업주체가 이를 부담하여야 한다. ③ 공동주택의 소유자는 장기수선충당금을 사용자가 대신하여 납부한 경우에는 그 금액을 반환하여야 한다. ④ 관리주체는 공동주택의 사용자가 장기수선충당금의 납부 확인을 요구하는 경우에는 지체 없이 확인서를 발급해 주어야 한다.
적립 시기	장기수선충당금은 해당 공동주택에 대한 다음의 구분에 따른 날부터 1년이 경과한 날이 속하는 달부터 매달 적립한다. 다만, 건설임대주택에서 분양전환된 공동주택의 경우에는 임대사업자가 관리주체에게 공동주택의 관리업무를 인계한 날이 속하는 달부터 적립한다. ① 「주택법」에 따른 사용검사(공동주택단지 안의 공동주택 전부에 대하여 같은 조에 따른 임시 사용승인을 받은 경우에는 임시 사용승인을 말한다)를 받은 날 ② 「건축법」에 따른 사용승인(공동주택단지 안의 공동주택 전부에 대하여 같은 조에 따른 임시 사용승인을 받은 경우에는 임시 사용승인을 말한다)을 받은 날
요율 및 적립금액	① 장기수선충당금의 요율은 해당 공동주택의 공용부분의 내구연한 등을 감안하여 관리규약으로 정한다. ② ①에도 불구하고 건설임대주택을 분양전환한 이후 관리업무를 인계하기 전까지의 장기수선충당금 요율은 「민간임대주택에 관한 특별법 시행령」 또는 「공공주택 특별법 시행령」에 따른 특별수선충당금 적립요율에 따른다. ③ 장기수선충당금의 적립금액은 장기수선계획으로 정한다. 이 경우 국토교통부장관이 주요시설의 계획적인 교체 및 보수를 위하여 최소 적립금액의 기준을 정하여 고시하는 경우에는 그에 맞아야 한다.
사 용	장기수선충당금의 사용은 장기수선계획에 따른다. 입주자 과반수의 서면동의가 있는 경우에는 다음의 용도로 사용할 수 있다. ① 하자분쟁조정위원회의 조정 등의 비용 ② 하자진단 및 감정에 드는 비용 ③ 위 ① 또는 ②의 비용을 청구하는 데 드는 비용
사용절차	장기수선충당금은 관리주체가 다음의 사항이 포함된 장기수선충당금 사용계획서를 장기수선계획에 따라 작성하고 입주자대표회의의 의결을 거쳐 사용한다. ① 수선공사(공동주택의 공용부분의 보수 · 교체 및 개량을 말한다)의 명칭과 공사내용

사용절차	② 수선공사 대상시설의 위치 및 부위 ③ 수선공사의 설계도면 등 ④ 공사기간 및 공사방법 ⑤ 수선공사의 범위 및 예정공사금액 ⑥ 공사발주 방법 및 절차 등
월간 세대별 장기수선 충당금	[장기수선계획기간 중의 수선비총액 ÷ (총공급면적 × 12 × 계획기간(년))] × 세대당 주택공급면적

3 특별수선충당금(민간임대주택에 관한 특별법)

구 분	내 용
적립대상 공동주택	① 300세대 이상의 공동주택 ② 150세대 이상의 공동주택으로서 승강기가 설치된 공동주택 ③ 150세대 이상의 공동주택으로서 중앙집중식 난방방식 또는 지역난방방식인 공동주택
적립 및 인계	① 민간임대주택의 임대사업자는 주요 시설을 교체하고 보수하는 데에 필요한 특별수선충당금을 적립하여야 한다. ② 임대사업자가 민간임대주택을 양도하는 경우에는 특별수선충당금을 「공동주택관리법」에 따라 최초로 구성되는 입주자대표회의에 넘겨주어야 한다.
요율 및 사용 절차 등	① 장기수선계획을 수립하여야 하는 민간임대주택의 임대사업자는 특별수선충당금을 사용검사일 또는 임시 사용승인일부터 1년이 지난날이 속하는 달부터 「주택법」에 따른 사업계획 승인 당시 표준 건축비의 1만분의 1의 요율로 매달 적립하여야 한다. ② 특별수선충당금은 임대사업자와 해당 민간임대주택의 소재지를 관할하는 시장·군수·구청장의 공동 명의로 금융회사 등에 예치하여 따로 관리하여야 한다. ③ 임대사업자는 특별수선충당금을 사용하려면 미리 해당 민간임대주택의 소재지를 관할하는 시장·군수·구청장과 협의하여야 한다. ④ 시장·군수·구청장은 국토교통부령으로 정하는 방법에 따라 임대사업자의 특별수선충당금 적립 여부, 적립금액 등을 관할 시·도지사에게 보고하여야 하며, 시·도지사는 시장·군수·구청장의 보고를 종합하여 국토교통부장관에게 보고하여야 한다. ⑤ 시장·군수·구청장은 특별수선충당금 적립 현황 보고서를 매년 1월 31일과 7월 31일까지 관할 특별시장·광역시장·특별자치시장·도지사 또는 특별자치도지사(이하 "시·도지사"라 한다)에게 제출하여야 하며, 시·도지사는 이를 종합하여 매년 2월 15일과 8월 15일까지 국토교통부장관에게 보고하여야 한다.

4 특별수선충당금(공공주택 특별법)

구 분	내 용
적립 등	① 공공임대주택의 공공주택사업자는 주요 시설을 교체하고 보수하는 데에 필요한 특별수선충당금을 적립하여야 한다. ② 적립대상 공동주택 　㉠ 300세대 이상의 공동주택 　㉡ 승강기가 설치된 공동주택 　㉢ 중앙집중식 난방방식의 공동주택 ③ 공공주택사업자가 임대의무기간이 지난 공공건설임대주택을 분양전환하는 경우에는 특별수선충당금을 「공동주택관리법」에 따라 최초로 구성되는 입주자대표회의에 넘겨주어야 한다. ④ ②에 해당하는 공공임대주택을 건설한 공공주택사업자는 해당 공공임대주택의 공용부분, 부대시설 및 복리시설(분양된 시설은 제외한다)에 대하여 「공동주택관리법」에 따른 장기수선계획을 수립하여 「주택법」에 따른 사용검사를 신청할 때 사용검사신청서와 함께 제출하여야 하며, 임대기간 중 해당 임대주택단지에 있는 관리사무소에 장기수선계획을 갖춰 놓아야 한다. ⑤ 공공주택사업자는 장기수선계획을 수립한 후 이를 조정할 필요가 있는 경우에는 임차인대표회의의 구성원(임차인대표회의가 구성되지 않은 경우에는 전체 임차인) 과반수의 서면동의를 받아 장기수선계획을 조정할 수 있다.
요율 및 사용절차 등	① 공공주택사업자는 특별수선충당을 사용검사일(임시 사용승인을 받은 경우에는 임시 사용승인일을 말한다)부터 1년이 지난날이 속하는 달부터 매달 적립하되, 적립요율은 다음의 비율에 따른다. 다만, 다음의 주택이 「공동주택관리법」에 따른 혼합주택단지 안에 있는 경우(공동주택관리법 시행령 제7조 제2항에 따라 혼합주택단지의 입주자대표회의와 공공주택사업자가 공동주택관리법 시행령 제1항 제4호에 따른 장기수선충당금 및 특별수선충당금을 사용하는 주요시설의 교체 및 보수에 관한 사항을 각자 결정하는 경우는 제외한다) 해당 주택에 대한 특별수선충당금의 적립요율에 관하여는 공동주택관리법 시행령 제31조 제1항에 따라 관리규약으로 정하는 장기수선충당금의 요율을 준용한다. 　㉠ 영구임대주택, 국민임대주택, 행복주택, 통합공공임대주택 및 장기전세주택 : 국토교통부장관이 고시하는 표준건축비의 1만분의 4 　㉡ ㉠에 해당하지 아니하는 공공임대주택 : 「주택법」에 따른 사업계획승인 당시 표준건축비의 1만분의 1 ② 공공주택사업자는 특별수선충당금을 금융회사 등에 예치하여 따로 관리하여야 한다.

③ 공공주택사업자는 특별수선충당금을 사용하려면 미리 해당 공공임대주택의 주소지를 관할하는 시장·군수 또는 구청장과 협의하여야 한다. 다만, 다음의 어느 하나에 해당하는 경우에는 그렇지 않다.

㉠ 「주택법 시행령」 제53조의2 제4항 각 호에 따른 중대한 하자가 발생한 경우

㉡ 천재지변이나 그 밖의 재해로 장기수선계획 수립 대상물이 파손되거나 멸실되어 긴급하게 교체·보수가 필요한 경우

※ 「주택법 시행령」 제53조의2 제4항 각 호

요율 및 사용절차 등

④ 법 제48조의2 제3항 후단에서 "대통령령으로 정하는 중대한 하자"란 다음 각 호의 어느 하나에 해당하는 하자로서 사용검사권자가 중대한 하자라고 인정하는 하자를 말한다.

1. 내력구조부 하자: 다음 각 목의 어느 하나에 해당하는 결함이 있는 경우로서 공동주택의 구조안전상 심각한 위험을 초래하거나 초래할 우려가 있는 정도의 결함이 있는 경우
   가. 철근콘크리트 균열
   나. 「건축법」 제2조 제1항 제7호의 주요구조부의 철근 노출

2. 시설공사별 하자: 다음 각 목의 어느 하나에 해당하는 결함이 있는 경우로서 입주예정자가 공동주택에서 생활하는 데 안전상·기능상 심각한 지장을 초래하거나 초래할 우려가 있는 정도의 결함이 있는 경우
   가. 토목 구조물 등의 균열
   나. 옹벽·차도·보도 등의 침하(沈下)
   다. 누수, 누전, 가스 누출
   라. 가스배관 등의 부식, 배관류의 동파
   마. 다음의 어느 하나에 해당하는 기구·설비 등의 기능이나 작동 불량 또는 파손
      1) 급수·급탕·배수·위생·소방·난방·가스 설비 및 전기·조명 기구
      2) 발코니 등의 안전 난간 및 승강기

④ 공공주택사업자는 특별수선충당금을 사용한 경우에는 그 사유를 사용일부터 30일 이내에 관할 시장·군수 또는 구청장에게 통보해야 한다.

⑤ 시장·군수 또는 구청장은 국토교통부령으로 정하는 방법에 따라 공공주택사업자의 특별수선충당금 적립 여부, 적립금액 등을 관할 시·도지사에게 보고하여야 하며, 시·도지사는 시장·군수 또는 구청장의 보고를 받으면 이를 국토교통부장관에게 보고하여야 한다.

02 하자보수제도

1 하자보수절차 등

구 분	내 용
손해배상책임	사업주체는 담보책임기간에 공동주택에 하자가 발생한 경우에는 하자 발생으로 인한 손해를 배상할 책임이 있다. 이 경우 손해배상책임에 관하여는 「민법」 제667조를 준용한다.
담보책임	① 다음의 사업주체(이하 "사업주체"라 한다)는 공동주택의 하자에 대하여 분양에 따른 담보책임을 진다. 　㉠ 「주택법」에 따른 다음의 자 　　ⓐ 국가·지방자치단체 　　ⓑ 한국토지주택공사 또는 지방공사 　　ⓒ 등록한 주택건설사업자 또는 대지조성사업자 　　ⓓ 그 밖에 주택법에 따라 주택건설사업 또는 대지조성사업을 시행하는 자 　㉡ 「건축법」에 따른 건축허가를 받아 분양을 목적으로 하는 공동주택을 건축한 건축주 　㉢ 공동주택을 증축·개축·대수선하는 행위를 한 시공자 　㉣ 「주택법」에 따른 리모델링을 수행한 시공자 ② ①도 불구하고 「공공주택 특별법」에 따라 임대한 후 분양전환을 할 목적으로 공급하는 공동주택(이하 "공공임대주택"이라 한다)을 공급한 ①의 ㉠의 사업주체는 분양전환이 되기 전까지는 임차인에 대하여 하자보수에 대한 담보책임을 진다.
담보책임기간	담보책임의 기간은 하자의 중대성, 시설물의 사용 가능 횟수 및 교체 가능성 등을 고려하여 공동주택의 내력구조부별 및 시설공사별로 10년의 범위에서 대통령령으로 정한다. 이 경우 담보책임기간은 다음의 날부터 기산한다. ① 전유부분: 입주자(공공임대주택의 담보책임은 임차인)에게 인도한 날 ② 공용부분: 「주택법」에 따른 사용검사일(주택법에 따라 공동주택의 전부에 대하여 임시 사용승인을 받은 경우에는 그 임시 사용승인일을 말하고, 주택법에 따라 분할 사용검사나 동별 사용검사를 받은 경우에는 그 분할 사용검사일 또는 동별 사용검사일을 말한다) 또는 「건축법」에 따른 공동주택의 사용승인일
인계 및 공개	① 사업주체(「건축법」 제11조에 따른 건축허가를 받아 분양을 목적으로 하는 공동주택을 건축한 건축주를 포함한다)는 해당 공동주택의 전유부분을 입주자에게 인도한 때에는 국토교통부령으로 정하는 바에 따라 주택인도증서를 작성하여 관리주체(의무관리대상 공동주택이 아닌 경우에는 「집합건물의 소유 및 관리에 관한 법률」에 따른 관리인을 말한다)에게 인계하여야 한다. 이 경우 관리주체는 30일 이내에 공동주택관리정보시스템에 전유부분의 인도일을 공개하여야 한다.

인계 및 공개	② 사업주체가 해당 공동주택의 전유부분을 공공임대주택의 임차인에게 인도한 때에는 주택인도증서를 작성하여 분양전환하기 전까지 보관하여야 한다. 이 경우 사업주체는 주택인도증서를 작성한 날부터 30일 이내에 공동주택관리정보시스템에 전유부분의 인도일을 공개하여야 한다. ③ 사업주체는 주택의 미분양(未分讓) 등으로 인하여 인계·인수서에 인도일의 현황이 누락된 세대가 있는 경우에는 주택의 인도일부터 15일 이내에 인도일의 현황을 관리주체에게 인계하여야 한다.
하자보수 청구	① 사업주체(건설산업기본법 제28조에 따라 하자담보책임이 있는 자로서 사업주체로부터 건설공사를 일괄 도급받아 건설공사를 수행한 자가 따로 있는 경우에는 그 자를 말한다. 이하 같다)는 담보책임기간에 하자가 발생한 경우에는 해당 공동주택의 ㉠부터 ㉣까지에 해당하는 자(이하 '입주자대표회의 등'이라 한다) 또는 ㉤에 해당하는 자의 청구에 따라 그 하자를 보수하여야 한다. ㉠ 입주자 ㉡ 입주자대표회의 ㉢ 관리주체(하자보수청구 등에 관하여 입주자 또는 입주자대표회의를 대행하는 관리주체를 말한다) ㉣ 「집합건물의 소유 및 관리에 관한 법률」에 따른 관리단 ㉤ 공공임대주택의 임차인 또는 임차인대표회의(이하 "임차인 등"이라 한다) ② 입주자대표회의 등은 공동주택에 하자가 발생한 경우에는 담보책임기간 내에 사업주체에게 하자보수를 청구하여야 한다. ③ 하자보수의 청구는 다음의 구분에 따른 자가 하여야 한다. 이 경우 입주자는 전유부분에 대한 청구를 ㉡의 ⓑ에 따른 관리주체가 대행하도록 할 수 있으며, 공용부분에 대한 하자보수의 청구를 ㉡의 어느 하나에 해당하는 자에게 요청할 수 있다. ㉠ 전유부분: 입주자 또는 공공임대주택의 임차인 ㉡ 공용부분: 다음의 어느 하나에 해당하는 자 ⓐ 입주자대표회의 또는 공공임대주택의 임차인대표회의 ⓑ 관리주체(하자보수청구 등에 관하여 입주자 또는 입주자대표회의를 대행하는 관리주체를 말한다) ⓒ 「집합건물의 소유 및 관리에 관한 법률」에 따른 관리단 ④ 사업주체는 하자보수를 청구받은 날(하자진단결과를 통보받은 때에는 그 통보받은 날을 말한다)부터 15일 이내에 그 하자를 보수하거나 다음의 사항을 명시한 하자보수계획을 입주자대표회의 등 또는 임차인 등에 서면으로 통보하고 그 계획에 따라 하자를 보수하여야 한다. 다만, 하자가 아니라고 판단되는 사항에 대해서는 그 이유를 서면으로 통보하여야 한다. ㉠ 하자부위, 보수방법 및 보수에 필요한 상당한 기간 ㉡ 담당자 성명 및 연락처 ㉢ 그 밖에 보수에 필요한 사항

① 사업주체는 대통령령으로 정하는 바에 따라 하자보수를 보장하기 위하여 하자보수보증금을 담보책임기간(보증기간은 공용부분을 기준으로 기산한다) 동안 예치하여야 한다. 다만, 국가·지방자치단체·한국토지주택공사 및 지방공사인 사업주체의 경우에는 그러하지 아니하다.

② 입주자대표회의 등은 하자보수보증금을 하자심사·분쟁조정위원회의 하자 여부 판정 등에 따른 하자보수비용 등 대통령령으로 정하는 용도로만 사용하여야 하며, 의무관리대상 공동주택의 경우에는 하자보수보증금의 사용 후 30일 이내에 그 사용내역을 국토교통부령으로 정하는 바에 따라 시장·군수·구청장에게 신고하여야 한다.

③ ①에 따른 하자보수보증금을 예치받은 자(이하 "하자보수보증금의 보증서 발급기관"이라 한다)는 하자보수보증금을 의무관리대상 공동주택의 입주자대표회의에 지급한 날부터 30일 이내에 지급 내역을 국토교통부령으로 정하는 바에 따라 관할 시장·군수·구청장에게 통보하여야 한다.

④ 시장·군수·구청장은 ②에 따른 하자보수보증금 사용내역과 ③에 따른 하자보수보증금 지급 내역을 매년 국토교통부령으로 정하는 바에 따라 국토교통부장관에게 제공하여야 한다.

⑤ 하자보수보증금의 지급을 위하여 필요한 하자의 조사방법 및 기준, 하자 보수비용의 산정방법 등에 관하여는 하자판정에 관한 기준을 준용할 수 있다.

하자보수 보증금의 예치 및 사용

⑥ 하자보수보증금의 보증서 발급기관은 하자보수보증금 지급내역서(이하 "지급내역서"라 한다)에 하자보수보증금을 사용할 시설공사별 하자내역을 첨부하여 관할 시장·군수·구청장에게 제출하여야 한다.

⑦ 시장·군수·구청장은 해당 연도에 제출받은 하자보수보증금 사용내역 신고서(첨부서류는 제외한다)와 지급내역서(첨부서류를 포함한다)의 내용을 다음 해 1월 31일까지 국토교통부장관에게 제공해야 한다. 이 경우 제공 방법은 하자관리정보시스템에 입력하는 방법으로 한다.

⑧ 사업주체(건설임대주택을 분양전환하려는 경우에는 그 임대사업자를 말한다)는 하자보수보증금을 은행에 현금으로 예치하거나 다음의 어느 하나에 해당하는 자가 취급하는 보증으로서 하자보수보증금 지급을 보장하는 보증에 가입하여야 한다. 이 경우 그 예치명의 또는 가입명의는 사용검사권자(주택법에 따른 사용검사권자 또는 건축법에 따른 사용승인권자를 말한다)로 하여야 한다.

㉠ 주택도시보증공사

㉡ 건설 관련 공제조합

㉢ 보증보험업을 영위하는 자

㉣ 아래에 해당하는 금융기관

ⓐ 은행법에 따른 은행

ⓑ 중소기업은행법에 따른 중소기업은행

ⓒ 상호저축은행법에 따른 상호저축은행

ⓓ 보험업법에 따른 보험회사

ⓔ 그 밖의 법률에 따라 금융업무를 하는 기관으로서 국토교통부령으로 정하는 기관

하자보수 보증금의 예치 및 사용	⑨ 사업주체는 다음의 어느 하나에 해당하는 신청서를 사용검사권자에게 제출할 때에 현금 예치증서 또는 보증서를 함께 제출하여야 한다. ㉠ 주택법에 따른 사용검사신청서(공동주택단지 안의 공동주택 전부에 대하여 임시 사용승인을 신청하는 경우에는 임시사용승인신청서) ㉡ 건축법에 따른 사용승인신청서(공동주택단지 안의 공동주택 전부에 대하여 임시 사용승인을 신청하는 경우에는 임시사용승인신청서) ㉢ 민간임대주택에 관한 특별법에 따른 양도신고서, 양도 허가신청서 또는 공공주택 특별법에 따른 분양전환 승인신청서, 분양전환 허가 신청서, 분양전환신고서 ⑩ 사용검사권자는 입주자대표회의가 구성된 때에는 지체 없이 예치명의 또는 가입명의를 해당 입주자대표회의로 변경하고 입주자대표회의에 현금예치증서 또는 보증서를 인계하여야 한다. ⑪ 입주자대표회의는 인계받은 현금예치증서 또는 보증서를 해당 공동주택의 관리주체(의무관리대상 공동주택이 아닌 경우에는 집합건물의 소유 및 관리에 관한 법률에 따른 관리인을 말한다)로 하여금 보관하게 하여야 한다.
보증금액	① 예치하여야 하는 하자보수보증금은 다음의 구분에 따른 금액으로 한다. ㉠ 「주택법」 제15조에 따른 대지조성사업계획과 주택사업계획승인을 함께 받아 대지조성과 함께 공동주택을 건설하는 경우 : ⓐ의 비용에서 ⓑ의 가격을 뺀 금액의 100분의 3 　ⓐ 사업계획승인서에 기재된 해당 공동주택의 총사업비[간접비(설계비, 감리비, 분담금, 부담금, 보상비 및 일반분양시설경비를 말한다)는 제외한다. 이하 같다] 　ⓑ 해당 공동주택을 건설하는 대지의 조성 전 가격 ㉡ 「주택법」에 따른 주택사업계획승인만을 받아 대지조성 없이 공동주택을 건설하는 경우 : 사업계획승인서에 기재된 해당 공동주택의 총사업비에서 대지가격을 뺀 금액의 100분의 3 ㉢ 공동주택을 증축 · 개축 · 대수선하는 경우 또는 「주택법」에 따른 리모델링을 하는 경우 : 허가신청서 또는 신고서에 기재된 해당 공동주택 총사업비의 100분의 3 ㉣ 「건축법」에 따른 건축허가를 받아 분양을 목적으로 공동주택을 건설하는 경우 : 사용승인을 신청할 당시의 「공공주택 특별법 시행령」 제56조 제7항에 따른 공공건설임대주택 분양전환가격의 산정기준에 따른 표준건축비를 적용하여 산출한 건축비의 100분의 3 ② ①에도 불구하고 건설임대주택이 분양전환되는 경우의 하자보수보증금은 ①의 ㉠ 또는 ㉡에 따른 금액에 건설임대주택 세대 중 분양전환을 하는 세대의 비율을 곱한 금액으로 한다.

하자보수 보증금의 청구	① 청구를 받은 하자보수보증서 발급기관은 청구일부터 30일 이내에 하자보수보증금을 지급하여야 한다. 다만, 하자보수보증서 발급기관이 청구를 받은 금액에 이의가 있으면 하자분쟁조정위원회에 분쟁조정을 신청한 후 그 결과에 따라 지급하여야 한다. ② 하자보수보증서 발급기관은 하자보수보증금을 지급할 때에는 다음의 구분에 따른 금융계좌로 이체하는 방법으로 지급하여야 하며, 입주자대표회의는 그 금융계좌로 해당 하자보수보증금을 관리하여야 한다. 　㉠ 의무관리대상 공동주택: 입주자대표회의의 회장의 인감과 관리사무소장의 직인을 복수로 등록한 금융계좌 　㉡ 의무관리대상이 아닌 공동주택: 「집합건물의 소유 및 관리에 관한 법률」에 따른 관리인의 인감을 등록한 금융계좌(같은 법에 따른 관리위원회가 구성되어 있는 경우에는 그 위원회를 대표하는 자 1명과 관리인의 인감을 복수로 등록한 계좌)
하자보수 보증금의 용도	입주자대표회의가 직접 보수하거나 제3자에게 보수하게 하는 데 사용되는 경우로서 하자보수와 관련된 다음의 용도를 말한다. ① 송달된 하자 여부 판정서 정본에 따라 하자로 판정된 시설공사 등에 대한 하자보수비용 ② 하자분쟁조정위원회가 송달한 조정서 정본에 따른 하자보수비용 ③ 법원의 재판 결과에 따른 하자보수비용 ④ 하자진단의 결과에 따른 하자보수비용 ⑤ 재판상 화해와 동일한 효력이 있는 재정에 따른 하자보수비용
하자보수 보증금의 반환	① 입주자대표회의는 사업주체가 예치한 하자보수보증금을 다음의 구분에 따라 순차적으로 사업주체에게 반환하여야 한다. 　㉠ 다음의 구분에 따른 날(이하 "사용검사일"이라 한다)부터 2년이 경과된 때: 하자보수보증금의 100분의 15 　　ⓐ 「주택법」에 따른 사용검사(공동주택단지 안의 공동주택 전부에 대하여 임시 사용승인을 받은 경우에는 임시 사용승인을 말한다)를 받은 날 　　ⓑ 「건축법」에 따른 사용승인(공동주택단지 안의 공동주택 전부에 대하여 임시 사용승인을 받은 경우에는 임시 사용승인을 말한다)을 받은 날 　㉡ 사용검사일부터 3년이 경과된 때: 하자보수보증금의 100분의 40 　㉢ 사용검사일부터 5년이 경과된 때: 하자보수보증금의 100분의 25 　㉣ 사용검사일부터 10년이 경과된 때: 하자보수보증금의 100분의 20 ② 하자보수보증금을 반환할 경우 하자보수보증금을 사용한 경우에는 이를 포함하여 ①의 비율을 계산하되, 이미 사용한 하자보수보증금은 반환하지 아니한다.

하자진단	의뢰	사업주체 등은 입주자대표회의 등 또는 임차인 등의 하자보수 청구에 이의가 있는 경우, 입주자대표회의 등 또는 임차인 등과 협의하여 아래에 해당하는 안전진단기관에 보수책임이 있는 하자범위에 해당하는지 여부 등 하자진단을 의뢰할 수 있다. 이 경우 하자진단을 의뢰받은 안전진단기관은 지체 없이 하자진단을 실시하여 그 결과를 사업주체 등과 입주자대표회의 등 또는 임차인 등에게 통보하여야 한다. ① 국토안전관리원 ② 한국건설기술연구원 ③ 해당 분야의 엔지니어링사업자 ④ 기술사 ⑤ 건축사 ⑥ 건축 분야 안전진단전문기관
	결과제출	하자진단을 의뢰받은 날부터 20일 이내에 그 결과를 사업주체 등과 입주자대표회의 등에 제출하여야 한다. 다만, 당사자 사이에 달리 약정한 경우에는 그에 따른다.
	비용부담	하자진단에 드는 비용은 당사자가 합의한 바에 따라 부담한다. 하자진단을 의뢰받은 날부터 20일 이내에 그 결과를 사업주체 등과 입주자대표회의 등에 제출하여야 한다. 다만, 당사자 사이에 달리 약정한 경우에는 그에 따른다. 하자진단에 드는 비용은 당사자가 합의한 바에 따라 부담한다.
감정	요청사유	하자분쟁조정위원회는 다음의 어느 하나에 해당하는 사건의 경우에는 안전진단기관에 그에 따른 감정을 요청할 수 있다. ① 하자진단 결과에 대하여 다투는 사건 ② 당사자 쌍방 또는 일방이 하자감정을 요청하는 사건 ③ 하자원인이 불분명한 사건 ④ 그 밖에 하자분쟁조정위원회에서 하자감정이 필요하다고 결정하는 사건
	의뢰기관	① 국토안전관리원 ② 한국건설기술연구원 ③ 국립 또는 공립의 주택 관련 시험·검사기관 ④ 대학 및 산업대학의 주택 관련 부설 연구기관(상설기관으로 한정한다) ⑤ 해당 분야의 엔지니어링사업자, 기술사, 건축사. 건축 분야 안전진단전문기관. 이 경우 분과위원회(소위원회에서 의결하는 사건은 소위원회를 말한다)에서 해당 하자감정을 위한 시설 및 장비를 갖추었다고 인정하고 당사자 쌍방이 합의한 자로 한정한다.
	결과제출	하자감정을 의뢰받은 날부터 20일 이내에 그 결과를 하자분쟁조정위원회에 제출하여야 한다. 다만, 하자분쟁조정위원회가 인정하는 부득이한 사유가 있는 때에는 그 기간을 연장할 수 있다.

감정	비용부담	하자감정에 드는 비용은 다음에 따라 부담한다. 이 경우 하자분쟁조정위원회에서 정한 기한 내에 안전진단기관에 납부하여야 한다. ① 당사자 간 합의한 바에 따라 부담한다. ② 당사자 간 합의가 이루어지지 아니할 경우에는 하자감정을 신청하는 당사자 일방 또는 쌍방이 미리 하자감정비용을 부담한 후 하자심사 또는 분쟁조정의 결과에 따라 하자분쟁조정위원회에서 정하는 비율에 따라 부담한다.
안전진단	의뢰	시장·군수·구청장은 공동주택의 구조안전에 중대한 하자가 있다고 인정하는 경우에는 다음의 어느 하나에 해당하는 기관 또는 단체에 해당 공동주택의 안전진단을 의뢰할 수 있다. ① 한국건설기술연구원 ② 국토안전관리원 ③ 대한건축사협회 ④ 대학 및 산업대학의 부설연구기관(상설기관으로 한정한다) ⑤ 건축 분야 안전진단전문기관
	비용부담	안전진단에 드는 비용은 사업주체가 부담한다. 다만, 하자의 원인이 사업주체 외의 자에게 있는 경우에는 그 자가 부담한다.
담보책임의 종료		① 사업주체는 담보책임기간이 만료되기 30일 전까지 그 만료 예정일을 해당 공동주택의 입주자대표회의(의무관리대상 공동주택이 아닌 경우에는 「집합건물의 소유 및 관리에 관한 법률」에 따른 관리단을 말한다) 또는 공공임대주택의 임차인대표회의에 서면으로 통보하여야 한다. 이 경우 사업주체는 다음의 사항을 함께 알려야 한다. 　㉠ 입주자대표회의 등 또는 임차인 등이 하자보수를 청구한 경우에는 하자보수를 완료한 내용 　㉡ 담보책임기간 내에 하자보수를 신청하지 아니하면 하자보수를 청구할 수 있는 권리가 없어진다는 사실 ② 통보를 받은 입주자대표회의 또는 공공임대주택의 임차인대표회의는 다음의 구분에 따른 조치를 하여야 한다. 　㉠ 전유부분에 대한 조치: 담보책임기간이 만료되는 날까지 하자보수를 청구하도록 입주자 또는 공공임대주택의 임차인에게 개별통지하고 공동주택단지 안의 잘 보이는 게시판에 20일 이상 게시 　㉡ 공용부분에 대한 조치: 담보책임기간이 만료되는 날까지 하자보수 청구 ③ 사업주체는 하자보수 청구를 받은 사항에 대하여 지체 없이 보수하고 그 보수결과를 서면으로 입주자대표회의 등 또는 임차인 등에 통보하여야 한다. 다만, 하자가 아니라고 판단한 사항에 대해서는 그 이유를 명확히 기재한 서면을 입주자대표회의 등에 통보하여야 한다. ④ 보수결과를 통보받은 입주자대표회의 등은 통보받은 날부터 30일 이내에 이유를 명확히 기재한 서면으로 사업주체에게 이의를 제기할 수 있다. 이 경우 사업주체는 이의제기 내용이 타당하면 지체 없이 하자를 보수하여야 한다.

담보책임의
종료
	⑤ 사업주체와 다음의 구분에 따른 자는 하자보수가 끝난 때에는 공동으로 담보책임 종료확인서를 작성해야 한다. 이 경우 담보책임기간이 만료되기 전에 담보책임 종료확인서를 작성해서는 안 된다.
	 ㉠ 전유부분: 입주자
	 ㉡ 공용부분: 입주자대표회의의 회장(의무관리대상 공동주택이 아닌 경우에는 「집합건물의 소유 및 관리에 관한 법률」에 따른 관리인을 말한다) 또는 5분의 4 이상의 입주자(입주자대표회의의 구성원 중 사용자인 동별 대표자가 과반수인 경우만 해당한다)
	⑥ 입주자대표회의의 회장은 ⑤에 따라 공용부분의 담보책임 종료확인서를 작성하려면 다음의 절차를 차례대로 거쳐야 한다. 이 경우 전체 입주자의 5분의 1 이상이 서면으로 반대하면 입주자대표회의는 ㉡에 따른 의결을 할 수 없다.
	 ㉠ 의견 청취를 위하여 입주자에게 다음 각 목의 사항을 서면으로 개별 통지하고 공동주택단지 안의 게시판에 20일 이상 게시할 것
	  ⓐ 담보책임기간이 만료된 사실
	  ⓑ 완료된 하자보수의 내용
	  ⓒ 담보책임 종료확인에 대하여 반대의견을 제출할 수 있다는 사실, 의견제출기간 및 의견제출서
	 ㉡ 입주자대표회의 의결
	⑦ 사업주체는 입주자와 공용부분의 담보책임 종료확인서를 작성하려면 입주자대표회의의 회장에게 ⑥의 ㉠에 따른 통지 및 게시를 요청해야 하고, 전체 입주자의 5분의 4 이상과 담보책임 종료확인서를 작성한 경우에는 그 결과를 입주자대표회의 등에 통보해야 한다.

2 하자심사 · 분쟁조정위원회

설 치	담보책임 및 하자보수 등과 관련한 하자분쟁조정위원회의의 사무를 심사 · 조정 및 관장하기 위하여 국토교통부에 하자심사 · 분쟁조정위원회(이하 "하자분쟁조정위원회"라 한다)를 둔다.
사 무	① 하자 여부 판정 ② 하자담보책임 및 하자보수 등에 대한 사업주체 · 하자보수보증금의 보증서 발급기관(이하 "사업주체 등"이라 한다)과 입주자대표회의 등 · 임차인 등 간의 분쟁의 조정 및 재정 ③ 하자의 책임범위 등에 대하여 사업주체 등 · 설계자 · 감리자 및 「건설산업기본법」에 따른 수급인 · 하수급인 간에 발생하는 분쟁의 조정 및 재정 ④ 다른 법령에서 하자분쟁조정위원회의 사무로 규정된 사항
구성 등	① 하자분쟁조정위원회는 위원장 1명을 포함한 60명 이내의 위원으로 구성하며, 위원장은 상임으로 한다.

PART

02

② 하자분쟁조정위원회의 위원은 공동주택 하자에 관한 학식과 경험이 풍부한 사람으로서 다음의 어느 하나에 해당하는 사람 중에서 국토교통부장관이 임명 또는 위촉한다. 이 경우 ㉢에 해당하는 사람이 9명 이상 포함되어야 한다.

㉠ 1급부터 4급까지 상당의 공무원 또는 고위공무원단에 속하는 공무원이거나 이와 같은 직에 재직한 사람

㉡ 공인된 대학이나 연구기관에서 부교수 이상 또는 이에 상당하는 직에 재직한 사람

㉢ 판사·검사 또는 변호사의 직에 6년 이상 재직한 사람

㉣ 건설공사, 전기공사, 정보통신공사, 소방시설공사, 시설물 정밀안전진단 또는 감정평가에 관한 전문적 지식을 갖추고 그 업무에 10년 이상 종사한 사람

㉤ 주택관리사로서 공동주택의 관리사무소장으로 10년 이상 근무한 사람

㉥ 「건축사법」에 따라 신고한 건축사 또는 「기술사법」에 따라 등록한 기술사로서 그 업무에 10년 이상 종사한 사람

③ 위원장과 공무원이 아닌 위원의 임기는 2년으로 하되 연임할 수 있으며, 보궐위원의 임기는 전임자의 남은 임기로 한다.

④ 하자분쟁조정위원회에 하자 여부 판정, 분쟁조정 및 분쟁재정을 전문적으로 다루는 분과위원회를 둔다.

⑤ 하자 여부 판정 또는 분쟁조정을 다루는 분과위원회는 하자분쟁조정위원회의 위원장(이하 "위원장"이라 한다)이 지명하는 9명 이상 15명 이하의 위원으로 구성한다.

⑥ 분쟁재정을 다루는 분과위원회는 위원장이 지명하는 5명의 위원으로 구성하되, ②의 ㉢에 해당하는 사람이 1명 이상 포함되어야 한다.

⑦ 위원장 및 분과위원회의 위원장(이하 "분과위원장"이라 한다)은 국토교통부장관이 임명한다.

⑧ 위원장은 분과위원회별로 사건의 심리 등을 위하여 전문분야 등을 고려하여 3명 이상 5명 이하의 위원으로 소위원회를 구성할 수 있다. 이 경우 위원장이 해당 분과위원회 위원 중에서 소위원회의 위원장(이하 "소위원장"이라 한다)을 지명한다.

⑨ 위원장은 하자분쟁조정위원회를 대표하고 그 직무를 총괄한다. 다만, 위원장이 부득이한 사유로 직무를 수행할 수 없는 경우에는 위원장이 미리 지명한 분과위원장 순으로 그 직무를 대행한다.

구 성 등

구 분	위원 수 (위원장 포함)	위원 中 (판사·검사 또는 변호사 직 6년 이상)	위원 中 (주택관리사로서 관리사무소장)
중앙분쟁조정위원회	15명 이내	3명 이상	10년 이상
지방분쟁조정위원회	10명 이내	−	5년 이상
임대주택분쟁조정위원회	10명 이내	−	3년 이상

하자 분쟁 조정 위원회	전체위원회		60명 이내	9명 이상	10년 이상
	분과 위원회	하자여부 판정 또는 분쟁조정	9명 이상 15명 이하	–	–
		분쟁재정	5명	1명 이상	–
	소위원회		3명 이상 5명 이하	–	–

분과위원회 구성 등	① 하자분쟁조정위원회에는 시설공사 등에 따른 하자 여부 판정 또는 분쟁의 조정·재정을 위하여 다음의 분과위원회를 하나 이상씩 둔다. 　⊙ 하자심사분과위원회: 하자 여부 판정 　ⓒ 분쟁조정분과위원회: 분쟁의 조정 　ⓒ 분쟁재정분과위원회: 분쟁의 재정 　ⓔ 하자재심분과위원회: 이의신청 사건 　⑩ 그 밖에 국토교통부장관이 필요하다고 인정하는 분과위원회 ② 하자분쟁조정위원회의 위원장은 위원의 전문성과 경력 등을 고려하여 각 분과위원회별 위원을 지명하여야 한다. ③ 분과위원회 위원장이 부득이한 사유로 직무를 수행할 수 없을 때에는 해당 분과위원회 위원장이 해당 분과위원 중에서 미리 지명한 위원이 그 직무를 대행한다.
소위원회 구성 등	① 분과위원회별로 시설공사의 종류 및 전문분야 등을 고려하여 5개 이내의 소위원회를 둘 수 있다. ② 소위원회 위원장이 부득이한 사유로 직무를 수행할 수 없을 때에는 해당 소위원회 위원장이 해당 소위원회 위원 중에서 미리 지명한 위원이 그 직무를 대행한다.
회의 등	① 위원장은 전체위원회, 분과위원회 및 소위원회의 회의를 소집하며, 해당 회의의 의장은 다음의 구분에 따른다. 　⊙ 전체위원회: 위원장 　ⓒ 분과위원회: 분과위원장. 다만, 재심의 등 아래에 해당하는 사항을 심의하는 경우에는 위원장이 의장이 된다. 　　ⓐ 재심의사건 　　ⓑ 청구금액이 10억원 이상인 분쟁조정사건 　　ⓒ 분과위원회의 안건으로서 하자분쟁조정위원회의 의사 및 운영 등에 관한 사항 　ⓒ 소위원회: 소위원장 ② 전체위원회는 다음에 해당하는 사항을 심의·의결한다. 이 경우 회의는 재적위원 과반수의 출석으로 개의하고 그 출석위원 과반수의 찬성으로 의결한다. 　⊙ 하자분쟁조정위원회 의사에 관한 규칙의 제정·개정 및 폐지에 관한 사항

회의 등	

ⓛ 분과위원회에서 전체위원회의 심의·의결이 필요하다고 요구하는 사항

ⓒ 그 밖에 위원장이 필요하다고 인정하는 사항

③ 분과위원회는 하자 여부 판정, 분쟁조정 및 분쟁재정 사건을 심의·의결하며, 회의는 그 구성원 과반수(분쟁재정을 다루는 분과위원회의 회의의 경우에는 그 구성원 전원을 말한다)의 출석으로 개의하고 출석위원 과반수의 찬성으로 의결한다. 이 경우 분과위원회에서 의결한 사항은 하자분쟁조정위원회에서 의결한 것으로 본다.

④ 소위원회는 다음에 해당하는 사항을 심의·의결하거나, 소관 분과위원회의 사건에 대한 심리 등을 수행하며, 회의는 그 구성원 과반수의 출석으로 개의하고 출석위원 전원의 찬성으로 의결한다. 이 경우 소위원회에서 의결한 사항은 하자분쟁조정위원회에서 의결한 것으로 본다.

ⓛ 1천만원 미만의 소액 사건

ⓒ 전문분야 등을 고려하여 분과위원회에서 소위원회가 의결하도록 결정한 사건

ⓒ 조정 등의 신청에 대한 각하

ⓔ 당사자 쌍방이 소위원회의 조정안을 수락하기로 합의한 사건

ⓜ 하자의 발견 또는 보수가 쉬운 전유부분에 관한 하자 중 마감공사 또는 하나의 시설공사에서 발생한 하자와 관련된 조정 등의 사건

⑤ 하자분쟁조정위원회 위원장은 전체위원회, 분과위원회 또는 소위원회 회의를 소집하려면 특별한 사정이 있는 경우를 제외하고는 회의 개최 3일 전까지 회의의 일시·장소 및 안건을 각 위원에게 알려야 한다.

하자심사 등	

① 하자 여부 판정을 하는 분과위원회는 하자의 정도에 비하여 그 보수의 비용이 과다하게 소요되어 사건을 분쟁조정에 회부하는 것이 적합하다고 인정하는 경우에는 신청인의 의견을 들어 대통령령으로 정하는 바에 따라 분쟁조정을 하는 분과위원회에 송부하여 해당 사건을 조정하게 할 수 있다.

② 하자분쟁조정위원회는 하자 여부를 판정한 때에는 대통령령으로 정하는 사항을 기재하고 위원장이 기명날인한 하자 여부 판정서 정본(正本)을 각 당사자 또는 그 대리인에게 송달하여야 한다.

③ 사업주체는 ②에 따라 하자 여부 판정서 정본을 송달받은 경우로서 하자가 있는 것으로 판정된 경우(⑦에 따라 하자 여부 판정 결과가 변경된 경우는 제외한다)에는 하자 여부 판정서에 따라 하자를 보수하고, 그 결과를 지체 없이 대통령령으로 정하는 바에 따라 하자분쟁조정위원회에 통보하여야 한다.

④ ②의 하자 여부 판정 결과에 대하여 이의가 있는 자는 하자 여부 판정서를 송달받은 날부터 30일 이내에 안전진단전문기관 또는 변호사법에 따른 변호사가 작성한 의견서를 첨부하여 국토교통부령으로 정하는 바에 따라 이의신청을 할 수 있다.

⑤ 하자분쟁조정위원회는 ④의 이의신청이 있는 경우에는 ②의 하자 여부 판정을 의결한 분과위원회가 아닌 다른 분과위원회에서 해당 사건에 대하여 재심의를 하도록 하여야 한다. 이 경우 처리기간은 하자분쟁조정위원회의 조정등의 처리기간을 준용한다.

하자심사 등	⑥ 하자분쟁조정위원회는 이의신청 사건을 심리하기 위하여 필요한 경우에는 기일을 정하여 당사자 및 ④의 의견서를 작성한 안전진단기관 또는 관계 전문가를 출석시켜 진술하게 하거나 입증자료 등을 제출하게 할 수 있다. 이 경우 안전진단기관 또는 관계 전문가는 이에 따라야 한다. ⑦ ⑤에 따른 재심의를 하는 분과위원회가 당초의 하자 여부 판정을 변경하기 위하여는 재적위원 과반수의 출석으로 개의하고 출석위원 3분의 2 이상의 찬성으로 의결하여야 한다. 이 경우 출석위원 3분의 2 이상이 찬성하지 아니한 경우에는 당초의 판정을 하자분쟁조정위원회의 최종 판정으로 본다.

구 분			회의(개의)	회의(의결)	조정의 효력	회의 통지
중앙분쟁조정위원회			과반수	과반수	재판상 화해	3일 전
지방분쟁조정위원회			–	–	조정조서	–
임대주택분쟁조정위원회			과반수	과반수	조정조서	2일 전
하자 분쟁 조정 위원회	전체위원회		과반수	과반수	–	3일 전
	분과 위원회	하자여부 판정 또는 분쟁조정	과반수	과반수	재판상 화해	
		분쟁재정	전원	과반수	재판상 화해	
	소위원회		과반수	전원	–	
	이의신청에 대한 재심의 (하자 여부 판정의 변경)		과반수	3분의 2	–	–

조정처리 기간 등	① 하자분쟁조정위원회는 조정 등의 신청을 받은 때에는 지체 없이 조정 등의 절차를 개시하여야 한다. 이 경우 하자분쟁조정위원회는 그 신청을 받은 날부터 다음 각 호의 구분에 따른 기간(②에 따른 흠결보정기간 및 하자감정기간은 제외한다) 이내에 그 절차를 완료하여야 한다. ㉠ 하자심사 및 분쟁조정: 60일(공용부분의 경우 90일) ㉡ 분쟁재정: 150일(공용부분의 경우 180일) ② 하자분쟁조정위원회는 신청사건의 내용에 흠이 있는 경우에는 상당한 기간을 정하여 그 흠을 바로잡도록 명할 수 있다. 이 경우 신청인이 흠을 바로잡지 아니하면 하자분쟁 조정위원회의 결정으로 조정 등의 신청을 각하(却下)한다. ③ ①에 따른 기간 이내에 조정 등을 완료할 수 없는 경우에는 해당 사건을 담당하는 분과위원회 또는 소위원회의 의결로 그 기간을 한 차례만 연장할 수 있으나, 그 기간은 30일 이내로 한다. 이 경우 그 사유와 기한을 명시하여 각 당사자 또는 대리인에게 서면으로 통지하여야 한다.

신청의 통지 등	① 하자분쟁조정위원회는 당사자 일방으로부터 조정 등의 신청을 받은 때에는 그 신청내용을 상대방에게 통지하여야 한다. ② 통지를 받은 상대방은 신청내용에 대한 답변서를 특별한 사정이 없으면 10일 이내에 하자분쟁조정위원회에 제출하여야 한다. ③ 하자분쟁조정위원회로부터 조정 등의 신청에 관한 통지를 받은 사업주체 등, 설계자, 감리자 및 입주자대표회의 등은 분쟁조정에 응하여야 한다. 다만, 조정 등의 신청에 관한 통지를 받은 입주자가 조정기일에 출석하지 아니한 경우에는 하자분쟁조정위원회가 직권으로 조정안을 결정하고, 이를 각 당사자 또는 그 대리인에게 제시할 수 있다.
준 용	① 하자분쟁조정위원회는 분쟁의 조정 등의 절차에 관하여 공동주택관리법에서 규정하지 아니한 사항 및 소멸시효의 중단에 관하여는 「민사조정법」을 준용한다. ② 조정 등에 따른 서류송달에 관하여는 「민사소송법」 제174조부터 제197조까지의 규정을 준용한다.
위 탁	① 국토교통부장관은 하자분쟁조정위원회의 운영 및 사무처리를 「국토안전관리원법」에 따른 국토안전관리원에 위탁할 수 있다. 이 경우 하자분쟁조정위원회의 운영 및 사무처리를 위한 조직 및 인력 등에 필요한 사항은 대통령령으로 정한다. ② 국토교통부장관은 예산의 범위에서 하자분쟁조정위원회의 운영 및 사무처리에 필요한 경비를 국토안전관리원에 출연 또는 보조할 수 있다. ③ 하자분쟁조정위원회의 운영을 지원·보조하는 등 그 사무를 처리하기 위하여 국토안전관리원에 사무국(이하 "사무국"이라 한다)을 둔다. ④ 사무국은 위원장의 명을 받아 그 사무를 처리한다. ⑤ 사무국의 조직·인력은 국토안전관리원의 원장이 국토교통부장관의 승인을 받아 정한다.

3 담보책임기간

① **내력구조부별**[건축법에 따른 건물의 주요구조부(내력벽·기둥·바닥·보·지붕틀 및 주계단)를 말한다] **하자에 대한 담보책임기간**: 10년
② **시설공사별 하자에 대한 담보책임기간**: 아래 표에 따른 기간

구 분		기간
시설공사	세부공종	
마감공사	① 미장공사 ② 수장공사(건축물 내부 마무리 공사) ③ 도장공사 ④ 도배공사 ⑤ 타일공사 ⑥ 석공사(건물내부 공사) ⑦ 옥내가구공사 ⑧ 주방기구공사 ⑨ 가전제품	2년
대지조성공사	① 토공사 ② 석축공사 ③ 옹벽공사(토목옹벽) ④ 배수공사 ⑤ 포장공사	5년
철근콘크리트공사	① 일반철근콘크리트공사 ② 특수콘크리트공사 ③ 프리캐스트콘크리트공사 ④ 옹벽공사(건축옹벽) ⑤ 콘크리트공사	5년
조적공사	① 일반벽돌공사 ② 점토벽돌공사 ③ 블록공사 ④ 석공사(건물외부 공사)	
지붕공사	① 지붕공사 ② 홈통 및 우수관공사	
방수공사	방수공사	
철골공사	① 일반철골공사 ② 철골부대공사 ③ 경량철골공사	

1. 2년 : 미, 수, 도, 배, 타, 석, 옥, 주, 가
2. 5년 : 대, 철, 조, 지, 방, 골
3. 3년 : 수장목공사, 조경포장공사, 관수 및 배수공사
4. 석공사(건물외부 공사) : 5년, 석공사(건물내부 공사) : 2년

03 주택건설기준 등에 관한 규정

세대 간의 경계벽 등	공동주택 각 세대 간의 경계벽 및 공동주택과 주택 외의 시설 간의 경계벽은 내화구조로서 다음의 어느 하나에 해당하는 구조로 해야 한다. ① 철근콘크리트조 또는 철골·철근콘크리트조로서 그 두께(시멘트모르타르, 회반죽, 석고플라스터, 그 밖에 이와 유사한 재료를 바른 후의 두께를 포함한다)가 15센티미터 이상인 것 ② 무근콘크리트조·콘크리트블록조·벽돌조 또는 석조로서 그 두께(시멘트모르타르, 회반죽, 석고플라스터, 그 밖에 이와 유사한 재료를 바른 후의 두께를 포함한다)가 20센티미터 이상인 것 ③ 조립식주택부재인 콘크리트판으로서 그 두께가 12센티미터 이상인 것
바닥구조	공동주택의 세대 내의 층간바닥(화장실의 바닥은 제외한다)은 다음의 기준을 모두 충족하여야 한다. ① 콘크리트 슬래브 두께는 210밀리미터[라멘구조(보와 기둥을 통해서 내력이 전달되는 구조를 말한다. 이하 같다)의 공동주택은 150밀리미터] 이상으로 할 것 ② 각 층간 바닥의 경량충격음(비교적 가볍고 딱딱한 충격에 의한 바닥충격음을 말한다) 및 중량충격음(무겁고 부드러운 충격에 의한 바닥충격음을 말한다)이 각각 49데시벨 이하인 구조일 것. 다만, 다음 각 목의 층간바닥은 그렇지 않다. 　㉠ 라멘구조의 공동주택(공업화주택은 제외한다)의 층간바닥 　㉡ ㉠의 공동주택 외의 공동주택 중 발코니, 현관 등 국토교통부령으로 정하는 부분의 층간바닥 ③ ②에서 "발코니, 현관 등 국토교통부령으로 정하는 부분"이란 다음 각 호에 해당하는 부분을 말한다. 　㉠ 발코니 　㉡ 현관 　㉢ 세탁실 　㉣ 대피공간 　㉤ 벽으로 구획된 창고 　㉥ ㉠부터 ㉤까지에 해당하는 부분 외에 「주택법」에 따른 사업계획의 승인권자가 층간소음으로 인한 피해가능성이 적어 바닥충격음 성능기준 적용이 불필요하다고 인정하는 공간
벽체 및 창호 등	① 500세대 이상의 공동주택을 건설하는 경우 벽체의 접합부위나 난방설비가 설치되는 공간의 창호는 국토교통부장관이 정하여 고시하는 기준에 적합한 결로(結露)방지 성능을 갖추어야 한다. ② ①에 해당하는 공동주택을 건설하려는 자는 세대 내의 거실·침실의 벽체와 천장의 접합부위(침실에 옷방 또는 붙박이 가구를 설치하는 경우에는 옷방 또는 붙박이 가구의 벽체와 천장의 접합부위를 포함한다), 최상층 세대의 천장부위, 지하주차장·승강기홀의 벽체부위 등 결로 취약부위에 대한 결로방지 상세도를 설계도서에 포함하여야 한다.

벽체 및 창호 등	③ 국토교통부장관은 결로방지 상세도의 작성내용 등에 관한 구체적인 사항을 정하여 고시할 수 있다.
실외소음도 · 실내소음도	사업주체는 공동주택을 건설하는 지점의 소음도(이하 "실외소음도"라 한다)가 65데시벨 미만이 되도록 하되, 65데시벨 이상인 경우에는 방음벽 · 방음림(소음 막이숲) 등의 방음시설을 설치하여 해당 공동주택의 건설지점의 소음도가 65데시벨 미만이 되도록 소음방지대책을 수립해야 한다. 다만, 공동주택이 「국토의 계획 및 이용에 관한 법률」 제36조에 따른 도시지역(주택단지 면적이 30만제곱미터 미만인 경우로 한정한다) 또는 「소음 · 진동관리법」에 따라 지정된 지역에 건축되는 경우로서 다음의 기준을 모두 충족하는 경우에는 그 공동주택의 6층 이상인 부분에 대하여 본문을 적용하지 않는다. ① 세대 안에 설치된 모든 창호를 닫은 상태에서 거실에서 측정한 소음도(이하 "실내소음도"라 한다)가 45데시벨 이하일 것 ② 공동주택의 세대 안에 「건축법 시행령」에 따라 정하는 기준에 적합한 환기설비를 갖출 것
계단 등	① 주택단지 안의 건축물 또는 옥외에 설치하는 계단의 각 부위의 치수는 다음 표의 기준에 적합하여야 한다. (단위: 센티미터) ② 높이 2미터를 넘는 계단(세대내 계단을 제외한다)에는 2미터(기계실 또는 물탱크실의 계단의 경우에는 3미터) 이내마다 당해 계단의 유효폭 이상의 폭으로 너비 120센티미터 이상인 계단참을 설치할 것. 다만, 각 동 출입구에 설치하는 계단은 1층에 한정하여 높이 2.5미터 이내마다 계단참을 설치할 수 있다. 계단의 바닥은 미끄럼을 방지할 수 있는 구조로 할 것

복도 등	① 난간의 각 부위의 치수는 다음의 기준에 적합하여야 한다.
	  ㉠ 난간의 높이: 바닥의 마감면으로부터 120센티미터 이상. 다만, 건축물내부계단에 설치하는 난간, 계단중간에 설치하는 난간 기타 이와 유사한 것으로 위험이 적은 장소에 설치하는 난간의 경우에는 90센티미터 이상으로 할 수 있다.
	  ㉡ 난간의 간살의 간격: 안목치수 10센티미터 이하
	② 복도형인 공동주택의 복도는 다음의 기준에 적합하여야 한다.
	  ㉠ 외기에 개방된 복도에는 배수구를 설치하고, 바닥의 배수에 지장이 없도록 할 것
	  ㉡ 중복도에는 채광 및 통풍이 원활하도록 40미터 이내마다 1개소 이상 외기에 면하는 개구부를 설치할 것
	  ㉢ 복도의 벽 및 반자의 마감(마감을 위한 바탕을 포함한다)은 불연재료 또는 준불연재료로 할 것

(계단 등 표)

계단의 종류	유효폭	단 높이	단 너비
공동으로 사용하는 계단	120 이상	18 이하	26 이상
건축물의 옥외계단	90 이상	20 이하	24 이상

복도 등	③ 계단실형인 공동주택의 계단실은 다음의 기준에 적합하여야 한다. 　㉠ 계단실에 면하는 각 세대의 현관문은 계단의 통행에 지장이 되지 아니하도록 할 것 　㉡ 계단실 최상부에는 배연 등에 유효한 개구부를 설치할 것 　㉢ 계단실의 각 층별로 층수를 표시할 것 　㉣ 계단실의 벽 및 반자의 마감(마감을 위한 바탕을 포함한다)은 불연재료 또는 준불연재료로 할 것
이동형 충전기	전기자동차의 이동형 충전기를 이용할 수 있는 콘센트를 「주차장법」의 주차단위구획 총 수에 10퍼센트의 5분의 1의 범위에서 특별자치시·특별자치도·시·군 또는 자치구의 조례로 설치 기준을 강화하거나 완화할 수 있다.
충전시설 및 주차구역	1. 환경친화적 자동차의 개발 및 보급 촉진에 관한 법률에 따라 환경친화적 자동차 충전시설 및 전용주차구역을 설치해야 하는 시설은 「건축법 시행령」의 공동주택 중 다음의 시설 　① 100세대 이상의 아파트 　② 기숙사 2. 전용주차구역의 설치기준 　① 환경친화적 자동차 전용주차구역의 수는 해당 시설의 총주차대수의 100분의 5 이상의 범위에서 시·도의 조례로 정한다. 다만, 2022년 1월 28일 전에 건축허가를 받은 시설(이하 "기축시설"이라 한다)의 경우에는 해당 시설의 총주차대수의 100분의 2 이상의 범위에서 시·도의 조례로 정한다. 　② 전용주차구역의 설치 수를 산정할 때 소수점 이하는 반올림하여 계산한다. 3. 충전시설의 종류 및 수량 　① 환경친화적 자동차 충전시설의 종류는 다음과 같다. 　　㉠ 급속충전시설: 충전기의 최대 출력값이 40킬로와트 이상인 시설 　　㉡ 완속충전시설: 충전기의 최대 출력값이 40킬로와트 미만인 시설 　② 환경친화적 자동차 충전시설의 수는 해당 시설의 총주차대수의 100분의 5 이상의 범위에서 시·도의 조례로 정한다. 다만, 기축시설의 경우에는 해당 시설의 총주차대수의 100분의 2 이상의 범위에서 시·도의 조례로 정한다. 　③ 환경친화적 자동차 충전시설의 설치 수를 산정할 때 소수점 이하는 반올림하여 계산한다.
주택단지 안의 도로	① 공동주택을 건설하는 주택단지에는 폭 1.5미터 이상의 보도를 포함한 폭 7미터 이상의 도로(보행자전용도로, 자전거도로는 제외한다)를 설치하여야 한다. ② ①에도 불구하고 다음의 어느 하나에 해당하는 경우에는 도로의 폭을 4미터 이상으로 할 수 있다. 이 경우 해당 도로에는 보도를 설치하지 아니할 수 있다. 　㉠ 해당 도로를 이용하는 공동주택의 세대수가 100세대 미만이고 해당 도로가 막다른 도로로서 그 길이가 35미터 미만인 경우 　㉡ 그 밖에 주택단지 내의 막다른 도로 등 사업계획승인권자가 부득이하다고 인정하는 경우

주택단지 안의 도로	③ 주택단지 안의 도로는 유선형(流線型) 도로로 설계하거나 도로 노면의 요철(凹凸) 포장 또는 과속방지턱의 설치 등을 통하여 도로의 설계속도(도로설계의 기초가 되는 속도를 말한다)가 시속 20킬로미터 이하가 되도록 하여야 한다. ④ 500세대 이상의 공동주택을 건설하는 주택단지 안의 도로에는 어린이 통학버스의 정차가 가능하도록 기준에 적합한 어린이 안전보호구역을 1개소 이상 설치하여야 한다. ⑤ 지하주차장의 출입구, 경사형·유선형 차도 등 차량의 속도를 제한할 필요가 있는 곳에는 높이 7.5센티미터 이상 10센티미터 이하, 너비 1미터 이상인 과속방지턱을 설치하여야 한다.

진입도로	① 공동주택을 건설하는 주택단지는 기간도로와 접하거나 기간도로로부터 당해 단지에 이르는 진입도로가 있어야 한다. 이 경우 기간도로와 접하는 폭 및 진입도로의 폭은 다음 표와 같다.

(단위 : 미터)

주택단지의 총세대수	진입도로가 하나인 경우	진입도로가 2 이상인 경우
300세대 미만	6 이상	10 이상
300세대 이상 500세대 미만	8 이상	12 이상
500세대 이상 1천세대 미만	12 이상	16 이상
1천세대 이상 2천세대 미만	15 이상	20 이상
2천세대 이상	20 이상	25 이상

② 주택단지가 2 이상이면서 당해 주택단지의 진입도로가 하나인 경우 그 진입도로의 폭은 당해 진입도로를 이용하는 모든 주택단지의 세대수를 합한 총 세대수를 기준으로 하여 산정한다.

수해방지 등	① 주택단지(단지경계선의 주변 외곽부분을 포함한다)에 높이 2미터 이상의 옹벽 또는 축대(이하 "옹벽 등"이라 한다)가 있거나 이를 설치하는 경우에는 그 옹벽 등으로부터 건축물의 외곽부분까지를 당해 옹벽 등의 높이만큼 띄워야 한다. 다만, 다음의 경우에는 그러하지 아니하다. 　㉠ 옹벽 등의 기초보다 그 기초가 낮은 건축물. 이 경우 옹벽 등으로부터 건축물 외곽부분까지를 5미터(3층 이하인 건축물은 3미터) 이상 띄워야 한다. 　㉡ 옹벽 등보다 낮은 쪽에 위치한 건축물의 지하부분 및 땅으로부터 높이 1미터 이하인 건축물 부분 ② 비탈면의 높이가 3미터를 넘는 경우에는 높이 3미터 이내마다 그 비탈면의 면적의 5분의 1 이상에 해당하는 면적의 단을 만들 것 ③ 비탈면 아랫부분에 옹벽 또는 축대(이하 "옹벽 등"이라 한다)가 있는 경우에는 그 옹벽 등과 비탈면 사이에 너비 1미터 이상의 단을 만들 것 ④ 비탈면 윗부분에 옹벽 등이 있는 경우에는 그 옹벽 등과 비탈면 사이에 너비 1.5미터 이상으로서 당해 옹벽 등의 높이의 2분의 1 이상에 해당하는 너비 이상의 단을 만들 것

<table>
<tr>
<td>관리
사무소 등</td>
<td>

① 50세대 이상의 공동주택을 건설하는 주택단지에는 다음 각 호의 시설을 모두 설치하되, 그 면적의 합계가 10제곱미터에 50세대를 넘는 매 세대마다 500제곱센티미터를 더한 면적 이상이 되도록 설치해야 한다. 다만, 그 면적의 합계가 100제곱미터를 초과하는 경우에는 설치면적을 100제곱미터로 할 수 있다.
   ㉠ 관리사무소
   ㉡ 경비원 등 공동주택 관리 업무에 종사하는 근로자를 위한 휴게시설
② 관리사무소는 관리업무의 효율성과 입주민의 접근성 등을 고려하여 배치해야 한다.
③ 휴게시설은 「산업안전보건법」에 따라 설치해야 한다.

</td>
</tr>
<tr>
<td>영상정보
처리기기의
설치기준</td>
<td>

① 「공동주택관리법」 제2조 제1항 제2호 가목부터 라목까지의 공동주택을 건설하는 주택단지에는 다음의 기준에 따라 보안 및 방범 목적을 위한 「개인정보 보호법 시행령」에 따른 영상정보처리기기를 설치하여야 한다.

> **제2조 [정의] 제1항 제2호**
> 2. "의무관리대상 공동주택"이란 해당 공동주택을 전문적으로 관리하는 자를 두고 자치 의결기구를 의무적으로 구성하여야 하는 등 일정한 의무가 부과되는 공동주택으로서, 다음 각 목 중 어느 하나에 해당하는 공동주택을 말한다.
>   가. 300세대 이상의 공동주택
>   나. 150세대 이상으로서 승강기가 설치된 공동주택
>   다. 150세대 이상으로서 중앙집중식 난방방식(지역난방방식을 포함한다)의 공동주택
>   라. 「건축법」 제11조에 따른 건축허가를 받아 주택 외의 시설과 주택을 동일 건축물로 건축한 건축물로서 주택이 150세대 이상인 건축물
>   마. 가목부터 라목까지에 해당하지 아니하는 공동주택 중 입주자 등이 대통령령으로 정하는 기준에 따라 동의하여 정하는 공동주택

  ㉠ 승강기, 어린이놀이터 및 공동주택 각 동의 출입구마다 「개인정보 보호법 시행령」에 따른 영상정보처리기기의 카메라를 설치할 것
  ㉡ 영상정보처리기기의 카메라는 전체 또는 주요 부분이 조망되고 잘 식별될 수 있도록 설치하되, 카메라의 해상도는 130만 화소 이상일 것
  ㉢ 영상정보처리기기의 카메라 수와 녹화장치의 모니터 수가 같도록 설치할 것. 다만, 모니터 화면이 다채널로 분할 가능하고 다음 각 목의 요건을 모두 충족하는 경우에는 그렇지 않다.
    ⓐ 다채널의 카메라 신호를 1대의 녹화장치에 연결하여 감시할 경우에 연결된 카메라 신호가 전부 모니터 화면에 표시돼야 하며 1채널의 감시화면의 대각선방향 크기는 최소한 4인치 이상일 것
    ⓑ 다채널 신호를 표시한 모니터 화면은 채널별로 확대감시기능이 있을 것
    ⓒ 녹화된 화면의 재생이 가능하며 재생할 경우에 화면의 크기 조절 기능이 있을 것

</td>
</tr>
</table>

영상정보 처리기기의 설치기준

② 「개인정보 보호법 시행령」에 따른 네트워크 카메라를 설치하는 경우에는 다음의 요건을 모두 충족할 것
ⓐ 인터넷 장애가 발생하더라도 영상정보가 끊어지지 않고 지속적으로 저장될 수 있도록 필요한 기술적 조치를 할 것
ⓑ 서버 및 저장장치 등 주요 설비는 국내에 설치할 것
ⓒ 「공동주택관리법 시행규칙」 별표 1의 장기수선계획의 수립기준에 따른 수선주기 이상으로 운영될 수 있도록 설치할 것
② 공동주택단지에 「개인정보 보호법 시행령」에 따른 영상정보처리기기를 설치하거나 설치된 영상정보처리기기를 보수 또는 교체하려는 경우에는 장기수선계획에 반영하여야 한다.
③ 공동주택단지에 설치하는 영상정보처리기기는 다음의 기준에 적합하게 설치 및 관리하여야 한다.
㉠ 영상정보처리기기를 설치 또는 교체하는 경우에는 「주택건설기준 등에 관한 규칙」에 따른 설치 기준을 따를 것
㉡ 선명한 화질이 유지될 수 있도록 관리할 것
㉢ 촬영된 자료는 컴퓨터보안시스템을 설치하여 30일 이상 보관할 것
㉣ 영상정보처리기기가 고장 난 경우에는 지체 없이 수리할 것
㉤ 영상정보처리기기의 안전관리자를 지정하여 관리할 것
④ 관리주체는 영상정보처리기기의 촬영자료를 보안 및 방범 목적 외의 용도로 활용하거나 타인에게 열람하게 하거나 제공하여서는 아니 된다. 다만, 다음의 어느 하나에 해당하는 경우에는 촬영자료를 열람하게 하거나 제공할 수 있다.
㉠ 정보주체에게 열람 또는 제공하는 경우
㉡ 정보주체의 동의가 있는 경우
㉢ 범죄의 수사와 공소의 제기 및 유지에 필요한 경우
㉣ 범죄에 대한 재판업무수행을 위하여 필요한 경우
㉤ 다른 법률에 특별한 규정이 있는 경우

※ 주차장법의 노외주차장 설치기준
1. 노외주차장 내부 공간의 일산화탄소 농도는 주차장을 이용하는 차량이 가장 빈번한 시각의 앞뒤 8시간의 평균치가 50피피엠 이하(「다중이용시설 등의 실내공기질관리법」에 따른 실내주차장은 25피피엠 이하)로 유지되어야 한다.
2. 자주식주차장으로서 지하식 또는 건축물식 노외주차장에는 벽면에서부터 50센티미터 이내를 제외한 바닥면의 최소 조도(照度)와 최대 조도를 다음 각 목과 같이 한다.
① 주차구획 및 차로: 최소 조도는 10럭스 이상, 최대 조도는 최소 조도의 10배 이내
② 주차장 출구 및 입구: 최소 조도는 300럭스 이상, 최대 조도는 없음
③ 사람이 출입하는 통로: 최소 조도는 50럭스 이상, 최대 조도는 없음

영상정보 처리기기의 설치기준	3. 주차대수 30대를 초과하는 규모의 자주식주차장으로서 지하식 또는 건축물식 노외주차장에는 관리사무소에서 주차장 내부 전체를 볼 수 있는 폐쇄회로 텔 레비전(녹화장치를 포함한다) 또는 네트워크 카메라를 포함하는 방범설비를 설치·관리하여야 하되, 다음 각 목의 사항을 준수하여야 한다. ① 방범설비는 주차장의 바닥면으로부터 170센티미터의 높이에 있는 사물을 알아볼 수 있도록 설치하여야 한다. ② 폐쇄회로 텔레비전 또는 네트워크 카메라와 녹화장치의 화면 수가 같아야 한다. ③ 선명한 화질이 유지될 수 있도록 관리하여야 한다. ④ 촬영된 자료는 컴퓨터보안시스템을 설치하여 1개월 이상 보관하여야 한다.
	1. 노외주차장(路外駐車場) : 도로의 노면 및 교통광장 외의 장소에 설치된 주차 장으로서 일반의 이용에 제공되는 것 2. 자주식주차장 : 운전자가 자동차를 직접 운전하여 주차장으로 들어가는 주차장
안내표지판	300세대 이상의 주택을 건설하는 주택단지와 그 주변에는 안내표지판을 설치하 여야 한다.
보안등	주택단지안의 어린이놀이터 및 도로(폭 15미터이상인 도로의 경우에는 도로의 양측)에는 보안등을 설치하여야 한다. 이 경우 당해 도로에 설치하는 보안등의 간격은 50미터 이내로 하여야 한다.
유치원	① 2천세대 이상의 주택을 건설하는 주택단지에는 유치원을 설치할 수 있는 대 지를 확보하여 그 시설의 설치희망자에게 분양하여 건축하게 하거나 유치원 을 건축하여 이를 운영하고자 하는 자에게 공급하여야 한다. ② 유치원을 유치원 외의 용도의 시설과 복합으로 건축하는 경우에는 의료시 설·주민운동시설·어린이집·종교집회장 및 근린생활시설에 한하여 이를 함께 설치할 수 있다. 이 경우 유치원 용도의 바닥면적의 합계는 당해 건축물 연면적의 2분의 1 이상이어야 한다.
주민공동 시설	① 100세대 이상의 주택을 건설하는 주택단지에는 다음에 따라 산정한 면적 이 상의 주민공동시설을 설치하여야 한다. 다만, 지역 특성, 주택 유형 등을 고려 하여 특별시·광역시·특별자치시·특별자치도·시 또는 군의 조례로 주민 공동시설의 설치면적을 그 기준의 4분의 1 범위에서 강화하거나 완화하여 정 할 수 있다. ㉠ 100세대 이상 1,000세대 미만 : 세대당 2.5제곱미터를 더한 면적 ㉡ 1,000세대 이상 : 500제곱미터에 세대당 2제곱미터를 더한 면적 ② ①에 따른 면적은 각 시설별로 전용으로 사용되는 면적을 합한 면적으로 산 정한다. 다만, 실외에 설치되는 시설의 경우에는 그 시설이 설치되는 부지 면 적으로 한다.

주민공동 시설	③ ①에 따른 주민공동시설을 설치하는 경우 해당 주택단지에는 다음의 구분에 따른 시설이 포함되어야 한다. 다만, 해당 주택단지의 특성, 인근 지역의 시설설치 현황 등을 고려할 때 사업계획승인권자가 설치할 필요가 없다고 인정하는 시설이거나 입주예정자의 과반수가 서면으로 반대하는 다함께돌봄센터는 설치하지 않을 수 있다. 　㉠ 150세대 이상 : 경로당, 어린이놀이터 　㉡ 300세대 이상 : 경로당, 어린이놀이터, 어린이집 　㉢ 500세대 이상 : 경로당, 어린이놀이터, 어린이집, 주민운동시설, 작은도서관, 다함께돌봄센터 ④ ③에서 규정한 시설 외에 필수적으로 설치해야 하는 세대수별 주민공동시설의 종류에 대해서는 특별시·광역시·특별자치시·특별자치도·시 또는 군의 지역별 여건 등을 고려하여 조례로 따로 정할 수 있다. ⑤ 국토교통부장관은 문화체육관광부장관, 보건복지부장관과 협의하여 ③의 각 호에 따른 주민공동시설별 세부 면적에 대한 사항을 정하여 특별시·광역시·특별자치시·특별자치도·시 또는 군에 이를 활용하도록 제공할 수 있다. ⑥ ③ 및 ④에 따라 필수적으로 설치해야 하는 주민공동시설별 세부 면적 기준은 특별시·광역시·특별자치시·특별자치도·시 또는 군의 지역별 여건 등을 고려하여 조례로 정할 수 있다.
에너지 절약형 친환경 주택건설	사업계획승인대상 공동주택을 건설하는 경우에는 다음의 어느 하나 이상의 기술을 이용하여 주택의 총 에너지사용량 또는 총 이산화탄소배출량을 절감할 수 있는 에너지절약형 친환경 주택으로 건설하여야 한다. ① 고단열·고기능 외피구조, 기밀설계, 일조확보 및 친환경자재 사용 등 저에너지 건물 조성기술 ② 고효율 열원설비, 제어설비 및 고효율 환기설비 등 에너지 고효율 설비기술 ③ 태양열, 태양광, 지열 및 풍력 등 신·재생에너지 이용기술 ④ 자연지반의 보존, 생태면적율의 확보 및 빗물의 순환 등 생태적 순환기능 확보를 위한 외부환경 조성기술 ⑤ 건물에너지 정보화 기술, 자동제어장치 및 「지능형전력망의 구축 및 이용촉진에 관한 법률」에 따른 지능형전력망 등 에너지 이용효율을 극대화하는 기술
공동주택 성능등급 표시	사업주체가 500세대 이상의 공동주택을 공급할 때에는 주택의 성능 및 품질을 입주자가 알 수 있도록 녹색건축물 조성 지원법에 따라 다음의 공동주택성능에 대한 등급을 발급받아 국토교통부령으로 정하는 방법으로 입주자 모집공고에 표시하여야 한다. ① 경량충격음·중량충격음·화장실소음·경계소음 등 소음 관련 등급 ② 리모델링 등에 대비한 가변성 및 수리 용이성 등 구조 관련 등급 ③ 조경·일조확보율·실내공기질·에너지절약 등 환경 관련 등급 ④ 커뮤니티시설, 사회적 약자 배려, 홈네트워크, 방범안전 등 생활환경 관련 등급 ⑤ 화재·소방·피난안전 등 화재·소방 관련 등급

04 건물의 외장관리

1 방수공사

멤브레인 방수		① 여러 층의 피막을 부착시켜 결함을 통해 침입하는 수분을 차단하는 공법을 말한다. ② 종류에는 아스팔트방수, 개량 아스팔트방수, 시트방수, 도막방수, 복합방수 등이 있다.
아스 팔트 방수	**방수 재료**	① 아스팔트 프라이머 : 블로운 아스팔트를 휘발성용제로 녹여 만든 액체로서 구조체 표면에 도포하면 아스팔트 피막을 형성하여 접착력을 높인다. ② 스트레이트 아스팔트 : 신도가 크고 교착력이 우수하나 연화점이 낮고 내구성이 낮기 때문에 지하층 공사에 사용된다. ③ 블로운 아스팔트 : 옥상 및 지붕방수에 사용되고 아스팔트 컴파운드와 프라이머의 재료가 된다. ④ 컴파운드 아스팔트 : 블로운 아스팔트에 동·식물성 기름을 첨가하고 광물질 가루를 혼합화여 만든 것으로 블로운 아스팔트의 유동성 및 강도를 향상시켰다. ⑤ 방수지 　㉠ 아스팔트 펠트 : 펠트원지에 스트레이트 아스팔트를 침투시켜 만든 것 　㉡ 아스팔트 루핑 : 펠트원지에 스트레이트 아스팔트를 침투시키고 양면에 컴파운드를 피복하고 광물질 분말을 살포하여 만든 것
	시공 순서	아스팔트 프라이머 도포 ⇨ 아스팔트 도포 ⇨ 아스팔트 펠트(루핑) 도포 ⇨ 아스팔트 도포 ⇨ 아스팔트 펠트(루핑) 도포 ⇨ 아스팔트 도포의 과정을 반복
	주의 사항	① 지붕물매는 1/100 ~ 1/200 정도 ② 구석이나 면모서리는 방수지가 꺾이지 않도록 둥근면으로 3~10cm 이상 면접기 ③ 방수층 치켜올림 높이는 30cm 이상 ④ 방수지의 이음은 엇갈리게 하고 겹침은 9cm 이상 ⑤ 아스팔트 가열온도는 180~200℃ 정도
시멘트 액체방수		① 콘크리트면에 방수제를 혼합하여 수회 반복하여 도포하는 방법을 말한다. ② 방수층 자체의 수축에 의한 균열의 발생으로 외기에 대한 영향을 많이 받는다. ③ 지하실 방수 등에 사용되며 외기에 대한 영향을 받는 옥상방수에는 부적당하다.

아스팔트방수와 시멘트액체방수의 비교표		
내 용	아스팔트방수	시멘트액체방수
시공순서	P ⇨ A ⇨ F ⇨ A ⇨ F ⇨ A ⇨ F ⇨ A(8층 방수, 3겹 방수)	1공정(방수액 침투 ⇨ 시멘트풀 ⇨ 방수액침투 ⇨ 시멘트모르타르(2공정 : 1공정을 반복한다)
방수 수명	길다(신뢰도가 높다).	짧다(신뢰도가 낮다).
외기 영향	작다(둔감적).	크다(직감적).
방수층의 신축성	크다.	거의 없다.
균열발생	신축성이 커서 균열발생이 적다.	신축성이 적어 균열발생이 많다.
공사기간	길다.	짧다.
공사비 · 보수비	비싸다.	싸다.
보호누름	절대로 필요	안해도 무방
방수층의 중량	무겁다.	가볍다.
모 체	모체가 나빠도 시공이 가능하다.	모체가 나쁘면 방수성능에 영향이 크다.
결함부 발견	용이하지 않음	용이
보수범위	광범위하고 보호누름도 재시공	국부적으로 보수가 가능
시공용이도	번잡	간단
바탕처리	완전건조	보통건조
규 모	대규모	소규모

	구 분	내 용
도막 방수	장 점	① 누수부분의 발견이나 보수가 용이하다. ② 모서리부분, 돌출부분 등에 이음매 없이 시공이 가능하다. ③ 고무에 의한 탄력성으로 균열이 적다. ④ 방수층의 두께를 조절할 수 있다.
	단 점	① 균일한 두께로 시공하기 어렵다. ② 바탕 콘크리트가 완전 건조되지 않으면 방수층의 접착력이 떨어지고 핀홀이 발생할 수 있다. ③ 단열이 요구되는 옥상방수는 불리하다. ④ 방수의 신뢰성이 떨어진다.
시트 방수		① 방수기능을 가진 천이나 판을 접착하는 방수방식을 말한다. ② 시트 접착방법 : 온통 접착방법(전면 접착법), 줄접착방법, 점접착방법, 갓접착방법 등이 있다.
복합 방수		① 시트재와 도막재를 복합적으로 사용하여 단일방수재의 단점을 보완한 방수방식을 말한다. ② 하부는 시트방수 공법으로 하고 시트상부는 도막방수로 시공한다.

2 단열공사

단열재의 조건	① 단열재는 열전도율이 낮은 것일수록 단열성이 높다. ② 섬유질계 단열재는 밀도가 큰 것일수록 단열성이 높다. ③ 단열재의 열저항은 재료의 두께가 두꺼울수록 커진다. ④ 다공질계 단열재는 기포가 미세하고 균일한 것일수록 열전도율이 낮다. ⑤ 단열재는 함수율이 증가할수록 열전도율이 높아진다.
단열공법	**내측단열** ㉠ 실내측에 단열재를 설치하는 방법으로 시공하기 편리하다. ㉡ 내부결로가 발생할 수 있고 시공비는 싸다. ㉢ 난방시간이 단시간인 간헐난방에 유리하다.
	외측단열 ㉠ 실외측에 단열재를 설치하는 방법으로 결로현상이 발생할 염려가 적다. ㉡ 시공이 어렵고 복잡하고, 시공비가 비싸다. ㉢ 지속난방에 유리하다.
	중간단열 ㉠ 벽 등의 중간에 단열재를 설치하는 방법으로 결로현상이 발생할 우려가 없다. ㉡ 시공성은 좋으나 시공비가 비싸다.

05 건축물의 열화현상

1 균 열

(1) 철근콘크리트 균열

분 류	원 인
재료상 원인	① 블리딩에 의한 콘크리트의 침하 ② 시멘트의 이상응결과 수화열로 인한 균열 ③ 큰 물시멘트비로 인한 건조수축 균열
시공상 원인	① 불균일한 타설 및 다짐으로 인한 균열 ② 콜드 조인트(신·구 타설 콘크리트의 경계면에 발생되기 쉬운 이어치기의 불량 부위)로 인한 균열 ③ 경화 전의 진동과 재하로 인한 균열 ④ 철근의 휨 및 피복두께의 감소로 인한 균열

시공상 원인	⑤ 펌프 압송 시 수량(水量)의 증가로 인한 균열 ⑥ 동바리(타설된 콘크리트가 소정의 강도를 얻기까지 고정하중 및 시공하중 등을 지지하기 위하여 설치하는 가설 부재)의 침하로 인한 균열
설계상 원인	① 철근의 정착(철근이 힘을 받을 때 뽑힘, 미끄러짐 변형이 생기지 않도록 응력을 발휘할 수 있게 하는 최소한의 묻힘 깊이)길이 부족으로 인한 균열 ② 기초의 부등침하로 인한 균열 ③ 과도한 적재하중으로 인한 균열
외부환경인 원인	① 동결융해로 인한 균열 ② 콘크리트 중성화[탄산가스, 산성비 등의 영향으로 콘크리트가 수산화칼륨(강알카리)상태에서 탄산칼슘(약알카리)상태로 변화하는 현상]로 인한 균열

(2) 균열보수공법

표면처리 공법	표면처리공법은 균열폭이 0.2mm 이하의 작은 균열로 충전공법 및 주입공법이 어렵거나, 균열폭이 작은 균열이 많이 발생하여 개별적인 보수가 어려울 때 많이 사용하는 보수공법이다. 이 공법은 구조의 강도를 회복하려 한다든지, 균열폭이 유동하는 경우에는 적합하지 않다.
충전공법 (충진공법)	충전공법은 균열에 따라 콘크리트 표면을 V형 또는 U형으로 파내고 그곳에 실링재(sealing)를 충전하는 공법이다. 이 공법은 균열폭이 변동(유동)할 우려가 있는 균열의 보수에 알맞다.
주입공법	주입공법은 균열 속에 점성이 낮은 에폭시수지를 주입하는 공법으로 콘크리트와 일체화시키는 데 있다.
철물보강 공법	균열이 심각한 경우 건물 주요구조부에 철물을 보강하여 균열의 진행을 멈추거나 내력을 회복하는 공법 ① 강재앵커 공법: 구조물 보강을 목적으로 사용되며, 꺽쇠형 앵커로 균열을 가로질러 설치한다. ② 강판압착 공법: 콘크리트부재 인장 측에 강판을 에폭시수지로 접착시키는 공법이다.

2 결 로

(1) 종 류

표면결로	① 벽이나 천장 표면에 물방울(습기)이 발생하는 결로 ② 실외와 실내의 온도 차이에서 발생 ③ 벽체 등이 열관류율이 높아 외부의 찬 기온이 벽체나 보 등을 통하여 내부로 전달되어 구조체 표면온도가 실내공기의 노점온도보다 낮을 때 발생한다.
내부결로	① 건물 등의 구조체 내부에 발생되는 결로 ② 쉽게 눈의 띄지 않으므로 시간이 지남에 따라 습기가 많이 차게 될 수 있다. ③ 단열재의 단열성능을 저하

(2) 방지대책

표면결로	① 단열재를 사용하여 벽체의 열관류율을 낮게 유지한다. ② 벽 표면온도를 실내공기의 노점온도보다 높게 유지한다. ③ 환기를 자주하고 비난방실도 환기한다. ④ 유리의 경우 2중 유리(복층유리)를 사용한다. ⑤ 실내 수증기 발생을 억제하여 실내 공기의 절대습도를 작게 한다.
내부결로	① 실내측 표면(단열재의 고온측)에 방습층을 설치한다. ② 구조체 내부의 온도를 노점온도보다 높게 한다. ③ 외측단열을 하여 벽체 내부온도를 노점온도보다 높게 유지한다. ④ 이중벽을 설치한다.

3 백 화

의 의	시멘트의 가용성 성분이 용해된 후 그 용액이 경화체 표면에 올라와 수분이 증발되면서 그 성분이 표면에 남은 것
발생조건	① 기온이 낮은 겨울철에 많이 발생한다. ② 비가 온 뒤 습도가 비교적 높을 때 발생한다. ③ 적당한 바람과 건조속도에 따라 많이 발생한다. ④ 그늘진 북쪽 측면에서 많이 발생한다. ⑤ 시멘트의 재령이 짧을 때 많이 발생한다. ⑥ 시멘트 분말도가 작을 때 많이 발생한다.

예방법	① 질이 좋은 벽돌, 잘 소성된 벽돌을 사용한다. ② 모르타르에 방수제를 혼합한다. ③ 줄눈사춤을 빈틈없이 다져 넣는다. ④ 분말도가 큰 시멘트를 사용한다. ⑤ 파라핀도료, 명반용액을 발라 염류가 표출되는 것을 막는다. ⑥ 채양, 돌림띠 등으로 벽면에 직접 빗물이 흘러내리지 않도록 한다.
제거방법	① 마른솔질로 제거한다. ② 마른솔질로 제거되지 아니하면 벽체에 물을 충분히 살수한 후 묽은염산으로 제거하며 염산성분이 남아 있지 않도록 물로 충분하게 씻어 낸다.

4 열교현상

정의 등	① 벽이나 바닥, 지붕 등의 건축물 부위에 단열이 연속되지 않은 부분이 있을 때 이 부분이 열적 취약부가 되어 이 부위를 통한 열의 이동이 많아지며, 이것을 열교(heat bridge) 또는 냉교(cold bridge)라고 한다. ② 열교현상이 발생하는 부위는 열관류율 값이 높기 때문에 전체 단열성능을 저하시킨다. ③ 열교현상이 발생하는 부위는 표면온도가 낮아져 결로의 발생 가능성이 크다. ④ 열교현상이 발생하는 부위는 열저항 값을 증가시키는 설계 및 시공이 필요하다. ⑤ 열교현상을 방지하기 위해서는 접합부위의 단열설계 및 단열재가 불연속됨이 없도록 철저한 단열시공이 이루어져야 한다. ⑥ 콘크리트 라멘조나 조적조 건축물에서는 근본적으로 단열이 연속되기 어려운 점이 있으나 가능한 한 외단열과 같은 방법으로 취약부위를 감소시키는 설계 및 시공이 필요하다.
발생 부위	① 단열구조의 지지 부재틀 ② 중공벽의 연결철물이 통과하는 구조체 ③ 벽체와 지붕 또는 바닥과의 접합부 ④ 창틀

02 공동주택의 건축설비관리

Chapter

01 전기설비

1 설치기준 등

설치규정 등	① 주택에 설치하는 전기시설의 용량은 각 세대별로 3킬로와트(세대당 전용면적이 60제곱미터 이상인 경우에는 3킬로와트에 60제곱미터를 초과하는 10제곱미터마다 0.5킬로와트를 더한 값) 이상이어야 한다. ② 전력량계를 각 세대 전용부분 밖의 검침이 용이한 곳에 설치하여야 한다. 다만, 원격검침방식을 적용하는 경우에는 전력량계를 각 세대 전용부분 안에 설치할 수 있다. ③ 주택단지안의 옥외에 설치하는 전선은 지하에 매설하여야 한다. 다만, 세대당 전용면적이 60제곱미터 이하인 주택을 전체세대수의 2분의 1 이상 건설하는 단지에서 폭 8미터 이상의 도로에 가설하는 전선은 가공선으로 할 수 있다. ④ 공동주택의 각 세대에는 텔레비전방송 및 에프엠(FM)라디오 방송 공동수신안테나와 연결된 단자를 2개소 이상 설치하여야 한다. 다만, 세대당 전용면적이 60제곱미터 이하인 주택인 경우에는 1개소로 할 수 있다.
용어정의	① 전기수용설비란 수전설비와 구내배전설비를 말한다. ② 수전설비란 타인의 전기설비 또는 구내발전설비로부터 전기를 공급받아 구내배전설비로 전기를 공급하기 위한 전기설비로서 수전지점으로부터 배전반(구내배전설비로 전기를 배전하는 전기설비를 말한다)까지의 설비를 말한다. ③ 구내배전설비란 수전설비의 배전반에서부터 전기사용기기에 이르는 전선로ㆍ개폐기ㆍ차단기ㆍ분전함ㆍ콘센트ㆍ제어반ㆍ스위치 및 그 밖의 부속설비를 말한다. ④ 저압이란 직류에서는 1500볼트 이하의 전압을 말하고, 교류에서는 1000볼트 이하의 전압을 말한다. ⑤ 고압이란 직류에서는 1500볼트를 초과하고 7천볼트 이하인 전압을 말하고, 교류에서는 1000볼트를 초과하고 7천볼트 이하인 전압을 말한다. ⑥ 특고압이란 7천볼트를 초과하는 전압을 말한다.

<table>
<tr>
<td>중대한
사고
통보 · 조사</td>
<td>

① 전기사업자 및 자가용 전기설비의 소유자 또는 점유자는 그가 운용하는 전기설비로 인하여 중대한 사고가 발생한 경우에는 산업통상자원부장관에게 통보하여야 한다.
  ㉠ 중대한 사고의 종류
    ⓐ 전기화재사고
      ㉮ 사망자가 1명 이상 발생하거나 부상자가 2명 이상 발생한 사고
      ㉯ 「소방기본법」 제29조에 따른 화재의 원인 및 피해 등의 추정 가액이 1억원 이상인 사고
      ㉰ 「보안업무규정」 제32조 제1항에 따라 지정된 국가보안시설과 「건축법 시행령」에 해당하는 다중이용 건축물에 그 원인이 전기로 추정되는 화재가 발생한 경우
    ⓑ 감전사고(사망자가 1명 이상 발생하거나 부상자가 1명 이상 발생한 경우)
    ⓒ 전기설비사고(1,000세대 이상 아파트 단지의 수전설비 · 배전설비에서 사고가 발생하여 1시간 이상 정전을 초래한 경우)
  ㉡ 통보의 방법
    ⓐ 사고발생 후 24시간 이내 : 다음의 사항을 전기안전종합정보시스템으로 통보할 것
      ㉮ 통보자의 소속 · 직위 · 성명 및 연락처
      ㉯ 사고발생일시
      ㉰ 사고발생장소
      ㉱ 사고내용
      ㉲ 전기설비현황(사용 전압 및 용량)
      ㉳ 피해현황(인명 및 재산)
    ⓑ 사고발생 후 15일 이내 : 중대한 전기사고의 통보(상보)서식에 따라 통보(전기안전종합정보시스템을 통해서도 통보할 수 있고, 필요한 경우 전자우편 및 팩스를 통해 추가적으로 보고할 수 있다)
② 산업통상자원부장관은 전기사고의 재발방지를 위하여 필요하다고 인정하는 경우에는 다음의 자로 하여금 대통령령으로 정하는 전기사고의 원인 · 경위 등에 관한 조사를 하게 할 수 있다.
  ㉠ 안전공사
  ㉡ 산업통상자원부령으로 정하는 기술인력 및 장비 등을 갖춘 자 중 산업통상자원부장관이 지정한 자
③ ②에서 '대통령령으로 정하는 전기사고'는 다음과 같다.
  ㉠ ①에 따른 중대한 사고
  ㉡ 전기에 의한 화재사고로 추정되는 사고로서 다음의 어느 하나에 해당하는 사고
    ⓐ 사망자가 2명 이상이거나 부상자가 3명 이상인 화재사고
    ⓑ 재산피해가 3억원(해당 화재사고에 대하여 경찰관서나 소방관서에서 추정한 가액에 따른다) 이상인 화재사고
    ⓒ 그 밖에 ① - ㉠ - ⓐ의 ㉮, ㉯ 또는 ㉰와 유사한 규모의 사고로서 해당 사고의 재발방지를 위해 사고의 원인 · 경위 등에 관한 조사가 필요하다고 인정하여 산업통상자원부장관이 지정하는 화재사고

</td>
</tr>
</table>

2 변전설비

(1) 변전실의 위치 및 구조

① 변전실은 부하중심에 가까운 곳에 설치하여야 한다(전력손실이 적다).
② 각종 기기의 반출입이 용이한 곳에 설치하여야 한다.
③ 감시 및 조작을 안전하고 확실하게 하기 위하여 필요한 조명설비를 시설한다.
④ 채광 및 통풍이 용이한 곳에 설치하여야 한다.
⑤ 불연재료로 만들어진 벽, 기둥, 바닥 및 천장으로 구획되어야 한다.
⑥ 변전실의 출입구는 방화문으로 하고 그 천장은 높이를 충분히 하여 고압인 경우에는 3m 이상으로, 특고압인 경우에는 4.5m 이상으로 하여야 한다.

(2) 감시제어반 램프의 색깔

전 원	운 전	정 지	고 장
백 색	적 색	녹 색	오렌지색

3 예비전원설비

자가 발전설비	① 송전이 정지되거나 전기설비 고장 시 필요 ② 발전기는 3상 교류 발전기 사용 ③ 수전설비용량의 10~20% ④ 주 1회 무부하 운전	
축전지 설비	① 천장의 높이는 2.6m 이상 ② 정격용량이 80%로 감소된 경우 교체 또는 충전	
가동시간	축전지	정전 후 충전하지 않고 30분 이상 방전할 수 있을 것
	자가발전설비	정전 후 10초 이내에 가동하여 규정전압을 유지, 30분 이상 전력공급이 가능할 것
	축전지와 자가발전설비의 겸용	① 자가발전설비 : 45초 이내에 가동해서 30분 이상 ② 축전지설비 : 충전함이 없이 20분 이상

4 배전설비

(1) 간선의 방식 등

용 어		① 배전: 전력을 수요지에 서 각 수용가로 분배하는 것을 말하며, 고압 또는 특고압으로 전력을 인입하여 건물 내에서 간선, 분전반, 분기회로를 거쳐 배전한다. ② 간선: 배선용 차단기로부터 각층의 분기점에 설치된 분전반의 분기 개폐기까지의 배선을 말한다.
간선의 배선방식	평행식	① 각 분전반마다 배전반에서 단독으로 배선되는 방식 ② 전압강하가 평균적이고 사고의 범위가 좁다. ③ 대규모 건물에 적합하다 ④ 시설비가 비싸다.
	수지상식 (나뭇가지식)	① 말단부분에 전압강하가 커질 수 있다. ② 사고의 범위가 크다. ③ 소규모 건물에 사용된다. ④ 시설비가 싸다.
	병용식	① 평행식과 나뭇가지식을 병용한 방식 ② 가장 많이 이용된다.

(2) 전력 공급순서

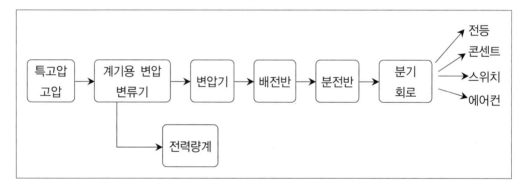

(3) 분전반

① 전등·콘센트 등 전선의 끝이 되는 분기회로를 고정·개폐시키는 장치를 말한다.
② 위치는 매 층의 부하의 중심에 위치한다.
③ 분기회로의 길이는 30m 이하, 분기회로수는 40회선(예비회선 20회선 포함)으로 한다.

5 배선공사 등

구 분	내 용
경질비닐관(PVC) 공사	① 중량이 가볍고 시공이 용이하다. ② 절연성 및 내식성이 우수하다. ③ 열에 취약하고 기계적 강도가 약하다. ④ 특수 화학공장 또는 연구실에 적합하다.
금속관 공사	① 콘크리트 매입공사에 사용된다. ② 전선의 인입 및 교체가 용이하다. ③ 전선의 기계적 손상에 안전하다. ④ 전선의 증설이 곤란하고 보수공사가 용이하지 않다.
가요전선관 (Flexible Conduit) 공사	① 굴곡장소가 많은 곳에 사용된다. ② 습기나 물기, 기름 등을 사용하는 개소에 사용된다.
버스덕트 공사	공장, 빌딩과 같이 비교적 큰 전류를 통하는 저압배전반 부근 및 간선을 시설하는 경우에 사용한다.
플로어덕트 공사	은행, 회사 등의 바닥면적이 넓은 실에 사용된다.

전기설비용량 산출식	
수용률 (수요율)	$\dfrac{최대수용전력}{부하설비용량} \times 100\%$
	수용장소에 설치된 총 설비용량에 대하여 실제로 사용하고 있는 부하의 최대수용전력과의 비율을 백분율로 표시한 것
부하율	$\dfrac{평균수용전력}{최대수용전력} \times 100\%$
	전기설비가 어느 정도 유효하게 사용하고 있는 가를 나타내는 척도이고 어떤 기간 중에 최대수용전력과 그 기간 중에 평균전력과의 비율을 백분율로 표시한 것
부등률	$\dfrac{각\ 부하의\ 최대수용전력의\ 합계}{합계부하의\ 최대수용전력} \times 100\%$
	수용가의 설비부하는 각 부하의 부하특성에 따라 최대 수용전력 발생 시각이 다르게 나타나므로 부등률을 고려하면 변압기 사용량을 적정 용량으로 낮추는 효과를 갖게 된다. 부등률은 항상 1보다 크며 이 값이 클수록 일정한 공급설비로 큰 부하설비에 전력을 공급할 수 있다는 것이며 부등률이 크다는 것은 공급설비의 이용률이 높다는 것을 뜻한다.

6 피뢰설비

설치 대상	① 낙뢰의 우려가 있는 건축물 ② 높이 20미터 이상의 건축물 또는 공작물로서 높이 20미터 이상의 공작물(건축물에 공작물을 설치하여 그 전체 높이가 20미터 이상인 것을 포함한다)
설치 기준	① 피뢰설비는 한국산업표준이 정하는 피뢰레벨 등급에 적합한 피뢰설비일 것. 다만, 위험물저장 및 처리시설에 설치하는 피뢰설비는 한국산업표준이 정하는 피뢰시스템레벨 Ⅱ 이상이어야 한다. ② 돌침은 건축물의 맨 윗부분으로부터 25센티미터 이상 돌출시켜 설치하되, 「건축물의 구조기준 등에 관한 규칙」 제9조에 따른 설계하중에 견딜 수 있는 구조일 것 ③ 피뢰설비의 재료는 최소 단면적이 피복이 없는 동선을 기준으로 수뢰부, 인하도선 및 접지극은 50제곱밀리미터 이상이거나 이와 동등 이상의 성능을 갖출 것 ④ 피뢰설비의 인하도선을 대신하여 철골조의 철골구조물과 철근콘크리트조의 철근구조체 등을 사용하는 경우에는 전기적 연속성이 보장될 것. 이 경우 전기적 연속성이 있다고 판단되기 위하여는 건축물 금속 구조체의 최상단부와 지표레벨 사이의 전기저항이 0.2옴 이하이어야 한다. ⑤ 측면 낙뢰를 방지하기 위하여 높이가 60미터를 초과하는 건축물 등에는 지면에서 건축물 높이의 5분의 4가 되는 지점부터 최상단부분까지의 측면에 수뢰부를 설치하여야 하며, 지표레벨에서 최상단부의 높이가 150미터를 초과하는 건축물은 120미터 지점부터 최상단부분까지의 측면에 수뢰부를 설치할 것. 다만, 건축물의 외벽이 금속부재(部材)로 마감되고, 금속부재 상호 간에 ④의 후단에 적합한 전기적 연속성이 보장되며 피뢰시스템레벨 등급에 적합하게 설치하여 인하도선에 연결한 경우에는 측면 수뢰부가 설치된 것으로 본다. ⑥ 접지(接地)는 환경오염을 일으킬 수 있는 시공방법이나 화학 첨가물 등을 사용하지 아니할 것 ⑦ 급수·급탕·난방·가스 등을 공급하기 위하여 건축물에 설치하는 금속배관 및 금속재 설비는 전위(電位)가 균등하게 이루어지도록 전기적으로 접속할 것 ⑧ 전기설비의 접지계통과 건축물의 피뢰설비 및 통신설비 등의 접지극을 공용하는 통합접지공사를 하는 경우에는 낙뢰 등으로 인한 과전압으로부터 전기설비 등을 보호하기 위하여 한국산업표준에 적합한 서지보호장치[서지(surge: 전류·전압 등의 과도 파형을 말한다)로부터 각종 설비를 보호하기 위한 장치를 말한다]를 설치할 것 ⑨ 그 밖에 피뢰설비와 관련된 사항은 한국산업표준에 적합하게 설치할 것

7 전기안전관리자 선임기준 등

안전관리	안전관리자 자격기준	안전관리보조원인력
선임기준 모든 전기설비의 공사 · 유지 및 운용	전기 · 안전관리(전기안전) 분야 기술사 자격소지자, 전기기사 또는 전기기능장 자격 취득 이후 실무경력 2년 이상인 사람	용량 1만 킬로와트 이상은 전기 분야 2명
전압 10만 볼트 미만 전기설비의 공사 · 유지 및 운용	전기산업기사 자격 취득 이후 실무경력 4년 이상인 사람	용량 5천 킬로와트 이상 1만 킬로와트 미만은 전기 분야 1명
전압 10만 볼트 미만으로서 전기설비용량 2천 킬로와트 미만 전기설비의 공사 · 유지 및 운용	전기기사 또는 전기기능장 자격취득 이후 실무경력 1년 이상인 사람 또는 전기산업기사 자격 취득 이후 실무경력 2년 이상인 사람	규정없음
전압 10만 볼트 미만으로서 전기설비용량 1,500킬로와트 미만 전기설비의 공사 · 유지 및 운용	전기산업기사 이상 자격 소지자	규정없음

교육과정	교육대상자	교육기간
전기안전 교육 전기안전관리 기술교육(Ⅰ)	선임기간이 5년 미만인 안전관리자 또는 안전관리보조원	3년마다 1회 이상
전기안전관리 기술교육(Ⅱ)	선임기간이 5년 이상인 안전관리자 또는 안전관리보조원	
전기안전관리 특별교육	처음 선임된 안전관리자 또는 안전관리보조원	선임된 날부터 6개월 이내

전기안전 관리업무의 대행규모

① 한국전기안전공사 및 대행사업자: 다음의 어느 하나에 해당하는 전기설비(둘 이상의 전기설비 용량의 합계가 4,500kW 미만 경우로 한정한다)
  ㉠ 용량 1천kW 미만의 전기수용설비
  ㉡ 용량 300kW 미만의 발전설비(전기사업용 신재생에너지 발전설비 중 태양광발전설비 이외의 발전설비는 원격감시 · 제어기능을 갖춘 경우로 한정한다). 다만, 비상용 예비발전설비의 경우에는 용량 500kW 미만으로 한다.
  ㉢ 용량 1천kW(원격감시 · 제어기능을 갖춘 경우 용량 3천kW) 미만의 태양광발전설비

전기안전 관리업무의 대행규모	② 개인대행자 : 다음의 어느 하나에 해당하는 전기설비(둘 이상의 용량의 합 계가 1,550kW 미만인 전기설비로 한정한다) 　㉠ 용량 500kW 미만의 전기수용설비 　㉡ 용량 150kW 미만의 발전설비(전기사업용 신재생에너지 발전설비 중 　　태양광발전설비 이외의 발전설비는 원격감시·제어기능을 갖춘 경우 　　로 한정한다). 다만, 비상용 예비발전설비의 경우에는 용량 300kW 미 　　만으로 한다. 　㉢ 용량 250kW(원격감시·제어기능을 갖춘 경우 용량 750kW) 미만의 태 　　양광발전설비
직무범위	① 전기설비의 공사·유지 및 운용에 관한 업무 및 이에 종사하는 사람에 대 　한 안전교육 ② 전기설비의 안전관리를 위한 확인·점검 및 이에 대한 업무의 감독 ③ 전기설비의 운전·조작 또는 이에 대한 업무의 감독 ④ 전기안전관리에 관한 기록의 작성·보존 ⑤ 공사계획의 인가신청 또는 신고에 필요한 서류의 검토 ⑥ 다음의 어느 하나에 해당하는 공사의 감리 업무 　㉠ 비상용 예비발전설비의 설치·변경공사로서 총공사비가 1억원 미만인 공사 　㉡ 전기수용설비의 증설 또는 변경공사로서 총공사비가 5천만원 미만인 공사 　㉢ 신에너지 및 재생에너지 설비의 증설 또는 변경공사로서 총공사비가 5천 　　만원 미만인 공사 ⑦ 전기설비의 일상점검·정기점검·정밀점검의 절차, 방법 및 기준에 관한 　안전관리규정의 작성 ⑧ 전기재해의 발생을 예방하거나 그 피해를 줄이기 위하여 필요한 응급조치

8 자가용 전기설비의 점검 등

정기검사	① 전기사업자 및 자가용전기설비의 소유자 또는 점유자는 산업통상자원 　부령으로 정하는 전기설비에 대하여 산업통상자원부령으로 정하는 바 　에 따라 산업통상자원부장관 또는 시·도지사로부터 정기적으로 검사 　를 받아야 한다. ② 전기사업자 및 자가용전기설비의 소유자 또는 점유자는 고압 이상의 수 　전설비 및 75킬로와트 이상의 비상용 예비발전설비에 대하여 3년마다 2 　월 전후로 산업통상자원부장관 또는 시·도지사로부터 정기적으로 검 　사를 받아야 한다. ③ 정기검사를 받으려는 자는 정기검사신청서에 전기안전관리자 선임증명 　서 사본을 첨부하여 검사를 받으려는 날의 7일 전까지 한국전기안전공 　사에 제출하여야 한다.

정기검사	④ 한국전기안전공사는 정기검사를 한 경우에는 검사완료일부터 5일 이내에 검사확인증을 검사신청인에게 내주어야 한다. 다만 검사결과 불합격인 경우에는 그 내용·사유 및 재검사 기한을 통지하여야 한다. ⑤ 전기사업자 및 자가용전기설비의 소유자 또는 점유자는 정기검사결과 불합격인 경우 적합하지 아니한 부분에 대하여 검사완료일부터 3개월 이내에 재검사를 받아야 한다.
전기설비 검사자의 자격	정기검사는 「국가기술자격법」에 따른 전기·안전관리(전기안전)·토목·기계 분야의 기술자격을 가진 사람 중 다음의 어느 하나에 해당하는 사람이 수행해야 한다. ① 해당 분야의 기술사 자격을 취득한 사람 ② 해당 분야의 기사 자격을 취득한 사람으로서 그 자격을 취득한 후 해당 분야에서 4년 이상 실무경력이 있는 사람 ③ 해당 분야의 산업기사 자격을 취득한 사람으로서 그 자격을 취득한 후 해당 분야에서 6년 이상 실무경력이 있는 사람

9 공동주택 등의 안전점검

① 산업통상자원부장관은 다음의 시설에 설치된 자가용전기설비에 대하여 산업통상자원부령으로 정하는 바에 따라 한국전기안전공사(이하 "안전공사"라 한다)로 하여금 정기적으로 점검을 하도록 하여야 한다.
　㉠ 「주택법」에 따른 공동주택의 세대
　㉡ 「전통시장 및 상점가 육성을 위한 특별법」에 따른 전통시장 점포
② 안전공사는 ①의 시설에 설치된 자가용전기설비에 대한 안전점검을 다음의 구분에 따른 날이 속하는 달의 전후 2개월 이내에 실시해야 한다.
　㉠ 공동주택의 세대: 사용전검사를 한 후 25년이 되는 날부터 3년 이내에 안전점검을 실시한 후, 그 안전점검을 한 날부터 매 3년이 되는 날
　㉡ 전통시장 점포: 「전통시장 및 상점가 육성을 위한 특별법 시행령」에 따라 인정서가 발급된 날부터 1년 이내에 안전점검을 실시한 후, 그 안전점검을 한 날부터 매 1년이 되는 날
③ 안전공사는 「주택법」 공동주택의 세대 및 전통시장 점포의 안전점검을 위하여 전기판매사업자에게 공동주택 및 전통시장의 설치장소, 공급전압, 계약전력 등 전기를 공급받는 자에 관한 자료를 요청할 수 있다.
④ ③에 따른 자료의 제공 요청을 받은 전기판매사업자는 특별한 사유가 없으면 요청을 받은 날부터 30일 이내에 해당 자료를 안전공사에 제공해야 한다.

02 가스설비

1 LNG/LPG 비교표

구 분	LNG	LPG
주성분	메탄	프로판, 부탄
비 중	공기보다 가볍다.	공기보다 무겁다.
경보기	천장에서 30cm 이내	바닥에서 30cm 이내
사용량	m³/h	kg/h
정기검사 (완성검사필증을 교부받은 날 기준)	매 1년이 되는 날 전후 30일 이내	

2 누설 시 주의사항

가스누출 시 주의사항	① 점화콕과 중간밸브 및 용기밸브를 잠근다. ② 창문을 열어 실내 가스를 배출시킨다. ③ 전기기구 및 전기스위치 등의 조작을 금한다.

3 도시가스사업법

배관의 색체 등	① 배관을 지하에 매설할 경우에는 지면에서 0.6m 이상의 거리를 유지 ② 배관은 그 외부에 사용가스명, 최고사용압력 및 가스흐름방향을 표시할 것. 다만, 지하에 매설하는 배관의 경우에는 흐름방향을 표시하지 아니할 수 있다. ③ 지하매설배관은 최고사용압력이 저압인 배관: 황색, 중압 이상인 배관: 붉은색 ④ 지상배관은 부식방지도장 후 표면색상: 황색. 다만, 지상배관의 경우 건축물의 내·외벽에 노출된 것으로서 바닥(2층 이상의 건물의 경우에는 각 층의 바닥)에서 1m의 높이에 폭 3cm의 황색띠를 2중으로 표시한 경우 표면색상을 황색으로 표시하지 않을 수 있다.
입상관 설치	① 화기(그 시설 안에서 사용하는 자체화기는 제외한다) 사이에 유지해야 하는 거리는 우회거리 2m 이상으로 하고, 환기가 양호한 장소에 설치해야 한다. ② 입상관의 밸브는 바닥으로부터 1.6m 이상 2m 이내에 설치할 것. 다만, 보호상자에 설치하는 경우에는 그러하지 아니하다.

가스계량기 설치기준	① 설치기준 　㉠ 가스계량기와 화기(그 시설 안에서 사용하는 자체화기는 제외한다) 사이에 　　유지하여야 하는 거리 : 2m 이상 　㉡ 설치 장소 : 수시로 환기가 가능한 곳으로 직사광선이나 빗물을 받을 우 　　려가 없는 곳. 다만, 보호상자 안에 설치할 경우에는 직사광선이나 빗물 　　을 받을 우려가 있는 곳에도 설치할 수 있다. 　㉢ 설치금지 장소 : 「건축법 시행령」 제46조 제4항에 따른 공동주택의 대피 　　공간, 방ㆍ거실 및 주방 등으로서 사람이 거처하는 곳 및 가스계량기에 　　나쁜 영향을 미칠 우려가 있는 장소 ② 가스계량기(30m³/hr 미만인 경우만을 말한다)의 설치높이는 바닥으로부터 　1.6m 이상 2m 이내에 수직ㆍ수평으로 설치하고 밴드ㆍ보호가대 등 고정 　장치로 고정시킬 것. 다만, 격납상자에 설치하는 경우와 기계실 및 보일러 　실(가정에 설치된 보일러실은 제외한다)에 설치하는 경우에는 설치 높이의 　제한을 하지 아니한다. ③ 이격거리 기준 　㉠ 전기계량기 및 전기개폐기와의 거리는 60cm 이상 　㉡ 굴뚝(단열조치를 하지 아니한 경우만을 말한다)ㆍ전기점멸기 및 전기 　　접속기와의 거리는 30cm 이상 　㉢ 절연조치를 하지 아니한 전선과의 거리는 15cm 이상
배관의 이음부와이 격거리	배관의 이음부(용접이음매는 제외한다)와 전기계량기 및 전기개폐기, 전기점 멸기 및 전기접속기, 절연전선(가스누출자동차단장치를 작동시키기 위한 전선 은 제외한다), 절연조치를 하지 않은 전선 및 단열조치를 하지 않은 굴뚝(배기 통을 포함한다) 등과는 적절한 거리를 유지할 것.

압력 (MPa)	고 압	1 이상
	중 압	0.1 이상 1 미만
	저 압	0.1 미만

고정장치	배관은 움직이지 않도록 고정 부착하는 조치를 하되 그 호칭지름이 13mm 미 만의 것에는 1m마다, 13mm 이상 33mm 미만의 것에는 2m마다, 33mm 이상의 것에는 3m마다 고정 장치를 설치할 것(배관과 고정 장치 사이에는 절연조치 를 할 것). 다만, 호칭지름이 100mm 이상의 것에는 적절한 방법에 따라 3m를 초과하여 설치할 수 있다.

안전관리자 자격과 선임 인원	사업 구분	안전관리자의 종류별 선임 인원 및 자격	
		선임 인원	자 격
	특정 가스 사용 시설	안전관리 총괄자 : 1명	－
		안전관리 책임자(월 사용 예정량 이 4천세제곱미터를 초과하는 경 우에만 선임하고 자동차 연료장치 의 가스사용시설은 제외한다) : 1 명 이상	가스기능사 이상의 자격을 가진 사람 또는 한국가스안전공사가 산업통상자원부장관의 승인을 받 아 실시하는 사용시설안전관리자 양성교육을 이수한 사람

	교육대상자	교육시기
전문교육	특정가스사용시설의 안전관리 책임자	신규 종사 후 6개월 이내 및 그 후에는 3년이 되는 해마다 1회
교육계획의 수립	안전교육	
	한국가스안전공사는 매년 11월 말까지 전문교육과 특별교육의 종류별, 대상자별 및 지역별로 다음 연도의 교육계획을 수립하여 이를 관할 시·도지사에게 보고하여야 한다.	
교육신청	① 전문교육이나 특별교육의 대상자가 된 자는 그 날부터 1개월 이내에 교육수강신청을 하여야 한다. 다만, 부득이한 사유로 교육수강신청을 하지 못한 자는 그 사유가 종료된 날부터 1개월 이내에 교육수강신청을 하여야 한다. ② 양성교육을 이수하려는 자는 한국가스안전공사가 매년 초에 지정하는 기간에 교육수강신청을 하여야 한다.	
통 보	한국가스안전공사는 교육신청이 있으면 교육일 10일 전까지 교육대상자에게 교육장소와 교육일시를 알려야 한다.	

03 급수설비

1 급수·배수·음용수 배관설치 규정 등

(1) 급·배수시설의 설치

① 주택에 설치하는 급수·배수용 배관은 콘크리트구조체 안에 매설하여서는 아니 된다. 다만, 다음의 어느 하나에 해당하는 경우에는 그러하지 아니하다.

   ㉠ 급수·배수용 배관이 주택의 바닥면 또는 벽면 등을 직각으로 관통하는 경우

   ㉡ 주택의 구조안전에 지장이 없는 범위에서 콘크리트구조체 안에 덧관을 미리 매설하여 배관을 설치하는 경우

   ㉢ 콘크리트구조체의 형태 등에 따라 배관의 매설이 부득이하다고 사업계획승인권자가 인정하는 경우로서 배관의 부식을 방지하고 그 수선 및 교체가 쉽도록 하여 배관을 설치하는 경우

② 주택의 화장실에 설치하는 급수·배수용 배관은 다음의 기준에 적합해야 한다.

   ㉠ 급수용 배관에는 감압밸브 등 수압을 조절하는 장치를 설치하여 각 세대별 수압이 일정하게 유지되도록 할 것

ⓒ 배수용 배관은 층상배관공법(배관을 해당 층의 바닥 슬래브 위에 설치하는 공법을 말한다) 또는 층하배관공법(배관을 바닥 슬래브 아래에 설치하여 아래층 세대 천장으로 노출시키는 공법을 말한다)으로 설치할 수 있으며, 층하배관공법으로 설치하는 경우에는 일반용 경질(단단한 재질) 염화비닐관을 설치하는 경우보다 같은 측정조건에서 5데시벨 이상 소음 차단성능이 있는 저소음형 배관을 사용할 것

③ 공동주택에는 세대별 수도계량기 및 세대마다 2개소 이상의 급수전을 설치하여야 한다.

④ 주택의 부엌, 욕실, 화장실 및 다용도실 등 물을 사용하는 곳과 발코니의 바닥에는 배수설비를 하여야 한다. 다만, 급수설비를 설치하지 아니하는 발코니인 경우에는 그러하지 아니하다.

⑤ ④의 규정에 의한 배수설비에는 악취 및 배수의 역류를 막을 수 있는 시설을 하여야 한다.

(2) 배수설비

배수설비는 오수관로에 연결하여야 하고 배수설비에는 악취 및 배수의 역류를 막을 수 있는 시설을 하여야 한다.

(3) 음용수용 배관설비

음용수용 배관설비는 다른 용도의 배관설비와 직접 연결하지 않아야 한다.

(4) 지하양수시설 및 지하저수조의 설치기준

① 지하양수시설
  ㉠ 1일에 당해 주택단지의 매 세대당 0.2톤(시·군지역은 0.1톤) 이상의 수량을 양수할 수 있을 것
  ㉡ 양수에 필요한 비상전원과 이에 의하여 가동될 수 있는 펌프를 설치할 것
  ㉢ 당해 양수시설에는 매 세대당 0.3톤 이상을 저수할 수 있는 지하저수조를 함께 설치할 것
② 지하저수조
  ㉠ 고가수조저수량(매 세대당 0.25톤까지 산입한다)을 포함하여 매 세대당 0.5톤(독신자용 주택은 0.25톤) 이상의 수량을 저수할 수 있을 것. 다만, 지역별 상수도 시설용량 및 세대당 수돗물 사용량 등을 고려하여 설치기준의 2분의 1의 범위에서 특별시·광역시·특별자치도·시 또는 군의 조례로 완화하여 정할 수 있다.
  ㉡ 50세대(독신자용 주택은 100세대)당 1대 이상의 수동식펌프를 설치하거나 양수에 필요한 비상전원과 이에 의하여 가동될 수 있는 펌프를 설치할 것

ⓒ 다음의 기준에 적합하게 설치할 것
  ⓐ 급수조 및 저수조의 재료는 수질을 오염시키지 아니하는 재료나 위생에 지장이 없는 것으로서 내구성이 있는 도금·녹막이 처리 또는 피막처리를 한 재료를 사용할 것
  ⓑ 급수조 및 저수조의 구조는 청소 등 관리가 쉬워야 하고, 음용수 외의 다른 물질이 들어갈 수 없도록 할 것
  ⓓ 먹는 물을 당해 저수조를 거쳐 각 세대에 공급할 수 있도록 설치할 것

(5) 상수도 급수 및 수처리 과정

구 분	내 용
상수도 급수과정	취수 ⇨ 도수 ⇨ 정수 ⇨ 송수 ⇨ 배수 ⇨ 주호(세대)
	① 취수: 상수도, 공업용수 등으로 이용하기 위하여 물을 끌어들이는 것 ② 도수: 물을 일정(一定)한 방향으로 흐르도록 인도(引導)함 ③ 정수: 물 속의 부유물질 등을 제거하여 물을 깨끗하고 맑게 함 ④ 송수: 정수과정을 거친 물을 배수시설까지 보냄 ⑤ 배수: 급수관을 통하여 수돗물을 나누어 보냄
수처리과정	채수 ⇨ 침전 ⇨ 폭기 ⇨ 여과 ⇨ 살균(멸균) ⇨ 급수
	① 침전: 수중의 불순물을 단순히 침전시키는 방법(중력 침전법, 약품 침전법) ② 폭기: 물을 공기에 접촉시켜 산소와 반응하게 하여 물속에 암모니아, 탄산가스 등의 유독물질과 철성분을 제거하는 방법 ③ 여과: 모래층으로 물을 통과시켜 부유물 등을 제거하는 방법 ④ 살균: 염소, 차아염소산나트륨 등의 약품을 사용하여 살균하는 방법

(6) 급수설비 일반사항

구 분		내 용
슬리브		① 배관이 벽이나 바닥을 관통하는 경우 콘크리트 타설 전에 미리 원통형철관인 슬리브를 넣고 슬리브 속에 급수관을 통과시켜 배관을 하고, 배관의 수리·교체작업 시 편리하다. ② 급탕과 난방에서는 배관의 신축 및 팽창을 흡수한다.
크로스 커넥션	의 의	건물 내에는 각종 설비배관이 혼재하고 있어 시공 시 착오로 서로 다른 계통의 배관을 접속하는 경우가 있다. 이중에 상수로부터의 급수계통과 그 외의 계통이 직접 접속되는 것을 크로스커넥션이라고 한다. 이렇게 될 경우 급수계통 내의 압력이 다른 계통 내의 압력보다 낮아지게 되면 다른 계통 내의 유체가 급수계통으로 유입되어 물의 오염 원인이 될 수 있다.

크로스 커넥션	대 책	① 음용수 배관은 다른 용도의 어떠한 배관과 연결해서는 안 된다. ② 급수배관의 설치·시공 시 역사이펀 작용이 발생하지 않도록 대변기 가운데 세정밸브식은 진공방지기(역류방지기, 버큠브레이커)를 설치한다.
지수밸브	의 의	급수계통의 수량 및 수압조정과 배관의 수리를 위해 설치하고, 밸브는 슬루스(게이트)밸브를 사용한다.
	설치 장소	㉠ 각 층의 수평주관의 분기점 ㉡ 수평주관에서의 각 수직관의 분기점 ㉢ 급수관의 분기점 ㉣ 위생기구에 개별로 설치
급수죠닝 주목적		저층부의 급수압력을 일정하게 유지
수압시험		배관공사 후 피복 전에 실시

2 급수방식

급수방식은 수도직결식, 고가수조방식, 압력탱크방식, 펌프직송방식 등이 있다.

(1) 수도직결식

도로에 매설된 상수도 본관에 수도관을 연결하여 본관의 압력으로 직접 건물 내로 급수하는 방식

상수도본관	⇨	수도관	⇨	각 세대·개소

장 점	단 점
① 급수오염 가능성이 가장 낮다. ② 정전 시 급수가 가능하다. ③ 설비비가 싸다. ④ 저수조와 기계실이 필요 없다.	① 단수 시 급수가 불가능하다. ② 급수높이에 제한이 있다.

(2) 고가수조방식

상수도 물을 지하저수조에 저장하였다가 양수펌프로 옥상에 설치된 탱크로 끌어올린 후 급수관으로 각 층에 배분하는 방식으로 옥상탱크방식이라고도 한다.

장 점	단 점
① 급수압이 일정하다.	① 급수오염 가능성이 가장 크다.
② 배관 및 부속류의 파손이 적다.	② 건축 시 구조물 보강이 필요하다.
③ 수도공사나 단수 시에도 일정시간 급수가 가능하다.	③ 설비비와 경상비가 높다.
④ 소화용수 저장이 가능하다.	
⑤ 대규모 설비에 적합하다.	

↬ **플로우트 스위치**: 수위조절용 스위치
↬ **월류관(넘침관)**: 플로우트 스위치의 고장으로 옥상탱크로 물이 계속 공급될 때 물을 배수하는 관으로 양수관경의 2배 크기로 설치한다.
↬ **마그넷스위치**: 전동기회로의 제어에 사용되는 스위치

상수도본관 ⇨ 지하저수조 ⇨ 양수펌프 ⇨ 옥상탱크 ⇨ 각세대·개소

(3) 압력탱크방식

저수조 내의 물을 압력탱크로 공급한 후 압축공기로 물에 압력을 가해 급수하는 방식

상수도본관 ⇨ 지하저수조 ⇨ 양수펌프 ⇨ 압력탱크 ⇨ 각 세대·개소

장 점	단 점
① 옥상탱크가 필요 없어 구조상, 미관상 좋다.	① 최고, 최저의 압력차가 크므로 급수압 변동이 크다.
② 건축 시 구조물 보강이 필요 없다.	② 배관 및 부속류의 파손이 크다.
③ 국부적으로 고압을 필요로 할 때 적합하다.	③ 탱크는 압력용기이므로 제작비가 비싸다.
④ 압력탱크 설치 위치에 제한을 받지 않는다.	④ 공기압축기를 따로 설치하여야 한다.

(4) 탱크가 없는 부스터방식(펌프직송방식)

저수조의 물을 급수펌프의 압력만으로 건물 내에 필요한 곳으로 직접 급수하는 방식

상수도본관 ⇨ 지하저수조 ⇨ 급수펌프 ⇨ 각세대·개소

장 점	단 점
① 탱크(옥상탱크, 압력탱크)가 필요 없다.	① 초기 시설비가 비싸다.
② 펌프의 대수제어운전, 회전수제어운전이 가능하다.	② 자동제어설비로서 고장 시 대처가 어렵다.
③ 최상층의 수압도 크게 할 수 있다.	③ 동력비가 비싸다.
④ 대규모 건축물이나 시설에 사용된다.	

3 펌프 등

구 분	내 용
수압 P(MPa)	$0.01 \times \text{H(m)}$
수두 H(m)	$100 \times \text{P(MPa)}$

펌프용량 등	양 정	실양정	흡입양정 + 토출양정

구분		내용
펌프용량 등	양 정 (실양정)	흡입양정 + 토출양정
	양 정 (전양정)	실양정 + 마찰손실수두
	관경(d)	$1.13 \times \sqrt{\dfrac{\text{유량}(m^3/s)}{\text{유속}(m/s)}}$
	축동력(KW)	$\dfrac{W \cdot Q \cdot H}{6120 \cdot E}$
	W: 물의 단위 중량(1,000kg/m³), Q: 양수량(m³/min), H: 전양정(m), E: 효율(%)	
	마찰손실수두(m)	$\dfrac{\text{마찰계수} \times \text{길이} \times \text{유속}^2}{2 \times \text{중력가속도} \times \text{직경(관경)}}$
	마찰손실압력(Pa)	$\dfrac{\text{마찰계수} \times \text{길이} \times \text{유속}^2 \times \text{물의밀도}}{2 \times \text{직경(관경)}}$
	압력탱크의 전양정	(최고압력 + 흡입양정) × 1.2

펌프의 이상현상		
	의의: 밸브, 수전 등을 급속히 폐쇄하거나 관내의 유속의 흐름을 순간적으로 폐쇄하면 관내에 압력이 상승하면서 발생하는 소음 및 진동을 말한다.	
	원 인	**대 책**
수격작용	① 밸브를 급히 개폐할 때 ② 관내 수압이 과대하거나 유속이 빠를 때 ③ 배관에 굴곡개소가 많을 때 ④ 감압밸브를 사용할 때 ⑤ 배관의 관경이 작을 때	① 밸브를 서서히 개폐한다. ② 관내 유속을 느리게 한다. ③ 관경을 크게 한다. ④ 직선배관을 설치한다. ⑤ 수격방지기를 설치한다.
공동현상	① 의의: 흡입양정이 너무 높거나 물의 온도가 높을 때 흡입구 측에서 발생한 기포가 토출구쪽으로 넘어가 갑작스런 압력상승과 격심한 소음과 진동이 발생하는 현상을 말한다.	

공동현상	② 방지대책 　㉠ 펌프의 설치 높이를 낮추어 흡입양정을 짧게 한다. 　㉡ 펌프 흡입측에 공기 유입을 방지한다. 　㉢ 수온의 상승을 방지한다. 　㉣ 흡입배관의 지름을 크게 한다.
서어징현상 (맥동현상)	펌프와 송풍기 등이 운전 중에 한숨을 쉬는 것과 같은 상태가 되어 송출압력 과 송출유량 사이에 주기적인 변동이 일어나는 현상을 말한다.

4 저수조의 설치기준

① 저수조의 맨홀부분은 건축물(천정 및 보 등)로부터 100센티미터 이상 떨어져야 하며, 그 밖의 부분은 60센티미터 이상의 간격을 띄울 것

② 물의 유출구는 유입구의 반대편 밑부분에 설치하되, 바닥의 침전물이 유출되지 않도록 저수조의 바닥에서 띄워서 설치하고, 물칸막이 등을 설치하여 저수조 안의 물이 고이지 않도록 할 것

③ 각 변의 길이가 90센티미터 이상인 사각형 맨홀 또는 지름이 90센티미터 이상인 원형 맨홀을 1개 이상 설치하여 청소를 위한 사람이나 장비의 출입이 원활하도록 하여야 하고, 맨홀을 통하여 먼지나 그 밖의 이물질이 들어가지 않도록 할 것. 다만, 5세제곱미터 이하의 소규모 저수조의 맨홀은 각 변 또는 지름을 60센티미터 이상으로 할 수 있다.

④ 침전찌꺼기의 배출구를 저수조의 맨 밑부분에 설치하고, 저수조의 바닥은 배출구를 향하여 100분의 1 이상의 경사를 두어 설치하는 등 배출이 쉬운 구조로 할 것

⑤ 5세제곱미터를 초과하는 저수조는 청소·위생점검 및 보수 등 유지관리를 위하여 1개의 저수조를 둘 이상의 부분으로 구획하거나 저수조를 2개 이상 설치하여야 하며, 1개의 저수조를 둘 이상의 부분으로 구획할 경우에는 한쪽의 물을 비웠을 때 수압에 견딜 수 있는 구조일 것

⑥ 저수조의 물이 일정 수준 이상 넘거나 일정 수준 이하로 줄어들 때 울리는 경보장치를 설치하고, 그 수신기는 관리실에 설치할 것

⑦ 건축물 또는 시설 외부의 땅 밑에 저수조를 설치하는 경우에는 분뇨·쓰레기 등의 유해물질로부터 5미터 이상 띄워서 설치하여야 하며, 맨홀 주위에 다른 사람이 함부로 접근하지 못하도록 장치할 것. 다만, 부득이하게 저수조를 유해물질로부터 5미터 이상 띄워서 설치하지 못하는 경우에는 저수조의 주위에 차단벽을 설치하여야 한다.

⑧ 저수조 및 저수조에 설치하는 사다리, 버팀대, 물과 접촉하는 접합부속 등의 재질은 섬유보강플라스틱·스테인리스스틸·콘크리트 등의 내식성(耐蝕性) 재료를 사용하여야 하며, 콘크리트 저수조는 수질에 영향을 미치지 않는 재질로 마감할 것

⑨ 저수조의 공기정화를 위한 통기관과 물의 수위조절을 위한 월류관(越流管)을 설치하고, 관에는 벌레 등 오염물질이 들어가지 아니하도록 녹이 슬지 않는 재질의 세목(細木) 스크린을 설치할 것

⑩ 저수조의 유입배관에는 단수 후 통수과정에서 들어간 오수나 이물질이 저수조로 들어가는 것을 방지하기 위하여 배수용(排水用) 밸브를 설치할 것
⑪ 저수조를 설치하는 곳은 분진 등으로 인한 2차 오염을 방지하기 위하여 암·석면을 제외한 다른 적절한 자재를 사용할 것
⑫ 저수조 내부의 높이는 최소 1미터 80센티미터 이상으로 할 것. 다만, 옥상에 설치한 저수조는 제외한다.
⑬ 저수조의 뚜껑은 잠금장치를 하여야 하고, 출입구 부분은 이물질이 들어가지 않는 구조여야 하며, 측면에 출입구를 설치할 경우에는 점검 및 유지관리가 쉽도록 안전발판을 설치할 것
⑭ 소화용수가 저수조에 역류되는 것을 방지하기 위한 역류방지장치가 설치되어야 한다.

5 수질관리 등

수질관리	① 수질검사: 매년 마지막 검사일부터 1년이 되는 날이 속하는 달의 말일까지의 기간 중에 1회 이상 ② 저수조 청소: 반기 1회 이상 ③ 저수조 위생점검: 월 1회 이상 ④ 수질기준 위반에 따른 조치기록 🔁 ①~④의 기록 보존기간: 2년
시료채취방법	저수조나 해당 저수조로부터 가장 가까운 수도꼭지에서 채수
수질검사항목	탁도, 수소이온농도, 잔류염소, 일반세균, 총 대장균군, 분원성 대장균군 또는 대장균
저수조청소	① 건축물 또는 시설(이하 "대형건축물 등"이라 한다)의 소유자 또는 관리자(이하 "소유자 등"이라 한다)는 반기 1회 이상 저수조를 청소하여야 한다. ② 대형건축물 등의 소유자 등은 저수조가 신축되었거나 1개월 이상 사용이 중단된 경우에는 사용 전에 청소를 하여야 한다. ③ ① 및 ②에 따라 청소를 하는 경우, 청소에 사용된 약품으로 인하여「먹는물 수질기준 및 검사 등에 관한 규칙」별표 1에 따른 먹는물의 수질기준이 초과되지 않도록 하여야 하며, 청소 후에는 저수조에 물을 채운 다음의 기준을 충족하는지 여부를 점검하여야 한다. ㉠ 잔류염소: 리터당 0.1밀리그램 이상 4.0밀리그램 이하 ㉡ 수소이온농도(pH): 5.8 이상 8.5 이하 ㉢ 탁도: 0.5NTU(네펠로메트릭 탁도 단위, Nephelometric Turbidity Unit) 이하

수도시설의 관리에 관한 교육	교육대상 및 시기	① 수돗물을 다량으로 사용하는 건축물 또는 시설로서 다음의 건축물 또는 시설의 소유자나 관리자(공동주택에 대하여는 관리사무소장을 건축물이나 시설의 관리자로 본다)는 급수설비에 대한 소독 등 위생조치를 하여야 한다. ⊙ 연면적 5,000m² 이상(건축물 또는 시설 안의 주차장면적은 제외한다)인 건축물 또는 시설 ⓒ 공중위생관리법 시행령 제3조에 따른 건축물 또는 시설 ⓒ 건축법 시행령 별표 1 제2호 가목에 따른 아파트 및 그 복리시설 ② ①에 해당하는 자는 5년마다 8시간의 집합교육 또는 이에 상응하는 인터넷을 이용한 교육. 다만, 최초 교육은 교육대상자가 된 날부터 1년 이내에 받아야 하고, 소독 등 위생조치규정을 위반한 자와 영업정지처분을 받은 자는 위반행위가 적발된 날부터 2년 이내에 재교육을 받아야 한다.

6 급수설비 상태검사의 구분 및 방법

1. 일반검사

(1) **일반검사 실시 구분**

① **최초 일반검사**: 해당 건축물 또는 시설의 준공검사(급수관의 갱생·교체 등의 조치를 한 경우를 포함한다)를 실시한 날부터 5년이 경과한 날을 기준으로 6개월 이내에 실시

② **2회 이후의 일반검사**: 최근 일반검사를 받은 날부터 2년이 되는 날까지 매 2년마다 실시

(2) 소유자 등은 (1)에 따라 일반검사를 실시한 결과 검사항목 중 탁도, 수소이온 농도, 색도 또는 철에 대한 검사기준을 초과하는 경우에는 급수관을 세척(급수관 내부의 이물질이나 미생물막 등을 관에 손상을 주지 아니하면서 물이나 공기를 주입하는 방법 등으로 제거하는 것을 말한다)하여야 한다. 다만, 급수관이 아연도강관인 경우에는 검사항목 중 검사기준을 초과하는 항목이 한 개 이상 있으면 반드시 이를 갱생하거나 교체하여야 한다.

(3) 일반검사

분류	항목	검사방법
기초조사	준공연도, 배관도면	관련 도면·서류·현지조사 등을 병행한다.
	관종, 관경, 배관길이	관련 도면·서류·현지조사 등을 병행한다.
	문제점 조사	① 출수불량, 녹물 등 수질불량 등을 조사한다. ② 누수, 밸브 작동 상태 등 조사한다. ③ 이용 주민으로부터의 탐문조사 등을 활용한다.
급수관 수질검사	시료 채취 방법	건물 내 임의의 냉수 수도꼭지 하나 이상에서 물 1ℓ를 채취한다.
	검사항목 및 기준	① 탁도: 1NTU 이하 ② 수소이온농도: PH 5.8 이상 PH 8.5 이하 ③ 색도: 5도 이하 ④ 철: 0.3mg/ℓ 이하 ⑤ 납: 0.01mg/ℓ 이하 ⑥ 구리: 1mg/ℓ 이하 ⑦ 아연: 3mg/ℓ 이하
		급수관 수질검사는 건물이 여러 동(棟)으로 구성된 경우 각 동마다 실시하여야 한다. 다만, 일반수도사업자가 소유자 등의 신청을 받아 각 동별 급수관의 설치 시점 및 설치 제품이 동일함을 인정한 경우에는 하나의 동에서 측정한 결과를 건물 전체의 급수관 수질검사 결과로 볼 수 있다.

2. 전문검사

① 소유자 등은 일반검사 결과가 다음의 어느 하나에 해당하면 전문검사를 하고, 급수관을 갱생하여야 한다. 다만, 전문검사 결과 갱생만으로는 내구성을 유지하기 어려울 정도로 노후한 급수관은 새 급수관으로 교체하여야 한다.

　㉠ 일반검사의 검사항목에 대한 검사기준을 2회 연속 초과하는 경우

　㉡ 일반검사의 검사항목 중 납·구리 또는 아연에 대한 검사기준을 초과하는 경우

② **전문검사 방법**

분류	항목	검사방법
현장조사	수압 측정	가장 높은 층의 냉수 수도꼭지를 하나 이상 측정(화장실의 수도꼭지를 표본으로 측정한다)하되, 건물이 여러 동일 경우에는 각 동마다 측정한다.
	내시경 관찰	단수시킨 후 지하저수조 급수배관, 입상관(立上管), 건물 내 임의의 냉수 수도꼭지를 하나 이상 분리하여 내시경을 이용하여 진단한다.

	초음파 두께 측정	건물 안의 임의의 냉수 수도꼭지 하나 이상에서 스케일 두께를 측정한다.
현장조사	유 속	건물 안의 가장 높은 층의 냉수 수도꼭지 하나 이상에서 유속을 측정한다.
	유 량	건물 안의 가장 높은 층의 냉수 수도꼭지 하나 이상에서 유량을 측정한다.
	외부 부식 관찰	계량기 등에 연결된 급수 및 온수 배관, 밸브류 등의 외부 부식 상태를 관찰하여 검사한다.

7 밸브 등

종 류	내 용
게이트밸브 (슬루스밸브)	유체의 흐름에 따른 관내 마찰손실이 적어 급수·급탕배관에 사용된다.
글로브 밸브 (스톱밸브 또는 구형밸브)	유체는 밸브의 아래로부터 유입하여 밸브시트 사이를 통해 흐르므로 관내 마찰저항이 크다.
앵글밸브	유체의 흐름을 직각으로 바꾸는 경우에 사용된다.
콕	원추형의 꼭지를 90도 회전하여 유체의 흐름을 급속하게 개폐하는 경우에 사용된다.
볼밸브	밸브 중간에 위치한 볼의 회전에 의해 유체의 흐름을 조절한다.
볼 탭	수위의 변화에 따른 부력에 의해 자동적으로 물을 급수하여 일정수위를 유지하고자 할 때 사용하는 밸브이다.
체크밸브	유체를 한방향으로만 흐르게 하여 역류를 방지하는 밸브로서 리프트형(수평배관), 스윙형(수직/수평배관)이 있다.
버터플라이 밸브	흐름방향에 직각으로 설치된 축을 중심으로 원판형의 밸브체가 회전하므로서 개폐를 하는 밸브로, 나비형 밸브라고도 한다. 다른 형식의 밸브에 비하여 구조는 단순하므로 저압용의 유량조절용으로 널리 사용되고 있다.
차압조절밸브	공조설비의 냉온수 공급관과 환수관의 양측압력을 동시에 감지하여 압력 균형을 유지시키는 용도의 밸브이다.
스트레이너 (여과기)	조절밸브, 유량계, 열교환기 등의 기기 앞에 설치하여 배관 속의 먼지, 흙, 모래, 쇠부스러기 기타 불순물 등을 여과한다.

04 급탕설비

1 급탕방식의 종류

구 분	종 류	특 징
개별식	순간 온수기	① 수도꼭지를 틀면 가스·전기 등에 의해 자동 점화된 후 가열코일이 가열되어 온수가 공급되는 방식 ② 이·미용실, 부엌의 씽크대 등
	저탕형 탕비기	① 가스 또는 전기를 이용하여 단시간에 많은 양의 온수를 공급할 수 있는 방식 ② 비등점에 가까운 온수를 얻을 수 있다. ③ 저탕조 내에 자동온도조절기(서모스탯)를 부착 ④ 여관, 기숙사 등
	기수 혼합식	① 저탕조에 증기를 불어 넣어 물을 가열하는 방식 ② 열효율 100%이지만 소음이 심하다. ③ 소음제거장치인 스팀 사일렌서 부착 ④ 공장, 병원 등

구 분		직접가열식	간접가열식
중앙식	가열장소	보일러	저탕조
	가열코일	필요 없다.	필요하다.
	열효율	높다.	낮다.
	스케일	많이 낀다.	적게 낀다.
	보일러	급탕 및 난방용 보일러 각각 설치	난방용 보일러로 급탕까지 해결
	보일러 내의 압력	고압	저압
	적용대상	소, 중규모 건축물	대규모 건축물

2 급탕배관방식 등

구 분		내 용
배관 방식	단관식	급탕보일러에서 온수전까지의 거리는 15m 이내, 소규모 건축물
	복관식	① 온수공급관과 순환관(반탕관)이 분리되어 설치되는 방식, 대규모 건축물 ② 온수의 즉시 공급
순환 방식	중력식	급탕관과 순환관의 물의 온도차에 의한 대류작용으로 자연순환되는 방식
	강제식	순환관의 말단부분에 급탕순환펌프를 설치하여 순환시키는 방식
공급 방식	상향식 공급방식	① 온수가 위층으로 올라가면서 공급하는 방식 ② 온수의 온도가 떨어지는 정도가 적다. ③ 배관구배 　㉠ 급탕관 : 선상향(앞올림)구배 　㉡ 반탕관 : 선하향(앞내림)구배 　㉢ 급탕수평주관 : 선상향(앞올림)구배
	하향식 공급방식	① 옥상부분까지 올라갔다가 내려오면서 공급되는 방식 ② 아래층일수로 온수의 온도가 떨어지는 단점이 있다. ③ 배관구배 　㉠ 급탕관 : 선하향(앞내림)구배 　㉡ 반탕관 : 선하향(앞내림)구배 　㉢ 급탕수평주관 : 선하향(앞내림)구배
	역환수방식 (리버스 리턴방식)	하향식 배관방식의 경우 저층부의 온수온도가 떨어지는 단점을 보완하기 위하여 반탕관을 거꾸로 회전시켜 보일러에 공급하는 방식
급탕배관 수압시험		최고압력의 2배 이상의 압력으로 10분 이상 유지한다.
배관 구배		① 중력 순환식 : 1/150 ② 강제 순환식 : 1/200
배관 관경		최소 20mm, 급수관경보다 한 단계 큰 치수 사용

3 배관의 신축

① 배관의 신축·팽창량을 흡수 처리하기 위해서는 신축이음쇠가 사용되며, 그 종류에는 스위블조인트(Swivel joint)·신축곡관(Expansion loop)·슬리브형 신축이음(Sleeve type)·벨로즈형 신축이음(Bellows type)·볼형 등이 있다.

스위블 조인트	① 2개 이상의 엘보를 이용하여 나사부의 회전이나 밴딩으로 신축 흡수 ② 방열기 주변 배관에 많이 사용 ③ 누수의 염려가 있음
신축곡관	① 파이프를 원형 또는 ㄷ자 형으로 밴딩하여 밴딩부에서 신축을 흡수 ② 고압에 잘 견딤 ③ 신축길이가 길며 설치에 넓은 장소를 필요로 하므로 옥외배관에 적당
슬리브형	① 신축량이 크고 소요공간이 작음 ② 활동부 패킹의 파손 우려가 있어 누수되기 쉬움
벨로즈형	① 주름모양의 원형판에서 신축을 흡수 ② 누수의 염려가 있고 고압에는 부적당함
볼 형	① 일정 각도 내에서 자유로이 회전함 ② 볼 조인트 2~3개를 사용하여 배관하면 관의 신축을 흡수

② 1개의 신축이음쇠로 30mm 전후의 팽창량을 흡수한다. 강관은 보통 30m, 동관은 20m 마다 신축이음을 1개씩 설치한다.

4 열량과 급탕부하

구 분	내 용
열 량	열량(kJ) = 질량(kg) × 비열(kJ/kg·K) × 온도차(K)
급탕부하	시간당 필요한 온수를 얻기 위해 소요되는 열량을 말한다. $\dfrac{\text{급탕량(kg/h)} \times \text{비열(kJ/kg·K)} \times \text{온도차(K)}}{3,600(\text{s/h})}$ (kw)

05 | 배수 · 통기 및 오수정화설비

1 배수설비

(1) 트랩의 설치목적

악취나 유독가스 및 벌레의 침입을 방지하기 위하여 설치한다.

(2) 트랩의 구비조건

① 구조가 간단하며 평활한 내면을 이루고 오물이 체류하지 않아야 한다.
② 자체의 유수로 배수로를 세정하고 유수면은 평활하며 오수가 정체하지 않아야 한다.
③ 봉수가 항상 유지될 수 있는 구조이어야 한다.
④ 내식성 · 내구성 있는 재료로 만든다.
⑤ 관 내면의 청소가 간단하게 이루어질 수 있어야 한다.

(3) 트랩의 종류

구 분	작 용	종 류	용 도
사이펀트랩	자기세정작용(○)	S트랩	대변기, 소변기
		P트랩	
		U트랩	옥내 배수수평관
비사이펀 트랩	자기세정작용(×)	드럼트랩	주방 씽크대
		벨트랩	욕실바닥
저집기(포집기, 조집기) 트랩	트랩 + 여과	그리스트랩	동 · 식물성 기름 사용개소
		가솔린트랩	차고, 세차장
		헤어트랩	미, 이용실
		샌드트랩	벽돌공장
		론더리트랩	세탁소
		플라스터트랩	치과, 기공소

(4) 트랩 내 봉수의 파괴원인과 그 대책

구 분	원 인	대 책
자기사이펀 작용	만수된 물이 배수관 내를 흐르게 되면 사이펀작용에 의하여 봉수가 배수수직관 쪽으로 빠져 나가면서 봉수가 파괴된다.	통기관 설치
유인사이펀 (감압, 흡출) 작용	배수수직관의 상·중층부에서는 압력이 부압으로 그리고 저층부분에서는 정압으로 된다. 이때 배수수직관 내가 부압으로 되는 곳에 배수수평지관이 접속되어 있으면 배수수평지관 내의 공기는 배수수직관 쪽으로 유인되며, 이에 따라 봉수가 이동하여 손실된다.	통기관 설치
역사이펀 (분출, 토출) 작용	저층부 배수수직관 가까이에 위생기구가 설치된 경우 배수수직관 상부로부터 일시에 다량의 물이 배수되면 피스톤작용을 일으켜 저층부 위생기구 내의 봉수가 공기의 압축에 의하여 실내측으로 역류하여 봉수가 파괴된다.	
모세관 작용	트랩의 유출구 쪽에 실이나 천조각 등의 고형물이 걸려 있는 경우 모세관현상에 의하여 봉수가 파괴된다.	거름망 설치 or 찌꺼기 제거
증발작용	위생기구를 장시간 사용하지 않을 경우 증발에 의해서 봉수가 파괴된다.	기름사용
관성작용	배관 내에 급격한 압력변화 또는 충격 등의 원인에 의하여 봉수가 상하 동요를 일으켜 봉수가 파괴된다.	격자쇠 철물 설치

2 통기설비

설치목적	① 트랩봉수의 파괴 방지(주목적) ② 배수 흐름의 원활 ③ 배수관 내의 악취를 실외로 배출 ④ 배수관 내의 청결 유지	
통기관의 종류	각개통기관	① 각 위생기구마다 통기관을 연결하는 방식으로 가장 이상적인 통기방식이나 설비비가 많이 든다. ② 각개통기관은 기구의 물 넘침선 위로 150mm 이상 입상하여 통기수평지관에 접속한다. ③ 각개통기관의 배수관 접속점은 기구의 최고 수면과 배수수평지관이 수직관에 접속되는 점을 연결한 동수 구배선보다 상위에 있도록 배관한다. ④ 관경은 최소 DN32 이상으로 접속되는 배수관 관경의 1/2 이상으로 한다.

통기관의 종류	루프통기관 (환상·회로)	① 2개 이상의 트랩을 보호하기 위하여 설치하는 통기관으로서, 최상류 위생기구배수관이 배수수평지관에 접속하는 위치의 직하(直下)에서 입상하여 통기수직관에 접속하는 통기관이다. ② 관경은 최소 DN32 이상으로, 접속되는 배수수평지관과 통기수직관의 작은 쪽 관경의 1/2으로 한다.
	도피통기관	① 회로통기관의 통기 능률을 촉진시키기 위하여 설치한다. ② 최하류 기구배수관과 배수수직관 사이에 설치한다. ③ 관경은 최소 DN32 이상으로, 접속되는 배수수평지관 관경의 2분의 1 이상으로 한다.
	습식통기관	① 배수수평지관 최상류 위생기구의 바로 아래에 접속하여 배수와 통기의 역할을 겸용한다. ② 관경은 최소 DN32 이상으로 한다.
	결합통기관	① 고층건물의 경우 5개 층마다 설치하며 배수수직관과 통기수직관을 접속하는 통기관을 말한다. ② 배수수직관으로부터 분기 입상하여 통기수직관에 접속한다. ③ 배수수수직관과 통기수직관을 접속하는 것으로 배수수직관 내의 압력변동을 완화하기 위해 설치한다. ④ 관경은 최소 DN50 이상으로, 접속되는 통기수직관과 배수수직관의 작은 쪽 관경 이상으로 한다.
	신정통기관	① 배수수직관 상부에서 관경을 축소하지 않고 연장하여 옥상 등의 대기 중에 개구시킨다. ② 신정 통기관의 관경은 배수수직관의 관경 이상으로 한다.
	공용통기관	① 2개의 트랩이나 트랩이 달린 기구가 같은 위치에 설치되어 있을 때 기구 배수관의 교점에 접속되어 입상한다. ② 관경은 최소 DN40 이상으로 한다.
	특수통기 방식 — 소벤트방식 (Sovent System)	통기관을 따로 설치하지 않고 하나의 배수수직관으로 배수와 통기를 겸하는 방식으로 공기혼합 이음쇠와 공기분리 이음쇠의 2개의 이음쇠가 필요하다.
	특수통기 방식 — 섹스티아 방식 (Sextia System)	섹스티아 이음쇠와 섹스티아 벤트관을 사용하여 유수에 선회력을 주어 공기코어를 유지시켜 하나의 배수수직관으로 배수와 통기를 겸하는 방식이다.
발포존	원인	공동주택에서는 세탁기, 주방 싱크대 등에서 세제를 포함한 배수가 위층에서 배수되면 아래층의 기구 트랩에서 분출작용이 발생하여 트랩의 봉수가 파괴되어 세제 거품이 올라오는 경우가 있다.

발포존	대 책	① 배수 수평관의 길이를 짧게 한다. ② 저층부와 고층부의 배수계통을 별도로 한다.
종국유속		배수수직관에서 흘러내리는 물의 속도는 중력가속도에 의해 급격히 증가하지만 무한정 증가하지는 않는다. 즉, 배수가 흐르면서 배관 내벽 및 배관 내 공기와의 마찰에 의해 속도와 저항이 균형을 이루어 일정한 유속을 유지하는데 이것을 종국유속이라 한다.
종국길이 (종국장)		종국유속에 도달할 때까지 유하거리를 말한다.
수력도약 현상 (도수현상)		배수수직주관으로부터 배수수평주관으로 배수가 옮겨가는 경우, 굴곡부에서는 원심력에 의해 외측의 배수는 관벽으로 힘이 작용하면서 흐른다. 또한 배수수직주관 내의 유속은 상당히 빠르지만 배수수평주관 내에서는 이 유속이 유지될 수 없기 때문에 급격히 유속이 떨어지게 되고 뒤이어 흘러내리는 배수가 있을 경우에는 유속이 떨어진 배수의 정체로 인하여 수력도약 현상이 발생된다.
배수관 구배		① 배수관의 표준구배: 50분의 1∼100분의 1 ② 배관유속: 0.6∼1.2m/sec ③ 배수유수면 높이: 관경의 2분의 1∼3분의 2, 관 단면적의 50∼70%
배관 설치 시 주의사항		① 통기관은 오버플로우면보다 150mm 이상 입상시킨 다음 통기수직관에 연결한다. ② 통기관이 바닥 아래에서 배관되어서는 아니 된다. ③ 통기수직관은 우수수직관에 연결해서는 아니 된다. ④ 오버플로우관은 트랩의 유입구측에 연결하여야 한다. ⑤ 정화조의 통기관과 일반 배수용의 통기관은 별도 배관하며, 통기관은 실내환기용 덕트에 연결하지 않도록 한다. ⑥ 기구배수관의 관지름은 이것과 접속하는 기구의 트랩 구경 이상으로 한다. ⑦ 배수수평지관의 관지름은 이것과 접속하는 기구배수관의 최대 관지름 이상으로 한다. ⑧ 배수수직관의 관지름은 이것과 접속하는 배수수평지관의 최대 관지름 이상으로 한다.
배관 설치기준		① 배수설비는 오수관로에 연결하여야 하고, 배수설비에는 악취 및 배수의 역류를 막을 수 있는 시설을 할 것 ② 우수관과 오수관은 분리하여 배관할 것 ③ 콘크리트 구조체에 배관을 매설하거나 배관이 콘크리트 구조체를 관통할 경우에는 구조체에 덧관을 미리 매설하는 등 배관의 부식을 방지하고 수선이나 교체가 용이하도록 할 것 ④ 지하실 등 공공하수도로 자연배수를 할 수 없는 곳에는 배수용량에 맞는 강제배수시설을 설치할 것

3 오수정화설비

(1) 오물정화조의 처리순서

(2) 오물정화조 구조

부패조	① 혐기성균에 의한 소화 · 침전작용을 한다. ② 혐기성균의 활동을 왕성하게 하기 위하여 뚜껑을 완전히 밀폐시킨다.
여과조	① 부유물을 제거하고 산화조의 통기성을 향상시킬 목적으로 부패조와 산화조 사이에 설치한다. ② 여과조는 부패조와 산화조 사이에 설치하며, 배기관은 지상 3m 높이로 설치한다.
산화조	① 산소의 공급으로 호기성균에 의한 산화(분해)처리시킨다. ② 쇄석층의 밑면은 소독조를 향해 선하향구배(1/200)를 한다.
소독조	산화조에서 나온 오수 중 각종 세균을 염소계통의 차아염소산나트륨, 표백분 등으로 멸균시키는 탱크이다.

(3) 수질측정요소

구 분	내 용
DO (용존산소농도)	① 물속에 용해되어 있는 산소량을 ppm으로 나타낸 것 ② DO가 클수록 정화능력이 크다
BOD (생물학적 산소요구량)	① 오수에 있는 유기물질이 호기성세균에 의해 산화될 때 소비되는 산소량을 mg/l 또는 ppm으로 나타낸 것 ② BOD 값이 클수록 물이 오염되어 있는 것을 나타낸다.
BOD제거율	오물정화조의 유입수 BOD와 유출수 BOD의 차이를 유입수 BOD로 나눈 값 $$\frac{유입수\ BOD - 유출수\ BOD}{유입수\ BOD} \times 100(\%)$$
COD (화학적 산소요구량)	① 오수 중 산화되기 쉬운 유기물질이 산화제에 의해 산화될 때 소비되는 산화제 양에 상당하는 산소의 양을 말한다. ② COD 값이 클수록 물이 오염되어 있는 것을 나타낸다.
SS (부유물질)	부유물질로서 오수 중에 현탁되어 있는 물질을 말한다.
스컴(오물찌꺼기)	정화조 내의 오수표면 위에 떠오르는 오물찌꺼기

(4) 개인하수처리시설의 관리 등

구 분	대 상		
기술관리인 선임	① 1일 처리용량이 50세제곱미터 이상인 오수처리시설(1개의 건물에 2 이상의 오수처리시설이 설치되어 있는 경우 그 용량의 합계가 50세제곱미터 이상인 것을 포함한다) ② 처리대상 인원이 1천명 이상인 정화조(1개의 건물에 2 이상의 정화조가 설치되어 있는 경우 그 처리대상 인원의 합계가 1천명 이상인 것을 포함한다)		
방류수질 측정	① 1일 처리용량이 200세제곱미터 이상인 오수처리시설과 1일 처리대상 인원이 2천명 이상인 정화조 : 6개월마다 1회 이상 ② 1일 처리용량이 50세제곱미터 이상 200세제곱미터 미만인 오수처리시설과 1일 처리대상 인원이 1천명 이상 2천명 미만인 정화조 : 연 1회 이상 ③ 방류수 수질을 자가 측정하거나 측정대행업자가 측정하게 하고, 그 결과를 3년간 보관한다.		
염소소독	1일 처리대상인원이 500명 이상인 정화조		

☝ 공공하수처리시설 또는 폐수종말처리시설로 오수를 유입시켜 처리하는 지역에 설치된 개인하수처리시설에는 기술관리인 선임, 방류수 수질 측정, 염소소독, 청소 규정은 적용하지 아니한다.

구 분	대 상		
용 어	① 분뇨 : 수거식 화장실에서 수거되는 액체성 또는 고체성의 오염물질(개인하수처리시설의 청소과정에서 발생하는 찌꺼기를 포함한다)을 말한다. ② 합류식하수관로 : 오수와 하수도로 유입되는 빗물·지하수가 함께 흐르도록 하기 위한 하수관로를 말한다. ③ 분류식하수관로 : 오수와 하수도로 유입되는 빗물·지하수가 각각 구분되어 흐르도록 하기 위한 하수관로를 말한다. ④ 공공하수처리시설 : 하수를 처리하여 하천·바다 그 밖의 공유수면에 방류하기 위하여 지방자치단체가 설치 또는 관리하는 처리시설과 이를 보완하는 시설을 말한다. ⑤ 개인하수처리시설 : 건물·시설 등에서 발생하는 오수를 침전·분해 등의 방법으로 처리하는 시설을 말한다. ⑥ 하수 : 사람의 생활이나 경제활동으로 인하여 액체성 또는 고체성의 물질이 섞여 오염된 물과 건물·도로 그 밖의 시설물의 부지로부터 하수도로 유입되는 빗물·지하수를 말한다. 다만, 농작물의 경작으로 인한 것을 제외한다.		
설치기준	하수 처리 구역	밖	① 1일 오수발생량이 2m³ 초과하는 건물 : 오수처리시설을 설치할 것 ② 1일 오수발생량이 2m³ 이하인 건물 : 정화조를 설치할 것
		안(합류식 하수관로 설치지역만 해당한다)	수세식 변기를 설치하려는 자는 정화조를 설치할 것

(5) 개인하수처리시설의 소유자 또는 관리자의 금지행위

> ① 건물 등에서 발생하는 오수를 개인하수처리시설에 유입시키지 아니하고 배출하거나 개인하수처리시설에 유입시키지 아니하고 배출할 수 있는 시설을 설치하는 행위
> ② 개인하수처리시설에 유입되는 오수를 최종 방류구를 거치지 아니하고 중간배출하거나 중간배출할 수 있는 시설을 설치하는 행위
> ③ 건물 등에서 발생하는 오수에 물을 섞어 처리하거나 물을 섞어 배출하는 행위
> ④ 정당한 사유 없이 개인하수처리시설을 정상적으로 가동하지 아니하여 방류수 수질기준을 초과하는 오수를 배출하는 행위

(6) 개인하수처리시설의 소유자 또는 관리자의 사전 신고사항

개인하수처리시설의 소유자 또는 관리자는 다음의 부득이한 사유에 의하여 방류수 수질기준을 초과하여 방류하게 된 때에는 특별자치시장·특별자치도지사·시장· 군수·구청장에게 신고하여야 한다.

> ① 개인하수처리시설을 개선·변경 또는 보수하기 위하여 필요한 경우
> ② 개인하수처리시설의 주요기계장치 등의 사고로 인하여 정상운영할 수 없는 경우
> ③ 단전이나 단수로 개인하수처리시설을 정상적으로 운영할 수 없는 경우
> ④ 천재지변·화재 기타의 불가항력적인 사유로 개인하수처리시설을 운영할 수 없는 경우
> ⑤ 기후의 변동 또는 이상물질의 유입 등으로 인하여 개인하수처리시설을 정상 운영할 수 없는 경우

06 난방설비

1 난방방식 특징

	장 점	단 점
복사 난방	① 실내 수직온도분포가 균등하고 쾌감도가 높다. ② 방을 개방상태로 하여도 난방효과가 높다. ③ 복사에 의한 열전달이 이루어지므로 천장이 높은 방 및 로비 등에 적합하다. ④ 방열기가 설치되지 않아 실내유효면적이 증가한다.	① 방열량 조절이 어렵다. ② 긴 예열시간이 필요하다. ③ 시공이 어렵고 수리비, 설비비가 많이 든다. ④ 열손실을 막기 위한 단열층이 필요하다.

	구 분	증기난방	온수난방
증기 및 온수 난방	예열시간	짧다(증기순환이 빠르다).	길다.
	열용량	작다.	크다.
	열운반능력	크다(증발잠열이용).	작다(현열이용).
	방열량조절	곤란하다.	용이하다.
	쾌감도	낮다.	높다.
	보일러 취급	어렵다.	간단하다.
	배관경	작다.	크다.
	방열면적	작아도 된다.	커야 한다.
	설비비	싸다.	비싸다.

온풍 난방	① 열용량이 작고 예열시간이 짧다. ② 예열부하가 적고 소형이다. ③ 쾌감도가 좋지 않다.

2 보일러의 종류 및 용량산출 등

종류	주철제 보일러	① 조립식으로 용량을 쉽게 증가시킬 수 있으며 반입이 용이하다. ② 내식성과 내구성이 우수하고 수명이 길다. ③ 누수가 발생할 수 있기 때문에 고압에는 부적합하다. ④ 가격이 싸다.
	노통연관 보일러	① 보유수량이 많아 부하의 변동에 안정성이 있다. ② 수면이 넓어 급수조절이 용이하다. ③ 전열면적이 커서 효율이 좋다. ④ 보유수량이 많아 가동시간이 길다. ⑤ 수명은 짧고 주철제 보일러보다 비싸다.
	수관보일러	① 가동시간이 짧다. ② 고가이며 스케일로 인한 수처리가 복잡하다. ③ 열효율이 좋다. ④ 고압 및 대용량에 적합하다. ⑤ 대규모 건물이나 지역난방에 사용된다.
	관류보일러	① 하나의 관내를 흐르는 동안에 예열, 가열, 증발, 과열이 행해져 과열증기를 얻을 수 있다. ② 보유수량이 적어 가동시간이 짧고 소음이 크다. ③ 부하변동에 대응하기 쉽다. ④ 중·소형 건물에 사용된다.
	입형보일러	① 설치면적이 적다. ② 취급이 용이하다. ③ 구조가 간단하다. ④ 사무실, 주택에 사용된다.
보일러 용량산출		① 정미출력: 난방부하 + 급탕부하 ② 상용출력: 난방부하 + 급탕부하 + 배관부하 ③ 정격출력: 난방부하 + 급탕부하 + 배관부하 + 예열부하

	표준상태의 온도(℃)		표준방열량 (kw/m²)
열 매	열매온도	실내온도	
증 기	102	18.5	0.756
온 수	80	18.5	0.523

(방열기의 표준방열량)

※ 방열기의 표준방열량: 열매온도와 실내온도가 표준상태일 때 방열기 표면적 1m²당 1시간 동안의 방열량을 말한다.

상당방열면적 (EDR)

$$\frac{\text{방열기의 전 방열량(kw)}}{\text{표준방열량(kw/m}^2)}$$

3 난방설비 설치기준 등

난방구획	공동주택의 난방설비를 중앙집중난방방식으로 하는 경우에는 난방열이 각 세대에 균등하게 공급될 수 있도록 4층 이상 10층 이하의 건축물인 경우에는 2개소 이상, 10층을 넘는 건축물인 경우에는 10층을 넘는 5개 층마다 1개소를 더한 수 이상의 난방구획으로 구분하여 각 난방구획마다 따로 난방용배관을 하여야 한다. 다만, 다음에 해당하는 경우에는 그러하지 아니하다. ① 연구기관 또는 학술단체의 조사 또는 시험에 의하여 난방열을 각 세대에 균등하게 공급할 수 있다고 인정되는 시설 또는 설비를 설치한 경우 ② 난방설비를 「집단에너지사업법」에 의한 지역난방공급방식으로 하는 경우로서 산업통상자원부장관이 정하는 바에 따라 각 세대별로 유량조절장치를 설치한 경우
개별난방 설비의 설치기준	① 공동주택과 오피스텔의 난방설비를 개별난방방식으로 하는 경우에는 다음의 기준에 적합하여야 한다. ㉠ 보일러는 거실 외의 곳에 설치하되, 보일러를 설치하는 곳과 거실 사이의 경계벽은 출입구를 제외하고는 내화구조의 벽으로 구획하여야 한다. ㉡ 보일러실의 윗부분에는 그 면적이 0.5m² 이상인 환기창을 설치하고, 보일러실의 윗부분과 아랫부분에는 각각 지름 10cm 이상의 공기흡입구 및 배기구를 항상 열려 있는 상태로 바깥공기에 접하도록 설치하여야 한다. 다만, 전기보일러의 경우에는 그러하지 아니하다. ㉢ 보일러실과 거실 사이의 출입구는 그 출입구가 닫힌 경우에는 보일러가스가 거실에 들어갈 수 없는 구조로 하여야 한다. ㉣ 기름보일러를 설치하는 경우에는 기름저장소를 보일러실 외의 다른 곳에 설치하여야 한다. ㉤ 오피스텔의 경우에는 난방구획을 방화구획으로 구획하여야 한다. ㉥ 보일러의 연도는 내화구조로서 공동연도로 설치하여야 한다. ② 가스보일러에 의한 난방설비를 설치하고 가스를 중앙집중공급방식으로 공급하는 경우에는 ①의 규정에 불구하고 가스관계법령이 정하는 기준에 의하되, 오피스텔의 경우에는 난방구획을 방화구획으로 구획해야 한다. ③ 허가권자는 개별 보일러를 설치하는 건축물의 경우 소방청장이 정하여 고시하는 기준에 따라 일산화탄소 경보기를 설치하도록 권장할 수 있다. ※ 내화구조(耐火構造): 화재에 견딜 수 있는 성능을 가진 구조 ※ 방화구조(防火構造): 화염의 확산을 막을 수 있는 성능을 가진 구조
온돌 및 난방설비의 설치기준	① 온수온돌 ㉠ 온수온돌이란 보일러 또는 그 밖의 열원으로부터 생성된 온수를 바닥에 설치된 배관을 통하여 흐르게 하여 난방을 하는 방식을 말한다. ㉡ 온수온돌은 바탕층, 단열층, 채움층, 배관층(방열관을 포함한다) 및 마감층 등으로 구성된다.

온돌 및 난방설비의 설치기준

상부마감층 ⇨
배관(방열관) ⇨
채움층 ⇨
단열층 ⇨
바탕층 ⇨

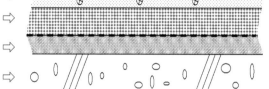

ⓐ 바탕층: 온돌이 설치되는 건축물의 최하층 또는 중간층의 바닥
ⓑ 단열층: 온수온돌의 배관층에서 방출되는 열이 바탕층 아래로 손실되는 것을 방지하기 위하여 배관층과 바탕층 사이에 단열재를 설치하는 층
ⓒ 채움층: 온돌구조의 높이 조정, 차음성능 향상, 보조적인 단열기능 등을 위하여 배관층과 단열층 사이에 완충재 등을 설치하는 층
ⓓ 배관층: 단열층 또는 채움층 위에 방열관을 설치하는 층
ⓔ 방열관: 열을 발산하는 온수를 순환시키기 위하여 배관층에 설치하는 온수배관
ⓕ 마감층: 배관층 위에 시멘트, 모르타르, 미장 등을 설치하거나 마루재, 장판 등 최종 마감재를 설치하는 층

② 온수온돌의 설치기준
  ㉠ 배관층과 바탕층 사이의 열저항은 층간 바닥인 경우에는 해당 바닥에 요구되는 열관류저항의 60% 이상이어야 하고, 최하층 바닥인 경우에는 해당 바닥에 요구되는 열관류저항이 70% 이상이어야 한다. 다만, 심야전기이용 온돌의 경우에는 그러하지 아니하다.
  ㉡ 바탕층이 지면에 접하는 경우에는 바탕층 아래와 주변 벽면에 높이 10센티미터 이상의 방수처리를 하여야 하며, 단열재의 윗부분에 방습처리를 하여야 한다.

---

4 보일러 용수의 관리

① 보일러 내의 물은 수시로 배출하고 새로운 물로 교체한다.
② 스케일(물때) 방지 및 부식방지를 위하여 연수를 사용한다.
③ 보일러 용수로 경수를 사용하면 스케일이 발생한다.

5 스케일로 인한 피해 및 대책

피 해	① 전열량이 감소되며 보일러효율을 저하시킨다. ② 연료소비량이 증대된다. ③ 배기가스 온도를 상승시킨다. ④ 과열로 인한 과열사고를 유발시킨다. ⑤ 보일러수의 순환악화 및 통수공을 차단시킨다. ⑥ 전열면 국부과열 현상이 나타난다. ⑦ 부식을 촉진시킨다. ⑧ 보일러의 수명을 단축시킨다.
대 책	인산염, 규산염을 주성분으로 한 청관제는 물에 열을 가함으로써 물속에 탄산칼슘이 스케일이(물때) 되는 것을 방지하여 배관, 보일러의 효율을 증대시키고 수명을 연장하여 주는 역할을 한다.

6 보일러 이상현상

구 분	의 의
압 궤	전열면이 과열에 의해 외압을 견디지 못하고 안쪽으로 오목하게 찌그러지는 현상
팽 출	전열면이 과열에 의해 내압력을 견디지 못하고 밖으로 부풀어 오르는 현상
포 밍	보일러의 물이 끓는 경우 그 물에 함유된 유지분이나 부유물에 의해 거품이 생기는 현상
프라이밍	관수가 갑자기 끓을 때 물거품이 수면을 벗어나서 증기 속으로 비산하는 현상
캐리오버	증기관으로 송기되는 증기에 비수 등에 의해 수분이 많이 함유되어 배관내부에 응결수나 물이 고여서 워터해머링의 원인이 되는 현상
수격작용	증기 송기 시 증기관 내부에서 생성되는 응결수(드레인)가 고온, 고압의 증기의 영향으로 배관을 강하게 치는 현상

7 환기설비

자연환기 특성	① 개구부를 주풍향에 직각이 되게 계획하면 환기량이 많아진다. ② 실내온도가 실외온도보다 낮으면 상부에서는 실외공기가 유입되고 하부로 실내공기가 유출된다. ③ 실내온도가 실외온도보다 높으면 하부에서는 실외공기가 유입되고 상부로 실내공기가 유출된다. ④ 최근의 고단열, 고기밀 건축물은 열효율 면에서는 유리하나 자연환기에서는 불리하다. ⑤ 실내에 바람이 없을 때 실내외의 온도차가 클수록 환기량은 많아진다.
배기설비 설치기준	① 배기구는 반자 또는 반자 아래 80센티미터 이내의 높이에 설치하고, 항상 개방될 수 있는 구조로 할 것 ② 배기통 및 배기구는 외기의 기류에 의하여 배기에 지장이 생기지 아니하는 구조로 할 것 ③ 배기통에는 그 최상부 및 배기통을 제외하고는 개구부를 두지 아니할 것 ④ 배기통의 최상부는 직접 외기에 개방되게 하되, 빗물 등을 막을 수 있는 설비를 할 것 ⑤ 부엌에 설치하는 배기구에는 전동환기설비를 설치할 것
배연설비	① 특별피난계단 및 비상용승강기의 승강장에 설치하는 배연설비의 구조는 다음의 기준에 적합하여야 한다. 　㉠ 배연구 및 배연풍도는 불연재료로 하고, 화재가 발생한 경우 원활하게 배연시킬 수 있는 규모로서 외기 또는 평상시에 사용하지 아니하는 굴뚝에 연결할 것 　㉡ 배연구에 설치하는 수동개방장치 또는 자동개방장치(열감지기 또는 연기감지기에 의한 것을 말한다)는 손으로도 열고 닫을 수 있도록 할 것 　㉢ 배연구는 평상시에는 닫힌 상태를 유지하고, 연 경우에는 배연에 의한 기류로 인하여 닫히지 아니하도록 할 것 　㉣ 배연구가 외기에 접하지 아니하는 경우에는 배연기를 설치할 것 　㉤ 배연기는 배연구의 열림에 따라 자동적으로 작동하고, 충분한 공기배출 또는 가압능력이 있을 것 　㉥ 배연기에는 예비전원을 설치할 것 　㉦ 공기유입방식을 급기가압방식 또는 급·배기방식으로 하는 경우에는 ㉠ 내지 ㉥의 규정에 불구하고 소방관계법령의 규정에 적합하게 할 것 ② 배연설비를 설치하여야 하는 건축물에는 다음의 기준에 적합하게 배연설비를 설치해야 한다. 다만, 피난층인 경우에는 그렇지 않다. 　㉠ 건축물이 방화구획으로 구획된 경우에는 그 구획마다 1개소 이상의 배연창을 설치하되, 배연창의 상변과 천장 또는 반자로부터 수직거리가 0.9미터 이내일 것. 다만, 반자높이가 바닥으로부터 3미터 이상인 경우에는 배연창의 하변이 바닥으로부터 2.1미터 이상의 위치에 놓이도록 설치하여야 한다.

배연설비	ⓒ 배연창의 유효면적은 별표 2의 산정기준에 의하여 산정된 면적이 1제곱미터 이상으로서 그 면적의 합계가 당해 건축물의 바닥면적의 100분의 1 이상일 것. 이 경우 바닥면적의 산정에 있어서 거실바닥면적의 20분의 1 이상으로 환기창을 설치한 거실의 면적은 이에 산입하지 아니한다. ⓒ 배연구는 연기감지기 또는 열감지기에 의하여 자동으로 열 수 있는 구조로 하되, 손으로도 열고 닫을 수 있도록 할 것 ⓔ 배연구는 예비전원에 의하여 열 수 있도록 할 것 ⓜ 기계식 배연설비를 하는 경우에는 ① 내지 ⓔ의 규정에 불구하고 소방관계법령의 규정에 적합하도록 할 것
환기설비 설치규정 및 의의	① 신축 또는 리모델링하는 다음의 어느 하나에 해당하는 주택 또는 건축물은 시간당 0.5회 이상의 환기가 이루어질 수 있도록 자연환기설비 또는 기계환기설비를 설치하여야 한다. ① 30세대 이상의 공동주택 ⓒ 주택을 주택 외의 시설과 동일건축물로 건축하는 경우로서 주택이 30세대 이상인 건축물 ② 신축공동주택 등에 자연환기설비를 설치하는 경우에는 자연환기설비가 ①에 따른 환기횟수를 충족하는지에 대하여「건축법」제4조에 따른 지방건축위원회의 심의를 받아야 한다. 다만, 신축공동주택 등에「산업표준화법」에 따른 한국산업표준의 자연환기설비 환기성능 시험방법(KSF 2921)에 따라 성능시험을 거친 자연환기설비를 별표1의3에 따른 자연환기설비 설치 길이 이상으로 설치하는 경우는 제외한다.
기계환기 설비설치	① 기계환기설비의 환기기준은 시간당 실내공기 교환횟수(환기설비에 의한 최종 공기흡입구에서 세대의 실내로 공급되는 시간당 총 체적 풍량을 실내 총 체적으로 나눈 환기횟수를 말한다)로 표시하여야 한다. ② 하나의 기계환기설비로 세대 내 2 이상의 실에 바깥공기를 공급할 경우의 필요 환기량은 각 실에 필요한 환기량의 합계 이상이 되도록 하여야 한다. ③ 세대의 환기량 조절을 위하여 환기설비의 정격풍량을 최소·적정·최대의 3단계 또는 그 이상으로 조절할 수 있는 체계를 갖추어야 하고, 적정단계의 필요 환기량은 신축공동주택 등의 세대를 시간당 0.5회로 환기할 수 있는 풍량을 확보하여야 한다. ④ 공기공급체계 또는 공기배출체계는 부분적 손실 등 모든 압력 손실의 합계를 고려하여 계산한 공기공급능력 또는 공기배출능력이 시간당 0.5회 이상의 환기기준을 확보할 수 있도록 하여야 한다. ⑤ 기계환기설비는 신축공동주택 등의 모든 세대가 시간당 0.5회 이상의 환기횟수를 만족시킬 수 있도록 24시간 가동할 수 있어야 한다. ⑥ 기계환기설비는 다음의 어느 하나에 해당되는 체계를 갖추어야 한다. ① 바깥공기를 공급하는 송풍기와 실내공기를 배출하는 송풍기가 결합된 환기체계 ⓒ 바깥공기를 공급하는 송풍기와 실내공기가 배출되는 배기구가 결합된 환기체계

	© 바깥공기가 도입되는 공기흡입구와 실내공기를 배출하는 송풍기가 결합된 환기체계
	⑦ 바깥공기를 공급하는 공기공급체계 또는 바깥공기가 도입되는 공기흡입구는 다음 각 목의 요건을 모두 갖춘 공기여과기 또는 집진기 등을 갖춰야 한다. 다만, ⑥의 ©에 따른 환기체계를 갖춘 경우에는 한국산업표준(KS B 6141)에 따른 입자 포집률이 질량법으로 측정하여 70퍼센트 이상일 것
	⑦ 입자형·가스형 오염물질을 제거 또는 여과하는 성능이 일정 수준 이상일 것
	© 여과장치 등의 청소 및 교환 등 유지관리가 쉬운 구조일 것
	© 공기여과기의 경우 한국산업표준(KS B 6141)에 따른 입자 포집률이 계수법으로 측정하여 60퍼센트 이상일 것
	⑧ 기계환기설비는 주방 가스대 위의 공기배출장치, 화장실의 공기배출 송풍기 등 급속 환기 설비와 함께 설치할 수 있다.
기계환기 설비설치	⑨ 기계환기설비에서 발생하는 소음의 측정은 한국산업규격(KS B 6361)에 따르는 것을 원칙으로 한다. 측정위치는 대표길이 1미터(수직 또는 수평 하단)에서 측정하여 소음이 40dB이하가 되어야 하며, 암소음(측정대상인 소음 외에 주변에 존재하는 소음을 말한다)은 보정하여야 한다. 다만, 환기설비 본체(소음원)가 거주공간 외부에 설치될 경우에는 대표길이 1미터(수직 또는 수평 하단)에서 측정하여 50dB 이하가 되거나, 거주공간 내부의 중앙부 바닥으로부터 1.0~1.2미터 높이에서 측정하여 40dB 이하가 되어야 한다.
	⑩ 외부에 면하는 공기흡입구와 배기구는 교차오염을 방지할 수 있도록 1.5m 이상의 이격거리를 확보하거나, 공기흡입구와 배기구의 방향이 서로 90도 이상 되는 위치에 설치되어야 하고 화재 등 유사시 안전에 대비할 수 있는 구조와 성능이 확보되어야 한다.
	⑪ 기계환기설비의 에너지 절약을 위하여 열회수형 환기장치를 설치하는 경우에는 한국산업표준(KS B 6879)에 따라 시험한 열회수형 환기장치의 유효환기량이 표시용량의 90퍼센트 이상이어야 하고, 열회수형 환기장치의 안과 밖은 물 맺힘이 발생하는 것을 최소화할 수 있는 구조와 성능을 확보하도록 하여야 한다.
자연환기 설비설치	① 자연환기설비의 각 부분의 재료는 충분한 내구성 및 강도를 유지하여 작동되는 동안 구조 및 성능에 변형이 없어야 하며, 표면결로 및 바깥공기의 직접적인 유입으로 인하여 발생할 수 있는 불쾌감(콜드드래프트 등)을 방지할 수 있는 재료와 구조를 갖추어야 한다.
	② 자연환기설비는 다음 각 목의 요건을 모두 갖춘 공기여과기를 갖춰야 한다.
	⑦ 도입되는 바깥공기에 포함되어 있는 입자형·가스형 오염물질을 제거 또는 여과하는 성능이 일정 수준 이상일 것
	© 한국산업표준(KS B 6141)에 따른 입자 포집률이 질량법으로 측정하여 70퍼센트 이상일 것
	© 청소 또는 교환이 쉬운 구조일 것

자연환기 설비설치	③ 한국산업규격(KSB 2921)의 시험조건하에서 자연환기설비로 인하여 발생하는 소음은 대표길이 1m(수직 또는 수평 하단)에서 측정하여 40dB 이하가 되어야 한다. ④ 자연환기설비는 설치되는 실의 바닥부터 수직으로 1.2m 이상의 높이에 설치하여야 하며, 2개 이상의 자연환기설비를 상하로 설치하는 경우 1m 이상의 수직간격을 확보하여야 한다. ※ 콜드 드래프트: 외부의 기온이 낮을 때 외부의 찬 공기가 들어오거나 외기(外氣)와 접한 유리나 벽면 따위가 냉각되면서 실내에 찬 공기의 흐름이 생기는 현상
실내발열량에 의한 환기량 계산과 환기횟수	$$Q(환기량) = \frac{H_s}{\rho \cdot C_p \cdot (t_r - t_0)}(\text{m}^3/\text{h})$$ H_s : 실내 발열량(kJ/h) ρ : 밀도(1.2kg/m³) C_p : 공기정압비열(1.01kJ/kg·K) t_r : 실내 설정온도 t_0 : 급기(외기)온도 환기횟수 = 환기량 ÷ 실내체적
CO₂ 농도에 의한 환기량	$$Q(m^3/h) = \frac{K}{C_i - C_o}$$ K : 실내 총 CO_2 발생량(m³/h) C_i : 실내 CO_2 허용농도 C_o : 외기 CO_2 농도

07 소방설비

1 용어정의

① **소방시설**

소화설비, 경보설비, 피난구조설비, 소화용수설비, 그 밖에 소화활동설비로서 대통령령으로 정하는 것을 말한다.

② **소방시설 등**

소방시설과 비상구(非常口), 그 밖에 소방 관련 시설로서 대통령령으로 정하는 것을 말한다.

③ **특정소방대상물**

건축물 등의 규모·용도 및 수용인원 등을 고려하여 소방시설을 설치하여야 하는 소방대상물로서 대통령령으로 정하는 것을 말한다.

④ **화재안전성능**

화재를 예방하고 화재발생시 피해를 최소화하기 위하여 소방대상물의 재료, 공간 및 설비 등에 요구되는 안전성능을 말한다.

⑤ **성능위주설계**

건축물 등의 재료, 공간, 이용자, 화재 특성 등을 종합적으로 고려하여 공학적 방법으로 화재 위험성을 평가하고 그 결과에 따라 화재안전성능이 확보될 수 있도록 특정소방대상물을 설계하는 것을 말한다.

⑥ **무창층**(無窓層)

지상층 중 다음 각 목의 요건을 모두 갖춘 개구부(건축물에서 채광·환기·통풍 또는 출입 등을 위하여 만든 창·출입구, 그 밖에 이와 비슷한 것을 말한다)의 면적의 합계가 해당 층의 바닥면적(「건축법 시행령」에 따라 산정된 면적을 말한다)의 30분의 1 이하가 되는 층을 말한다.

㉠ 크기는 지름 50센티미터 이상의 원이 통과할 수 있을 것

㉡ 해당 층의 바닥면으로부터 개구부 밑부분까지의 높이가 1.2미터 이내일 것

㉢ 도로 또는 차량이 진입할 수 있는 빈터를 향할 것

㉣ 화재 시 건축물로부터 쉽게 피난할 수 있도록 창살이나 그 밖의 장애물이 설치되지 않을 것

㉤ 내부 또는 외부에서 쉽게 부수거나 열 수 있을 것

2 소방시설의 분류

(1) **소화설비**: 물 또는 그 밖의 소화약제를 사용하여 소화하는 기계·기구 또는 설비로서 다음의 것

① **소화기구**

㉠ 소화기

㉡ 간이소화용구: 에어로졸식 소화용구, 투척용 소화용구, 소공간용 소화용구 및 소화약제 외의 것을 이용한 간이소화용구

㉢ 자동확산소화기

② **자동소화장치**
  ㉠ 주거용 주방자동소화장치
  ㉡ 상업용 주방자동소화장치
  ㉢ 캐비닛형 자동소화장치
  ㉣ 가스자동소화장치
  ㉤ 분말자동소화장치
  ㉥ 고체에어로졸자동소화장치
③ 옥내소화전설비[호스릴(hose reel) 옥내소화전설비를 포함한다]
④ **스프링클러설비등**
  ㉠ 스프링클러설비
  ㉡ 간이스프링클러설비(캐비닛형 간이스프링클러설비를 포함한다)
  ㉢ 화재조기진압용 스프링클러설비
⑤ **물분무등소화설비**
  ㉠ 물분무소화설비
  ㉡ 미분무소화설비
  ㉢ 포소화설비
  ㉣ 이산화탄소소화설비
  ㉤ 할론소화설비
  ㉥ 할로겐화합물 및 불활성기체(다른 원소와 화학반응을 일으키기 어려운 기체를 말한다) 소화설비
  ㉦ 분말소화설비
  ㉧ 강화액소화설비
  ㉨ 고체에어로졸소화설비
⑥ **옥외소화전설비**

(2) **경보설비** : 화재발생 사실을 통보하는 기계·기구 또는 설비로서 다음의 것
① 단독경보형 감지기
② **비상경보설비**
  ㉠ 비상벨설비
  ㉡ 자동식사이렌설비
③ 자동화재탐지설비
④ 시각경보기
⑤ 화재알림설비
⑥ 비상방송설비

⑦ 자동화재속보설비

⑧ 통합감시시설

⑨ 누전경보기

⑩ 가스누설경보기

(3) **피난구조설비** : 화재가 발생할 경우 피난하기 위하여 사용하는 기구 또는 설비로서 다음의 것

① **피난기구**

  ㉠ 피난사다리

  ㉡ 구조대

  ㉢ 완강기

  ㉣ 간이완강기

  ㉤ 그 밖에 화재안전기준으로 정하는 것

② **인명구조기구**

  ㉠ 방열복, 방화복(안전모, 보호장갑 및 안전화를 포함한다)

  ㉡ 공기호흡기

  ㉢ 인공소생기

③ **유도등**

  ㉠ 피난유도선

  ㉡ 피난구유도등

  ㉢ 통로유도등

  ㉣ 객석유도등

  ㉤ 유도표지

④ 비상조명등 및 휴대용비상조명등

(4) **소화용수설비** : 화재를 진압하는 데 필요한 물을 공급하거나 저장하는 설비로서 다음의 것

① 상수도소화용수설비

② 소화수조 · 저수조, 그 밖의 소화용수설비

(5) **소화활동설비** : 화재를 진압하거나 인명구조활동을 위하여 사용하는 설비로서 다음의 것

① 제연설비

② 연결송수관설비

③ 연결살수설비

④ 비상콘센트설비

⑤ 무선통신보조설비

⑥ 연소방지설비

3 소화기구 및 자동소화장치

(1) 용어정의

① **소화약제**

소화기구 및 자동소화장치에 사용되는 소화성능이 있는 고체·액체 및 기체의 물질을 말한다.

② **능력단위**

소화기 및 소화약제에 따른 간이소화용구에 있어서는 형식 승인된 수치를 말한다.

> 능력단위는 소화기의 소화능력을 표시하는 방법으로 일정 조건하에서 하나의 소화기를 사용하여 그 능력을 측정하여 얻은 결과를 말한다.

③ **소화기**

소화약제를 압력에 따라 방사하는 기구로서 사람이 수동으로 조작하여 소화하는 다음의 것을 말한다.

㉠ 소형소화기: 능력단위가 1단위 이상이고 대형소화기의 능력단위 미만인 소화기를 말한다.

㉡ 대형소화기: 화재 시 사람이 운반할 수 있도록 운반대와 바퀴가 설치되어 있고 능력단위가 A급 10단위 이상, B급 20단위 이상인 소화기를 말한다.

④ **자동확산소화기**

화재를 감지하여 자동으로 소화약제를 방출 확산시켜 국소적으로 소화하는 소화기를 말한다.

⑤ **자동소화장치**

소화약제를 자동으로 방사하는 고정된 소화장치로서 형식승인이나 성능인증을 받은 유효설치 범위(설계방호체적, 최대설치높이, 방호면적 등을 말한다) 이내에 설치하여 소화하는 다음의 것을 말한다.

㉠ 주거용 주방자동소화장치: 주거용 주방에 설치된 열발생 조리기구의 사용으로 인한 화재 발생시 열원(전기 또는 가스)을 자동으로 차단하며 소화약제를 방출하는 소화장치를 말한다.

㉡ 상업용 주방자동소화장치: 상업용 주방에 설치된 열발생 조리기구의 사용으로 인한 화재 발생시 열원(전기 또는 가스)을 자동으로 차단하며 소화약제를 방출하는 소화장치를 말한다.

      © 캐비닛형 자동소화장치 : 열, 연기 또는 불꽃 등을 감지하여 소화약제를 방사하여 소화하는 캐비닛 형태의 소화장치를 말한다.

      ② 가스자동소화장치 : 열, 연기 또는 불꽃 등을 감지하여 가스계 소화약제를 방사하여 소화하는 소화장치를 말한다.

      ◎ 분말자동소화장치 : 열, 연기 또는 불꽃 등을 감지하여 분말의 소화약제를 방사하여 소화하는 소화장치를 말한다.

      ⋓ 고체에어로졸자동소화장치 : 열, 연기 또는 불꽃 등을 감지하여 에어로졸의 소화약제를 방사하여 소화하는 소화장치를 말한다.

⑥ **거실**

거주·집무·작업·집회·오락 그 밖에 이와 유사한 목적을 위하여 사용하는 방을 말한다.

⑦ **일반화재**(A급 화재)

나무, 섬유, 종이, 고무, 플라스틱류와 같은 일반 가연물이 타고 나서 재가 남는 화재를 말한다. 일반화재에 대한 소화기의 적응 화재별 표시는 'A'로 표시한다.

⑧ **유류화재**(B급 화재)

인화성 액체, 가연성 액체, 석유 그리스, 타르, 오일, 유성도료, 솔벤트, 래커, 알코올 및 인화성 가스와 같은 유류가 타고 나서 재가 남지 않는 화재를 말한다. 유류화재에 대한 소화기의 적응 화재별 표시는 'B'로 표시한다.

⑨ **전기화재**(C급 화재)

전류가 흐르고 있는 전기기기, 배선과 관련된 화재를 말한다. 전기화재에 대한 소화기의 적응 화재별 표시는 'C'로 표시한다.

⑩ **주방화재**(K급 화재)

주방에서 동식물유를 취급하는 조리기구에서 일어나는 화재를 말한다. 주방화재에 대한 소화기의 적응 화재별 표시는 'K'로 표시한다.

(2) **설치기준**

① **소화기구의 설치**

      ㉠ 특정소방대상물의 각 층마다 설치하되, 각 층이 둘 이상의 거실로 구획된 경우에는 각 층마다 설치하는 것 외에 바닥면적이 33m² 이상으로 구획된 각 거실에도 배치할 것

      ㉡ 특정소방대상물의 각 부분으로부터 1개의 소화기까지의 보행거리가 소형소화기의 경우에는 20m 이내, 대형소화기의 경우에는 30m 이내가 되도록 배치할 것. 다만, 가연성 물질이 없는 작업장의 경우에는 작업장의 실정에 맞게 보행거리를 완화하여 배치할 수 있다.

② 능력단위가 2단위 이상이 되도록 소화기를 설치해야 할 특정소방대상물 또는 그 부분에 있어서는 간이소화용구의 능력단위가 전체 능력단위의 2분의 1을 초과하지 않게 할 것. 다만, 노유자시설의 경우에는 그러하지 않다.

③ 소화기구(자동확산소화기를 제외한다)는 거주자 등이 손쉽게 사용할 수 있는 장소에 바닥으로부터 높이 1.5m 이하의 곳에 비치하고, 소화기구의 종류를 표시한 표지를 보기 쉬운 곳에 부착할 것. 다만, 소화기 및 투척용소화용구의 표지는 축광표지의 성능인증 및 제품검사의 기술기준에 적합한 축광식표지로 설치하고, 주차장의 경우 표지를 바닥으로부터 1.5m 이상의 높이에 설치할 것

④ **자동확산소화기의 설치기준**
   ㉠ 방호대상물에 소화약제가 유효하게 방사될 수 있도록 설치할 것
   ㉡ 작동에 지장이 없도록 견고하게 고정할 것

⑤ **자동소화장치의 설치기준**
   ㉠ 주거용 주방자동소화장치의 설치기준
      ⓐ 소화약제 방출구는 환기구(주방에서 발생하는 열기류 등을 밖으로 배출하는 장치를 말한다)의 청소부분과 분리되어 있어야 하며, 형식승인 받은 유효설치 높이 및 방호면적에 따라 설치할 것
      ⓑ 감지부는 형식승인 받은 유효한 높이 및 위치에 설치할 것
      ⓒ 차단장치(전기 또는 가스)는 상시 확인 및 점검이 가능하도록 설치할 것
      ⓓ 가스용 주방자동소화장치를 사용하는 경우 탐지부는 수신부와 분리하여 설치하되, 공기보다 가벼운 가스를 사용하는 경우에는 천장 면으로부터 30cm 이하의 위치에 설치하고, 공기보다 무거운 가스를 사용하는 장소에는 바닥 면으로부터 30cm 이하의 위치에 설치할 것
      ⓔ 수신부는 주위의 열기류 또는 습기 등과 주위온도에 영향을 받지 않고 사용자가 상시 볼 수 있는 장소에 설치할 것

4 옥내소화전설비

(1) 용어정의

① **고가수조**: 구조물 또는 지형지물 등에 설치하여 자연낙차의 압력으로 급수하는 수조를 말한다.

② **압력수조**: 소화용수와 공기를 채우고 일정 압력 이상으로 가압하여 그 압력으로 급수하는 수조를 말한다.

③ **충압펌프**: 배관 내 압력손실에 따른 주펌프의 빈번한 기동을 방지하기 위하여 충압역할을 하는 펌프를 말한다.

④ **정격토출량**: 펌프의 정격부하운전시 토출량으로서 정격토출압력에서의 펌프의 토출량을 말한다.

⑤ **정격토출압력**: 펌프의 정격부하운전시 토출압력으로서 정격토출량에서의 펌프의 토출측 압력을 말한다.

⑥ **진공계**: 대기압 이하의 압력을 측정하는 계측기를 말한다.

⑦ **연성계**: 대기압 이상의 압력과 대기압 이하의 압력을 측정할 수 있는 계측기를 말한다.

⑧ **체절운전**: 펌프의 성능시험을 목적으로 펌프 토출측의 개폐밸브를 닫은 상태에서 펌프를 운전하는 것을 말한다.

⑨ **기동용수압개폐장치**: 소화설비의 배관 내 압력변동을 검지하여 자동적으로 펌프를 기동 및 정지시키는 것으로서 압력챔버 또는 기동용압력스위치 등을 말한다.

⑩ **급수배관**: 수원 또는 송수구 등으로부터 소화설비에 급수하는 배관을 말한다.

⑪ **분기배관**: 배관 측면에 구멍을 뚫어 둘 이상의 관로가 생기도록 가공한 배관으로서 다음의 분기배관을 말한다.

   ㉠ 확관형 분기배관: 배관의 측면에 조그만 구멍을 뚫고 소성가공으로 확관시켜 배관 용접이음자리를 만들거나 배관 용접이음자리에 배관이음쇠를 용접 이음한 배관을 말한다.

   ㉡ 비확관형 분기배관: 배관의 측면에 분기호칭내경 이상의 구멍을 뚫고 배관이음쇠를 용접 이음한 배관을 말한다.

⑫ **개폐표시형 밸브**: 밸브의 개폐 여부를 외부에서 식별할 수 있는 밸브를 말한다.

⑬ **가압수조**: 가압원인 압축공기 또는 불연성 고압기체에 따라 소방용수를 가압시키는 수조를 말한다.

⑭ **주펌프**: 구동장치의 회전 또는 왕복운동으로 소화수를 가압하여 그 압력으로 급수하는 주된 펌프를 말한다.

⑮ **예비펌프**: 주펌프와 동등 이상의 성능이 있는 별도의 펌프를 말한다.

(2) 수 원

옥내소화전설비의 수원은 그 저수량이 옥내소화전의 설치개수가 가장 많은 층의 설치개수(두 개 이상 설치 된 경우에는 두 개)에 2.6m³(호스릴옥내소화전설비를 포함한다)를 곱한 양 이상이 되도록 해야 한다.

(3) 가압송수장치

전동기 또는 내연기관에 따른 펌프를 이용하는 가압송수장치는 다음의 기준에 따라 설치해야 한다. 다만, 가압송수장치의 주펌프는 전동기에 따른 펌프로 설치해야 한다.

① 쉽게 접근할 수 있고 점검하기에 충분한 공간이 있는 장소로서 화재 및 침수 등의 재해로 인한 피해를 받을 우려가 없는 곳에 설치할 것

② 동결방지조치를 하거나 동결의 우려가 없는 장소에 설치할 것

③ 특정소방대상물의 어느 층에 있어서도 해당 층의 옥내소화전(두 개 이상 설치된 경우에는 두 개의 옥내소화전)을 동시에 사용할 경우 각 소화전의 노즐선단에서의 방수압력이 0.17메가파스칼(호스릴옥내소화전설비를 포함한다) 이상이고, 방수량이 분당 130리터(호스릴옥내소화전설비를 포함한다) 이상이 되는 성능의 것으로 할 것. 다만, 하나의 옥내소화전을 사용하는 노즐선단에서의 방수압력이 0.7메가파스칼을 초과할 경우에는 호스접결구의 인입측에 감압장치를 설치해야 한다.

④ 펌프의 토출량은 옥내소화전이 가장 많이 설치된 층의 설치개수(옥내소화전이 두 개 이상 설치된 경우에는 두 개)에 분당 130리터를 곱한 양 이상이 되도록 할 것

⑤ 펌프는 전용으로 할 것

⑥ 펌프의 토출측에는 압력계를 설치하고, 흡입측에는 연성계 또는 진공계를 설치할 것

⑦ 펌프의 성능은 체절운전시 정격토출압력의 140퍼센트를 초과하지 않고, 정격토출량의 150퍼센트로 운전시 정격토출압력의 65퍼센트 이상이 되어야 하며, 펌프의 성능을 시험할 수 있는 성능시험배관을 설치할 것

⑧ 가압송수장치에는 체절운전시 수온의 상승을 방지하기 위한 순환배관을 설치할 것

(4) 배관 등

① 급수배관은 전용으로 해야 한다. 다만, 옥내소화전의 기동장치의 조작과 동시에 다른 설비의 용도에 사용하는 배관의 송수를 차단할 수 있거나, 옥내소화전설비의 성능에 지장이 없는 경우에는 다른 설비와 겸용할 수 있다.

② **펌프의 흡입측 배관 설치기준**
  ㉠ 공기 고임이 생기지 않는 구조로 하고 여과장치를 설치할 것
  ㉡ 수조가 펌프보다 낮게 설치된 경우에는 각 펌프(충압펌프를 포함한다)마다 수조로부터 별도로 설치할 것

③ 펌프의 토출측 주배관의 구경은 유속이 4m/s 이하가 될 수 있는 크기 이상으로 해야 하고, 옥내소화전방수구와 연결되는 가지배관의 구경은 40mm(호스릴옥내소화전설비의 경우에는 25mm) 이상으로 해야 하며, 주배관 중 수직배관의 구경은 50mm(호스릴옥내소화전설비의 경우에는 32mm)이상으로 해야 한다.

④ 옥내소화전설비의 배관을 연결송수관설비와 겸용하는 경우 주배관은 구경 100mm 이상, 방수구로 연결되는 배관의 구경은 65mm 이상의 것으로 해야 한다.

⑤ 성능시험배관에 설치하는 유량측정장치는 성능시험배관의 직관부에 설치하되, 펌프 정격토출량의 175퍼센트 이상을 측정할 수 있는 것으로 해야 한다.

⑥ 가압송수장치의 체절운전 시 수온의 상승을 방지하기 위하여 체크밸브와 펌프사 이에서 분기한 배관에 체절압력 이하에서 개방되는 릴리프밸브를 설치해야 한다.

⑦ 동결방지조치를 하거나 동결의 우려가 없는 장소에 설치해야 한다. 다만, 보온재 를 사용할 경우에는 난연재료 성능 이상의 것으로 해야 한다.

⑧ 급수배관에 설치되어 급수를 차단할 수 있는 개폐밸브(옥내소화전방수구를 제외 한다)는 개폐표시형으로 해야 한다. 이 경우 펌프의 흡입측 배관에는 버터플라이 밸브 외의 개폐표시형 밸브를 설치해야 한다.

⑨ 배관은 다른 설비의 배관과 쉽게 구분이 될 수 있도록 해야 한다.

⑩ 옥내소화전설비에는 소방자동차부터 그 설비에 송수할 수 있는 송수구를 다음의 기준에 따라 설치해야 한다.

　　㉠ 소방차가 쉽게 접근할 수 있고 잘 보이는 장소에 설치하고, 화재층으로부터 지 면으로 떨어지는 유리창 등이 송수 및 그 밖의 소화작업에 지장을 주지 않는 장소에 설치할 것

　　㉡ 송수구로부터 옥내소화전설비의 주배관에 이르는 연결배관에는 개폐밸브를 설치하지 않을 것. 다만, 스프링클러설비·물분무소화설비·포소화설비·또 는 연결송수관설비의 배관과 겸용하는 경우에는 그렇지 않다.

　　㉢ 지면으로부터 높이가 0.5m 이상 1m 이하의 위치에 설치할 것

　　㉣ 구경 65mm의 쌍구형 또는 단구형으로 할 것

　　㉤ 송수구의 가까운 부분에 자동배수밸브(또는 직경 5밀리미터의 배수공) 및 체 크밸브를 설치할 것

　　㉥ 송수구에는 이물질을 막기 위한 마개를 씌울 것

(5) 함 및 방수구 등

① 옥내소화전설비의 함은 소방청장이 정하여 고시한 소화전함의 성능인증 및 제품 검사의 기술기준에 적합한 것으로 설치하되 밸브의 조작, 호스의 수납 및 문의 개방 등 옥내소화전의 사용에 장애가 없도록 설치해야 한다.

② 옥내소화전방수구의 설치기준

　　㉠ 특정소방대상물의 층마다 설치하되, 해당 특정소방대상물의 각 부분으로부터 하나의 옥내소화 전방수구까지의 수평거리가 25m(호스릴옥내소화전설비를 포함한다) 이하가 되도록 할 것. 다만, 복층형 구조의 공동주택의 경우에는 세대의 출입구가 설치된 층에만 설치할 수 있다.

　　㉡ 바닥으로부터의 높이가 1.5m 이하가 되도록 할 것

　　㉢ 호스는 구경 40mm(호스릴옥내소화전설비의 경우에는 25mm) 이상인 것으로서 특정소방대상 물의 각 부분에 물이 유효하게 뿌려질 수 있는 길이로 설치할 것

　　㉣ 호스릴옥내소화전설비의 경우 그 노즐에는 노즐을 쉽게 개폐할 수 있는 장치를 부착할 것

(6) 전 원

① 옥내소화전설비에 설치하는 상용전원회로의 배선은 상용전원의 상시공급에 지장이 없도록 전용배선으로 해야 한다.

② 다음의 어느 하나에 해당하는 특정소방대상물의 옥내소화전설비에는 비상전원을 설치해야 한다.

　　㉠ 층수가 7층 이상으로서 연면적이 2,000m² 이상인 것

　　㉡ ㉠에 해당하지 않는 특정소방대상물로서 지하층의 바닥면적의 합계가 3,000m² 이상인 것

③ 비상전원은 자가발전설비, 축전지설비 또는 전기저장장치로서 다음의 기준에 따라 설치해야 한다.

　　㉠ 점검에 편리하고 화재 또는 침수 등의 재해로 인한 피해를 받을 우려가 없는 곳에 설치할 것

　　㉡ 옥내소화전설비를 유효하게 20분 이상 작동할 수 있어야 할 것

　　㉢ 상용전원으로부터 전력의 공급이 중단된 때에는 자동으로 비상전원으로부터 전력을 공급받을 수 있도록 할 것

　　㉣ 비상전원(내연기관의 기동 및 제어용 축전기를 제외한다)의 설치장소는 다른 장소와 방화구획 할 것

　　㉤ 비상전원을 실내에 설치하는 때에는 그 실내에 비상조명등을 설치할 것

(7) 제어반

① 옥내소화전설비에는 제어반을 설치하되, 감시제어반과 동력제어반으로 구분하여 설치해야 한다.

② 감시제어반은 가압송수장치, 상용전원, 비상전원, 수조, 물올림수조, 예비전원 등을 감시·제어 및 시험할 수 있는 기능을 갖추어야 한다.

③ **감시제어반의 설치기준**

　　㉠ 화재 또는 침수 등의 재해로 인한 피해를 받을 우려가 없는 곳에 설치할 것

　　㉡ 감시제어반은 옥내소화전설비의 전용으로 할 것

　　㉢ 감시제어반은 다음의 기준에 따른 전용실 안에 설치하고, 전용실에는 특정소 방대상물의 기계·기구 또는 시설 등의 제어 및 감시설비 외의 것을 두지 않을 것

　　　　ⓐ 다른 부분과 방화구획을 할 것

　　　　ⓑ 피난층 또는 지하 1층에 설치할 것

　　　　ⓒ 비상조명등 및 급·배기설비를 설치할 것

　　　　ⓓ 무선통신보조설비의 화재안전기술기준(NFTC 505)에 따라 유효하게 통신이 가능할 것

　　　　ⓔ 바닥면적은 감시제어반의 설치에 필요한 면적 외에 화재 시 소방대원이 그 감시제어반의 조작에 필요한 최소면적 이상으로 할 것

④ 동력제어반은 앞면을 적색으로 하고, 동력제어반의 외함은 두께 1.5mm 이상의 강판 또는 이와 동등 이상의 강도 및 내열성능이 있는 것으로 한다.

5 스프링클러설비

(1) **용어정의**

① **고가수조** : 구조물 또는 지형지물 등에 설치하여 자연낙차의 압력으로 급수하는 수조를 말한다.

② **압력수조** : 소화용수와 공기를 채우고 일정압력 이상으로 가압하여 그 압력으로 급수하는 수조를 말한다.

③ **충압펌프** : 배관 내 압력손실에 따른 주펌프의 빈번한 기동을 방지하기 위하여 충압역할을 하는 펌프를 말한다.

④ **정격토출량** : 펌프의 정격부하운전시 토출량으로서 정격토출압력에서의 토출량을 말한다.

⑤ **정격토출압력** : 펌프의 정격부하운전시 토출압력으로서 정격토출량에서의 토출측 압력을 말한다.

⑥ **진공계** : 대기압 이하의 압력을 측정하는 계측기를 말한다.

⑦ **연성계** : 대기압 이상의 압력과 대기압 이하의 압력을 측정할 수 있는 계측기를 말한다.

⑧ **체절운전**: 펌프의 성능시험을 목적으로 펌프 토출측의 개폐밸브를 닫은 상태에서 펌프를 운전하는 것을 말한다.

⑨ **기동용 수압개폐장치**: 소화설비의 배관 내 압력변동을 검지하여 자동적으로 펌프를 기동 및 정지시키는 것으로서 압력챔버 또는 기동용압력스위치 등을 말한다.

⑩ **개방형 스프링클러헤드**: 감열체 없이 방수구가 항상 열려져 있는 헤드를 말한다.

⑪ **폐쇄형 스프링클러헤드**: 정상상태에서 방수구를 막고 있는 감열체가 일정온도에서 자동적으로 파괴·용융 또는 이탈됨으로써 방수구가 개방되는 헤드를 말한다.

⑫ **조기반응형 스프링클러헤드**: 표준형 스프링클러헤드 보다 기류온도 및 기류속도에 빠르게 반응하는 헤드를 말한다.

⑬ **측벽형 스프링클러헤드**: 가압된 물이 분사될 때 헤드의 축심을 중심으로 한 반원상에 균일하게 분산시키는 헤드를 말한다.

⑭ **건식 스프링클러헤드**: 물과 오리피스가 분리되어 동파를 방지할 수 있는 스프링클러헤드를 말한다.

⑮ **유수검지장치**: 유수현상을 자동적으로 검지하여 신호 또는 경보를 발하는 장치를 말한다.

⑯ **일제개방밸브**: 일제살수식 스프링클러설비에 설치되는 유수검지장치를 말한다.

⑰ **가지배관**: 헤드가 설치되어 있는 배관을 말한다.

⑱ **교차배관**: 가지배관에 급수하는 배관을 말한다.

⑲ **주배관**: 가압송수장치 또는 송수구 등과 직접 연결되어 소화수를 이송하는 주된 배관을 말한다.

⑳ **신축배관**: 가지배관과 스프링클러헤드를 연결하는 구부림이 용이하고 유연성을 가진 배관을 말한다.

㉑ **급수배관**: 수원 송수구 등으로 부터 소화설비에 급수하는 배관을 말한다.

㉒ **분기배관**: 배관 측면에 구멍을 뚫어 둘 이상의 관로가 생기도록 가공한 배관으로서 다음의 분기배관을 말한다.

　㉠ 확관형 분기배관: 배관의 측면에 조그만 구멍을 뚫고 소성가공으로 확관시켜 배관 용접이음자리를 만들거나 배관 용접이음자리에 배관이음쇠를 용접 이음한 배관을 말한다.

　㉡ 비확관형 분기배관: 배관의 측면에 분기호칭내경 이상의 구멍을 뚫고 배관이음쇠를 용접 이음한 배관을 말한다.

㉓ **습식 스프링클러설비**: 가압송수장치에서 폐쇄형 스프링클러헤드까지 배관 내에 항상 물이 가압되어 있다가 화재로 인한 열로 폐쇄형 스프링클러헤드가 개방되면 배관 내에 유수가 발생하여 습식유수 검지장치가 작동하게 되는 스프링클러설비를 말한다.

㉔ **부압식 스프링클러설비** : 가압송수장치에서 준비작동식 유수검지장치의 1차 측까지는 항상 정압의 물이 가압되고, 2차 측 폐쇄형 스프링클러헤드까지는 소화수가 부압으로 되어 있다가 화재 시 감지기의 작동에 의해 정압으로 변하여 유수가 발생하면 작동하는 스프링클러설비를 말한다.

㉕ **준비작동식 스프링클러설비** : 가압송수장치에서 준비작동식 유수검지장치 1차 측까지 배관 내에 항상 물이 가압되어 있고, 2차 측에서 폐쇄형 스프링클러헤드까지 대기압 또는 저압으로 있다가 화재발생시 감지기의 작동으로 준비작동식 밸브가 개방되면 폐쇄형 스프링클러헤드까지 소화수가 송수되고, 폐쇄형스프링클러헤드가 열에 의해 개방되면 방수가 되는 방식의 스프링클러설비를 말한다.

㉖ **건식 스프링클러설비** : 건식 유수검지장치 2차 측에 압축공기 또는 질소 등의 기체로 충전된 배관에 폐쇄형 스프링클러헤드가 부착된 스프링클러설비로서, 폐쇄형 스프링클러헤드가 개방되어 배관 내의 압축공기 등이 방출되면 건식 유수검지장치 1차 측의 수압에 의하여 건식 유수검지장치가 작동하게 되는 스프링클러설비를 말한다.

㉗ **일제살수식 스프링클러설비** : 가압송수장치에서 일제개방밸브 1차 측까지 배관 내에 항상 물이 가압 되어 있고 2차 측에서 개방형 스프링클러헤드까지 대기압으로 있다가 화재 시 자동감지장치 또는 수동식 기동장치의 작동으로 일제개방밸브가 개방되면 스프링클러헤드까지 소화수가 송수되는 방식의 스프링클러설비를 말한다.

㉘ **반사판(디플렉터)** : 스프링클러헤드의 방수구에서 유출되는 물을 세분시키는 작용을 하는 것을 말한다.

㉙ **개폐표시형 밸브** : 밸브의 개폐 여부를 외부에서 식별이 가능한 밸브를 말한다.

㉚ **연소할 우려가 있는 개구부** : 각 방화구획을 관통하는 컨베이어 · 에스컬레이터 또는 이와 유사한 시설의 주위로서 방화구획을 할 수 없는 부분을 말한다.

㉛ **가압수조** : 가압원인 압축공기 또는 불연성 기체의 압력으로 소화용수를 가압하여 그 압력으로 급수하는 수조를 말한다.

㉜ **소방부하** : 소방시설 및 방화 · 피난 · 소화활동을 위한 시설의 전력부하를 말한다.

㉝ **소방전원 보존형 발전기** : 소방부하 및 소방부하 이외의 부하(이하 "비상부하"라 한다)겸용의 비상 발전기로서, 상용전원 중단 시에는 소방부하 및 비상부하에 비상전원이 동시에 공급되고, 화재 시 과부하에 접근될 경우 비상부하의 일부 또는 전부를 자동적으로 차단하는 제어장치를 구비하여, 소방부하에 비상전원을 연속 공급하는 자가발전설비를 말한다.

㉞ **건식 유수검지장치** : 건식 스프링클러설비에 설치되는 유수검지장치를 말한다.

㉟ **습식 유수검지장치** : 습식 스프링클러설비 또는 부압식 스프링클러설비에 설치되는 유수검지장치를 말한다.

㊱ **준비작동식 유수검지장치** : 준비작동식 스프링클러설비에 설치되는 유수검지장치를 말한다.

㊲ **패들형 유수검지장치** : 소화수의 흐름에 의하여 패들이 움직이고 접점이 형성되면 신호를 발하는 유수검지장치를 말한다.

㊳ **주펌프** : 구동장치의 회전 또는 왕복운동으로 소화수를 가압하여 그 압력으로 급수하는 주된 펌프를 말한다.

㊴ **예비펌프** : 주펌프와 동등 이상의 성능이 있는 별도의 펌프를 말한다.

(2) 수 원

폐쇄형 스프링클러헤드를 사용하는 경우에는 스프링클러설비 설치장소별 스프링클러헤드의 기준개수[스프링클러헤드의 설치개수가 가장 많은 층(아파트의 경우에는 설치개수가 가장 많은 세대)에 설치된 스프링클러헤드의 개수가 기준개수보다 적은 경우에는 그 설치개수를 말한다]에 1.6세제곱미터를 곱한 양 이상이 되도록 할 것

(3) 가압송수장치

전동기 또는 내연기관에 따른 펌프를 이용하는 가압송수장치는 다음의 기준에 따라 설치해야 한다. 다만, 가압송수장치의 주펌프는 전동기에 따른 펌프로 설치해야 한다.

① 쉽게 접근할 수 있고 점검하기에 충분한 공간이 있는 장소로서 화재 및 침수 등의 재해로 인한 피해를 받을 우려가 없는 곳에 설치할 것

② 동결방지조치를 하거나 동결의 우려가 없는 장소에 설치할 것

③ 펌프는 전용으로 할 것. 다만, 다른 소화설비와 겸용하는 경우 각각의 소화설비의 성능에 지장이 없을 때에는 그렇지 않다.

④ 펌프의 토출측에는 압력계를 체크밸브 이전에 펌프 토출측 플랜지에서 가까운 곳에 설치하고, 흡입 측에는 연성계 또는 진공계를 설치할 것. 다만, 수원의 수위가 펌프의 위치보다 높거나 수직회전축펌프의 경우에는 연성계 또는 진공계를 설치하지 않을 수 있다.

⑤ 펌프의 성능은 체절운전 시 정격토출압력의 140퍼센트를 초과하지 않고, 정격토출량의 150퍼센트로 운전 시 정격토출압력의 65퍼센트 이상이 되어야 하며, 펌프의 성능을 시험할 수 있는 성능시험배관을 설치할 것

⑥ 가압송수장치에는 체절운전시 수온의 상승을 방지하기 위한 순환배관을 설치할 것

⑦ 기동장치로는 기동용수압개폐장치 또는 이와 동등 이상의 성능이 있는 것을 설치할 것

⑧ 수원의 수위가 펌프보다 낮은 위치에 있는 가압송수장치에는 물올림장치를 설치할 것

⑨ 가압송수장치의 정격토출압력은 하나의 헤드선단에 0.1메가파스칼 이상 1.2메가파스칼 이하의 방수 압력이 될 수 있게 하는 크기일 것

⑩ 가압송수장치의 송수량은 0.1메가파스칼의 방수압력 기준으로 분당 80리터 이상의 방수성능을 가진 기준개수의 모든 헤드로부터의 방수량을 충족시킬 수 있는 양 이상의 것으로 할 것

(4) 송수구

스프링클러설비에는 소방차로부터 그 설비에 송수할 수 있는 송수구를 다음의 기준에 따라 설치해야 한다.

① 송수구는 송수 및 그 밖의 소화작업에 지장을 주지 않도록 설치할 것
② 송수구로부터 주배관에 이르는 연결배관에는 개폐밸브를 설치하지 않을 것
③ 구경 65mm의 쌍구형으로 할 것
④ 송수구에는 그 가까운 곳의 보기 쉬운 곳에 송수압력범위를 표시한 표지를 할 것
⑤ 폐쇄형 스프링클러헤드를 사용하는 스프링클러설비의 송수구는 하나의 층의 바닥면적이 3,000m²를 넘을 때마다 1개 이상(5개를 넘을 경우에는 5개로 한다)을 설치할 것
⑥ 지면으로부터 높이가 0.5m 이상 1m 이하의 위치에 설치할 것
⑦ 송수구의 가까운 부분에 자동배수밸브(또는 직경 5mm의 배수공) 및 체크밸브를 설치할 것
⑧ 송수구에는 이물질을 막기 위한 마개를 씌울 것

6 옥외소화전설비

(1) 수 원

① 옥외소화전설비의 수원은 그 저수량이 옥외소화전의 설치개수(옥외소화전이 2개 이상 설치된 경우에는 2개)에 7m³를 곱한 양 이상이 되도록 해야 한다.
② 옥외소화전설비의 수원을 수조로 설치하는 경우에는 소방소화설비의 전용수조로 해야 한다.

③ 저수량을 산정함에 있어서 다른 설비와 겸용하여 옥외소화전설비용 수조를 설치하는 경우에는 옥외소 화전설비의 풋밸브·흡수구 또는 수직배관의 급수구와 다른 설비의 풋밸브·흡수구 또는 수직배관의 급수구와의 사이의 수량을 그 유효수량으로 한다.

④ 옥외소화전설비용 수조는 다음의 기준에 따라 설치해야 한다.

　㉠ 점검에 편리한 곳에 설치할 것

　㉡ 동결방지조치를 하거나 동결의 우려가 없는 장소에 설치할 것

　㉢ 수조에는 수위계, 고정식 사다리, 청소용 배수밸브(또는 배수관), 표지 및 실내조명 등 수조의 유지관리에 필요한 설비를 설치할 것

(2) 가압송수장치

전동기 또는 내연기관에 따른 펌프를 이용하는 가압송수장치는 다음의 기준에 따라 설치해야 한다.

① 쉽게 접근할 수 있고 점검하기에 충분한 공간이 있는 장소로서 화재 및 침수 등의 재해로 인한 피해를 받을 우려가 없는 곳에 설치할 것

② 동결방지조치를 하거나 동결의 우려가 없는 장소에 설치할 것

③ 특정소방대상물에 설치된 옥외소화전(두 개 이상 설치된 경우에는 두 개의 옥외소화전)을 동시에 사용할 경우 각 옥외소화전의 노즐선단에서의 방수압력이 0.25메가파스칼 이상이고, 방수량이 분당 350리터 이상이 유지되는 성능의 것으로 할 것. 다만, 하나의 옥외소화전을 사용하는 노즐선단에서의 방수압력이 0.7메가파스칼을 초과할 경우에는 호스접결구의 인입측에 감압장치를 설치해야 한다.

④ 펌프는 전용으로 할 것

⑤ 펌프의 토출측에는 압력계를 설치하고, 흡입측에는 연성계 또는 진공계를 설치할 것

⑥ 펌프의 성능은 체절운전시 정격토출압력의 140퍼센트를 초과하지 않고, 정격토출량의 150퍼센트로 운전 시 정격토출압력의 65퍼센트 이상이 되어야 하며, 펌프의 성능을 시험할 수 있는 성능시험배관을 설치할 것

⑦ 가압송수장치에는 체절운전 시 수온의 상승을 방지하기 위한 순환배관을 설치할 것

(3) 배관 등

① 호스접결구는 지면으로부터 높이가 0.5m 이상 1m 이하의 위치에 설치하고 특정소방대상물의 각 부분으로부터 하나의 호스접결구까지의 수평거리가 40m 이하가 되도록 설치해야 한다.

② 호스는 구경 65mm의 것으로 해야 한다.

③ 급수배관은 전용으로 해야 한다.

④ 펌프의 흡입측배관은 소화수의 흡입에 장애가 없도록 설치해야 한다.

⑤ 성능시험배관에 설치하는 유량측정장치는 성능시험배관의 직관부에 설치하되, 펌프 정격토출량의 175퍼센트 이상을 측정할 수 있는 것으로 해야 한다.

⑥ 가압송수장치의 체절운전시 수온의 상승을 방지하기 위하여 체크밸브와 펌프 사이에서 분기한 배관에 체절압력 이하에서 개방되는 릴리프밸브를 설치해야 한다.

⑦ 동결방지조치를 하거나 동결의 우려가 없는 장소에 설치해야 한다. 다만, 보온재를 사용할 경우에는 난연재료 성능 이상의 것으로 해야 한다.

⑧ 급수배관에 설치되어 급수를 차단할 수 있는 개폐밸브(옥외소화전방수구를 제외한다)는 개폐표시형으로 해야 한다. 이 경우 펌프의 흡입측 배관에는 버터플라이 밸브외의 개폐표시 밸브를 설치해야 한다.

⑨ 배관은 다른 설비의 배관과 쉽게 구분이 될 수 있도록 해야 한다.

⑷ 소화전함 등

① 옥외소화전설비에는 옥외소화전마다 그로부터 5m 이내의 장소에 소화전함을 다음의 기준에 따라 설치해야 한다.

　㉠ 옥외소화전이 10개 이하 설치된 때에는 옥외소화전마다 5m 이내의 장소에 1개 이상의 소화전함을 설치해야 한다.

　㉡ 옥외소화전이 11개 이상 30개 이하 설치된 때에는 11개 이상의 소화전함을 각각 분산하여 설치 해야 한다.

　㉢ 옥외소화전이 31개 이상 설치된 때에는 옥외소화전 3개마다 1개 이상의 소화전함을 설치해야 한다.

② 옥외소화전설비의 함은 소방청장이 정하여 고시한 소화전함의 성능인증 및 제품검사의 기술기준에 적합한 것으로 설치하되 밸브의 조작, 호스의 수납 등에 충분한 여유를 가질 수 있도록 해야 한다.

③ 옥외소화전설비의 함에는 그 표면에 "옥외소화전"이라는 표시를 해야 한다.

④ 옥외소화전설비의 함에는 옥외소화전설비의 위치를 표시하는 표시등과 가압송수장치의 기동을 표시하는 표시등을 설치해야 한다.

7 유도등 및 유도표지

(I) 용어정의

① **유도등**: 화재시에 피난을 유도하기 위한 등으로서 정상상태에서는 상용전원에 따라 켜지고 상용전원이 정전되는 경우에는 비상전원으로 자동전환되어 켜지는 등을 말한다.

② **피난구유도등**: 피난구 또는 피난경로로 사용되는 출입구를 표시하여 피난을 유도하는 등을 말한다.

③ **통로유도등**: 피난통로를 안내하기 위한 유도등으로 복도통로유도등, 거실통로유도등, 계단통로유도등을 말한다.

④ **복도통로유도등**: 피난통로가 되는 복도에 설치하는 통로유도등으로서 피난구의 방향을 명시하는 것을 말한다.

⑤ **거실통로유도등**: 거주, 집무, 작업, 집회, 오락 그 밖에 이와 유사한 목적을 위하여 계속적으로 사용하는 거실, 주차장 등 개방된 통로에 설치하는 유도등으로 피난의 방향을 명시하는 것을 말한다.

⑥ **계단통로유도등**: 피난통로가 되는 계단이나 경사로에 설치하는 통로유도등으로 바닥면 및 디딤바닥면을 비추는 것을 말한다.

⑦ **객석유도등**: 객석의 통로, 바닥 또는 벽에 설치하는 유도등을 말한다.

⑧ **피난구유도표지**: 피난구 또는 피난경로로 사용되는 출입구를 표시하여 피난을 유도하는 표지를 말한다.

⑨ **통로유도표지**: 피난통로가 되는 복도, 계단 등에 설치하는 것으로서 피난구의 방향을 표시하는 유도표지를 말한다.

⑩ **피난유도선**: 햇빛이나 전등불에 따라 축광(이하 "축광방식"이라 한다)하거나 전류에 따라 빛을 발하는(이하 "광원점등방식"이라 한다) 유도체로서 어두운 상태에서 피난을 유도할 수 있도록 띠 형태로 설치되는 피난유도시설을 말한다.

⑪ **입체형**: 유도등 표시면을 2면 이상으로 하고 각 면마다 피난유도표시가 있는 것을 말한다.

⑫ **3선식 배선**: 평상시에는 유도등을 소등 상태로 유도등의 비상전원을 충전하고, 화재 등 비상시 점등신호를 받아 유도등을 자동으로 점등되도록 하는 방식의 배선을 말한다.

(2) 피난구유도등

① **피난구유도등의 설치장소**

㉠ 옥내로부터 직접 지상으로 통하는 출입구 및 그 부속실의 출입구

㉡ 직통계단·직통계단의 계단실 및 그 부속실의 출입구

㉢ ㉠과 ㉡에 따른 출입구에 이르는 복도 또는 통로로 통하는 출입구

㉣ 안전구획된 거실로 통하는 출입구

② 피난구유도등은 피난구의 바닥으로부터 높이 1.5m 이상으로서 출입구에 인접하도록 설치하여야 한다.

③ 피난층으로 향하는 피난구의 위치를 안내할 수 있도록 ①의 ㉠ 또는 ㉡ 출입구 인근 천장에 ①의 ㉠ 또는 ㉡에 따라 설치된 피난구유도등의 면과 수직이 되도록 피난구유도등을 추가로 설치해야 한다.

(3) 통로유도등 설치기준

① 통로유도등은 특정소방대상물의 각 거실과 그로부터 지상에 이르는 복도 또는 계단의 통로에 다음의 기준에 따라 설치하여야 한다.

㉠ 복도통로유도등의 설치기준

ⓐ 복도에 설치하되 피난구유도등이 설치된 출입구의 맞은편 복도에는 입체형으로 설치하거나, 바닥에 설치할 것

ⓑ 구부러진 모퉁이 및 ⓐ에 따라 설치된 통로유도등을 기점으로 보행거리 20m마다 설치할 것

ⓒ 바닥으로부터 높이 1m 이하의 위치에 설치할 것. 다만, 지하층 또는 무창층의 용도가 도매 시장·소매시장·여객자동차터미널·지하역사 또는 지하상가인 경우에는 복도·통로 중앙부분의 바닥에 설치하여야 한다.

ⓓ 바닥에 설치하는 통로유도등은 하중에 따라 파괴되지 않는 강도의 것으로 할 것

㉡ 거실통로유도등의 설치기준

ⓐ 거실의 통로에 설치할 것. 다만, 거실의 통로가 벽체 등으로 구획된 경우에는 복도통로유도등을 설치하여야 한다.

ⓑ 복도구부러진 모퉁이 및 보행거리 20m마다 설치할 것

ⓒ 복도바닥으로부터 높이 1.5m 이상의 위치에 설치할 것. 다만, 거실통로에 기둥이 설치된 경우에는 기둥부분의 바닥으로부터 높이 1.5m 이하의 위치에 설치할 수 있다.

ⓒ 계단통로유도등의 설치기준

ⓐ 각층의 경사로 참 또는 계단참마다(1개 층에 경사로 참 또는 계단참이 2 이상 있는 경우에는 2개의 계단참마다)설치할 것

ⓑ 바닥으로부터 높이 1m 이하의 위치에 설치할 것

ⓒ 통행에 지장이 없도록 설치할 것

ⓓ 주위에 이와 유사한 등화광고물·게시물 등을 설치하지 않을 것

(4) 피난유도선 설치기준

① 축광방식의 피난유도선 설치기준

㉠ 구획된 각 실로부터 주출입구 또는 비상구까지 설치할 것

㉡ 바닥으로부터 높이 50cm 이하의 위치 또는 바닥면에 설치할 것

㉢ 피난유도 표시부는 50cm 이내의 간격으로 연속되도록 설치할 것

㉣ 부착대에 의하여 견고하게 설치할 것

㉤ 외광 또는 조명장치에 의하여 상시 조명이 제공되거나 비상조명등에 의한 조명이 제공되도록 설치할 것

② 광원점등방식의 피난유도선 설치기준

㉠ 구획된 각 실로부터 주출입구 또는 비상구까지 설치할 것

㉡ 피난유도 표시부는 바닥으로부터 높이 1m 이하의 위치 또는 바닥 면에 설치할 것

㉢ 피난유도 표시부는 50cm 이내의 간격으로 연속되도록 설치하되 실내장식물 등으로 설치가 곤란할 경우 1m 이내로 설치할 것

㉣ 수신기로부터의 화재신호 및 수동조작에 의하여 광원이 점등되도록 설치할 것

㉤ 비상전원이 상시 충전상태를 유지하도록 설치할 것

㉥ 바닥에 설치되는 피난유도 표시부는 매립하는 방식을 사용할 것

㉦ 피난유도 제어부는 조작 및 관리가 용이하도록 바닥으로부터 0.8m 이상 1.5m 이하의 높이에 설치할 것

8 연결송수관설비

(1) 용어정의

① **연결송수관설비** : 건축물의 옥외에 설치된 송수구에 소방차로부터 가압수를 송수하고 소방관이 건축물 내에 설치된 방수구에 방수기구함에 비치된 호스를 연결하여 화재를 진압하는 소화활동설비를 말한다.

② **주배관** : 각 층을 수직으로 관통하는 수직배관을 말한다.

③ **분기배관**: 배관 측면에 구멍을 뚫어 둘 이상의 관로가 생기도록 가공한 배관으로서 확관형 분기배관과 비확관형 분기배관을 말한다.

㉠ 확관형 분기배관: 배관의 측면에 조그만 구멍을 뚫고 소성가공으로 확관시켜 배관 용접이음자리를 만들거나 배관 용접이음자리에 배관이음쇠를 용접 이음한 배관을 말한다.

㉡ 비확관형 분기배관: 배관의 측면에 분기호칭내경 이상의 구멍을 뚫고 배관이음쇠를 용접이음한 배관을 말한다.

④ **송수구**: 소화설비에 소화용수를 보급하기 위하여 건물 외벽 또는 구조물의 외벽에 설치하는 관을 말한다.

⑤ **방수구**: 소화설비로부터 소화용수를 방수하기 위하여 건물내벽 또는 구조물의 외벽에 설치하는 관을 말한다.

⑥ **충압펌프**: 배관 내 압력손실에 따라 주펌프의 빈번한 기동을 방지하기 위하여 충압역할을 하는 펌프를 말한다.

⑦ **진공계**: 대기압 이하의 압력을 측정하는 계측기를 말한다.

⑧ **연성계**: 대기압 이상의 압력과 대기압 이하의 압력을 측정할 수 있는 계측기를 말한다.

⑨ **체절운전**: 펌프의 성능시험을 목적으로 펌프 토출측의 개폐밸브를 닫은 상태에서 펌프를 운전하는 것을 말한다.

⑩ **기동용 수압개폐장치**: 소화설비의 배관 내 압력변동을 검지하여 자동적으로 펌프를 기동 및 정지시키는 것으로서 압력챔버 또는 기동용 압력스위치 등을 말한다.

⑵ **연결송수관설비의 송수구 설치기준**

① 송수구는 송수 및 그 밖의 소화작업에 지장을 주지 않도록 설치할 것

② 지면으로부터 높이가 0.5m 이상 1m 이하의 위치에 설치할 것

③ 송수구로부터 연결송수관설비의 주배관에 이르는 연결배관에 개폐밸브를 설치한 때에는 그 개폐 상태를 쉽게 확인 및 조작할 수 있는 옥외 또는 기계실 등의 장소에 설치하고, 그 밸브의 개폐상태를 감시제어반에서 확인할 수 있도록 급수개폐밸브 작동표시 스위치(이하 "탬퍼스위치"라 한다)를 설치할 것

㉠ 급수개폐밸브가 잠길 경우 탬퍼스위치의 동작으로 인하여 감시제어반 또는 수신기에 표시되어야 하며 경보음을 발할 것

㉡ 탬퍼스위치는 감시제어반 또는 수신기에서 동작의 유무확인과 동작시험, 도통시험을 할 수 있을 것

㉢ 탬퍼스위치에 사용되는 전기배선은 내화전선 또는 내열전선으로 설치할 것

④ 구경 65mm의 쌍구형으로 할 것

⑤ 송수구에는 그 가까운 곳의 보기 쉬운 곳에 송수압력범위를 표시한 표지를 할 것

⑥ 송수구는 연결송수관의 수직배관마다 1개 이상을 설치할 것. 다만, 하나의 건축물에 설치된 각 수직배관이 중간에 개폐밸브가 설치되지 아니한 배관으로 상호 연결되어 있는 경우에는 건축물마다 1개씩 설치할 수 있다.

⑦ 송수구의 부근에는 자동배수밸브 및 체크밸브를 다음의 기준에 따라 설치할 것. 이 경우 자동배수밸브는 배관안의 물이 잘빠질 수 있는 위치에 설치하되, 배수로 인하여 다른 물건이나 장소에 피해를 주지 않아야 한다.

　　㉠ 습식의 경우에는 송수구 · 자동배수밸브 · 체크밸브의 순으로 설치할 것

　　㉡ 건식의 경우에는 송수구 · 자동배수밸브 · 체크밸브 · 자동배수밸브의 순으로 설치할 것

⑧ 송수구에는 가까운 곳의 보기 쉬운 곳에 "연결송수관설비송수구"라고 표시한 표지를 설치할 것

⑨ 송수구에는 이물질을 막기 위한 마개를 씌울 것

(3) 배관의 설치기준

① 연결송수관설비의 배관 설치기준

　　㉠ 주배관의 구경은 100mm 이상의 것으로 할 것

　　㉡ 지면으로부터의 높이가 31m 이상인 특정소방대상물 또는 지상 11층 이상인 특정소방대상물에 있어서는 습식설비로 할 것

② 연결송수관설비의 배관은 주배관의 구경이 100mm미터 이상인 옥내소화전설비 · 스프링클러설비 또는 물분무 등 소화설비의 배관과 겸용할 수 있다.

③ 연결송수관설비의 수직배관은 내화구조로 구획된 계단실(부속실을 포함한다) 또는 파이프덕트 등 화재의 우려가 없는 장소에 설치해야 한다.

④ 확관형 분기배관을 사용할 경우에는 소방청장이 정하여 고시한 분기배관의 성능인증 및 제품검사의 기술기준에 적합한 것으로 설치해야 한다.

⑤ 배관은 다른 설비의 배관과 쉽게 구분이 될 수 있는 위치에 설치하거나, 그 배관표면 또는 배관보온재표면의 색상은 「한국산업표준(배관계의 식별 시, KS A 0503)」 또는 적색으로 식별이 가능하도록 소방용설비의 배관임을 표시해야 한다.

(4) 연결송수관설비의 방수구 설치기준

① 연결송수관설비의 방수구는 그 특정소방대상물의 층마다 설치할 것. 다만, 다음의 어느 하나에 해당하는 층에는 설치하지 않을 수 있다.

㉠ 아파트의 1층 및 2층

㉡ 소방차의 접근이 가능하고 소방대원이 소방차로부터 각 부분에 쉽게 도달할 수 있는 피난층

② 특정소방대상물의 층마다 설치하는 방수구는 다음의 기준에 따를 것

㉠ 아파트 또는 바닥면적이 1,000㎡ 미만인 층에 있어서는 계단(계단이 둘 이상 있는 경우에는 그중 1개의 계단을 말한다)으로부터 5m 이내에 설치할 것. 이 경우 부속실이 있는 계단은 부속실의 옥내 출입구로부터 5m 이내에 설치할 수 있다.

㉡ 바닥면적 1,000㎡ 이상인 층(아파트를 제외한다)에 있어서는 각 계단(계단의 부속실을 포함하며 계단이 셋 이상 있는 층의 경우에는 그중 두 개의 계단을 말한다)으로부터 5m 이내에 설치할 것. 이 경우 부속실이 있는 계단은 부속실의 옥내 출입구로부터 5m 이내에 설치할 수 있다.

③ 11층 이상의 부분에 설치하는 방수구는 쌍구형으로 할 것. 다만, 다음의 어느 하나에 해당하는 층 에는 단구형으로 설치할 수 있다.

㉠ 아파트의 용도로 사용되는 층

㉡ 스프링클러설비가 유효하게 설치되어 있고 방수구가 2개소 이상 설치된 층

④ 방수구의 호스접결구는 바닥으로부터 높이 0.5m 이상 1m 이하의 위치에 설치할 것

⑤ 방수구는 연결송수관설비의 전용방수구 또는 옥내소화전방수구로서 구경 65mm의 것으로 설치 할 것

⑥ 방수구에는 방수구의 위치를 표시하는 표시등 또는 축광식표지를 설치할 것

⑦ 방수구는 개폐기능을 가진 것으로 설치해야 하며, 평상시 닫힌 상태를 유지할 것

(5) 연결송수관설비의 방수기구함 설치기준

① 방수기구함은 피난층과 가장 가까운 층을 기준으로 3개층마다 설치하되, 그 층의 방수구마다 보행 거리 5m 이내에 설치할 것

② 방수기구함에는 길이 15m의 호스와 방사형 관창을 다음의 기준에 따라 비치할 것

㉠ 호스는 방수구에 연결하였을 때 그 방수구가 담당하는 구역의 각 부분에 유효하게 물이 뿌려 질 수 있는 개수 이상을 비치할 것. 이 경우 쌍구형 방수구는 단구형 방수구의 2배 이상의 개수를 설치해야 한다.

㉡ 방사형 관창은 단구형 방수구의 경우에는 1개, 쌍구형 방수구의 경우에는 2개 이상 비치할 것

③ 방수기구함에는 "방수기구함"이라고 표시한 축광식 표지를 할 것

⑹ 가압송수장치

지표면에서 최상층 방수구의 높이가 70m 이상의 특정소방대상물에는 다음의 기준에 따라 연결송수관설비의 가압송수장치를 설치해야 한다.

① 쉽게 접근할 수 있고 점검하기에 충분한 공간이 있는 장소로서 화재 및 침수 등의 재해로 인한 피해를 받을 우려가 없는 곳에 설치할 것

② 동결방지조치를 하거나 동결의 우려가 없는 장소에 설치할 것

③ 펌프는 전용으로 할 것. 다만, 각각의 소화설비의 성능에 지장이 없을 때에는 다른 소화설비와 겸용 할 수 있다.

④ 펌프의 토출측에는 압력계를 체크밸브 이전에 펌프토출측 플랜지에서 가까운 곳에 설치하고, 흡입측에는 연성계 또는 진공계를 설치할 것. 다만, 수원의 수위가 펌프의 위치보다 높거나 수직회전축 펌프의 경우에는 연성계 또는 진공계를 설치하지 않을 수 있다.

⑤ 가압송수장치에는 정격부하운전 시 펌프의 성능을 시험하기 위한 배관을 설치할 것

⑥ 가압송수장치에는 체절운전 시 수온의 상승을 방지하기 위한 순환배관을 설치할 것

⑦ 펌프의 토출량은 분당 2,400리터(계단식 아파트의 경우에는 분당 1,200리터) 이상이 되는 것으로 할 것. 다만, 해당 층에 설치된 방수구가 3개를 초과(방수구가 5개 이상인 경우에는 5개)하는 것에 있어서는 1개마다 분당 800리터(계단식 아파트의 경우에는 분당 400리터)를 가산한 양이 되는 것으로 할 것

⑧ 펌프의 양정은 최상층에 설치된 노즐선단의 압력이 0.35메가파스칼 이상의 압력이 되도록 할 것

⑨ 가압송수장치는 방수구가 개방될 때 자동으로 기동되거나 수동스위치의 조작에 따라 기동되도록 할것. 이 경우 수동스위치는 2개 이상을 설치하되, 그중 한 개는 다음의 기준에 따라 송수구의 부근에 설치해야 한다.

    ㉠ 송수구로부터 5m 이내의 보기 쉬운 장소에 바닥으로부터 높이 0.8m 이상 1.5m 이하로 설치

    ㉡ 1.5mm 이상의 강판함에 수납하여 설치하고 "연결송수관설비 수동스위치"라고 표시한 표지를 부착할 것. 이 경우 문짝은 불연재료로 설치할 수 있다.

    ㉢ 전기사업법 제67조에 따른 기술기준에 따라 접지하고 빗물 등이 들어가지 않는 구조로 할 것

⑩ 기동장치로는 기동용 수압개폐장치 또는 이와 동등 이상의 성능이 있는 것으로 설치할 것

⑪ 수원의 수위가 펌프보다 낮은 위치에 있는 가압송수장치에는 물올림장치를 설치할 것

⑫ 기동용 수압개폐장치를 기동장치로 사용할 경우에는 충압펌프를 설치할 것

⑬ 내연기관을 사용하는 경우에는 제어반에 따라 내연기관의 자동기동 및 수동기동이 가능하고 기동장치의 기동을 명시하는 적색등을 설치해야 하며 상시 충전되어 있는 축전지설비와 펌프를 20분 이상 운전할 수 있는 용량의 연료를 갖출 것

⑭ 가압송수장치에는 "연결송수관펌프"라고 표시한 표지를 할 것

⑮ 가압송수장치가 기동이 된 경우에는 자동으로 정지되지 않도록 할 것

⑯ 가압송수장치는 부식 등으로 인한 펌프의 고착을 방지할 수 있도록 부식에 강한 재질을 사용할 것

(7) 전원 등

① 가압송수장치의 상용전원회로의 배선은 전용배선으로 하고, 상용전원의 공급에 지장이 없도록 설치해야 한다.

② 비상전원은 자가발전설비, 축전지설비, 전기저장장치 또는 연료전지 발전설비로서 다음의 기준에 따라 설치해야 한다.

　㉠ 점검에 편리하고 화재 및 침수 등의 재해로 인한 피해를 받을 우려가 없는 곳에 설치할 것

　㉡ 연결송수관설비를 유효하게 20분 이상 작동할 수 있어야 할 것

　㉢ 상용전원으로부터 전력의 공급이 중단된 때에는 자동으로 비상전원으로부터 전력을 공급받을 수 있도록 할 것

　㉣ 비상전원의 설치장소는 다른 장소와 방화구획 할 것

　㉤ 비상전원을 실내에 설치하는 때에는 그 실내에 비상조명등을 설치할 것

9 공동주택 화재안전기준

(1) 소화기구 및 자동소화장치

① 소화기는 다음의 기준에 따라 설치해야 한다.

　㉠ 바닥면적 100제곱미터 마다 1단위 이상의 능력단위를 기준으로 설치할 것

　㉡ 아파트 등의 경우 각 세대 및 공용부(승강장, 복도 등)마다 설치할 것

　㉢ 아파트 등의 세대 내에 설치된 보일러실이 방화구획 되거나, 스프링클러설비·간이스프링클러설비·물분무등소화설비 중 하나가 설치된 경우에는「소화기구 및 자동소화장치의 화재안전성능기준(NFPC 101)」제4조 제1항 제3호를 적용하지 않을 수 있다.

> 제4조 【설치기준】 제1항 제3호
>   3. 능력단위 외에 부속용도별로 사용되는 부분에 대하여는 소화기구 및 자동소화장치를 추가하여 설치할 것

⑵ **아파트 등의 경우 「소화기구 및 자동소화장치의 화재안전성능기준(NFPC 101)」 제5조의 기준에 따른 소화기의 감소 규정을 적용하지 않을 것**

> 제5조 【소화기의 감소】 ① 소형소화기를 설치해야 할 특정소방대상물 또는 그 부분에 옥내소화전설비·스프링클러설비·물분무등소화설비·옥외소화전설비 또는 대형소화기를 설치한 경우에는 해당 설비의 유효범위의 부분에 대하여는 소형소화기의 일부를 감소할 수 있다.
> ② 대형소화기를 설치해야 할 특정소방대상물 또는 그 부분에 옥내소화전설비·스프링클러설비·물분무등소화설비 또는 옥외소화전설비를 설치한 경우에는 해당 설비의 유효범위 안의 부분에 대하여는 대형소화기를 설치하지 않을 수 있다.

🔔 주거용 주방자동소화장치는 아파트 등의 주방에 열원(가스 또는 전기)의 종류에 적합한 것으로 설치하고, 열원을 차단할 수 있는 차단장치를 설치해야 한다.

⑶ **옥내소화전설비**

옥내소화전설비는 다음의 기준에 따라 설치해야 한다.

① 호스릴(hose reel) 방식으로 설치할 것
② 복층형 구조인 경우에는 출입구가 없는 층에 방수구를 설치하지 아니할 수 있다.
③ 감시제어반 전용실은 피난층 또는 지하 1층에 설치할 것. 다만, 상시 사람이 근무하는 장소 또는 관계인이 쉽게 접근할 수 있고 관리가 용이한 장소에 감시제어반 전용실을 설치할 경우에는 지상 2층 또는 지하 2층에 설치할 수 있다.

⑷ **스프링클러설비**

스프링클러설비는 다음의 기준에 따라 설치해야 한다.

① 폐쇄형스프링클러헤드를 사용하는 아파트 등은 기준개수 10개(스프링클러헤드의 설치개수가 가장 많은 세대에 설치된 스프링클러헤드의 개수가 기준개수보다 작은 경우에는 그 설치개수를 말한다)에 1.6세제곱미터를 곱한 양 이상의 수원이 확보되도록 할 것. 다만, 아파트 등의 각 동이 주차장으로 서로 연결된 구조인 경우 해당 주차장 부분의 기준개수는 30개로 할 것
② 아파트 등의 경우 화장실 반자 내부에는 「소방용 합성수지배관의 성능인증 및 제품검사의 기술기준」에 적합한 소방용 합성수지배관으로 배관을 설치할 수 있다. 다만, 소방용 합성수지배관 내부에 항상 소화수가 채워진 상태를 유지할 것
③ 하나의 방호구역은 2개 층에 미치지 아니하도록 할 것. 다만, 복층형 구조의 공동주택에는 3개 층 이내로 할 수 있다.

④ 아파트 등의 세대 내 스프링클러헤드를 설치하는 경우 천장·반자·천장과 반자 사이·덕트·선반 등의 각 부분으로부터 하나의 스프링클러헤드까지의 수평거리는 2.6미터 이하로 할 것.

⑤ 외벽에 설치된 창문에서 0.6미터 이내에 스프링클러헤드를 배치하고, 배치된 헤드의 수평거리 이내에 창문이 모두 포함되도록 할 것. 다만, 다음 각 목의 어느 하나에 해당하는 경우에는 그렇지 않다.

　㉠ 창문에 드렌처설비가 설치된 경우

　㉡ 창문과 창문 사이의 수직부분이 내화구조로 90센티미터 이상 이격되어 있거나, 「발코니 등의 구조변경절차 및 설치기준」 제4조 제1항부터 제5항까지에서 정하는 구조와 성능의 방화판 또는 방화유리창을 설치한 경우

　㉢ 발코니가 설치된 부분

⑥ 거실에는 조기반응형 스프링클러헤드를 설치할 것.

⑦ 감시제어반 전용실은 피난층 또는 지하 1층에 설치할 것. 다만, 상시 사람이 근무하는 장소 또는 관계인이 쉽게 접근할 수 있고 관리가 용이한 장소에 감시제어반 전용실을 설치할 경우에는 지상 2층 또는 지하 2층에 설치할 수 있다.

⑧ 「건축법 시행령」에 따라 설치된 대피공간에는 헤드를 설치하지 않을 수 있다.

⑨ 세대 내 실외기실 등 소규모 공간에서 해당 공간 여건상 헤드와 장애물 사이에 60센티미터 반경을 확보하지 못하거나 장애물 폭의 3배를 확보하지 못하는 경우에는 살수방해가 최소화되는 위치에 설치할 수 있다.

⑸ 물분무소화설비

물분무소화설비의 감시제어반 전용실은 피난층 또는 지하 1층에 설치해야 한다. 다만, 상시 사람이 근무하는 장소 또는 관계인이 쉽게 접근할 수 있고 관리가 용이한 장소에 감시제어반 전용실을 설치할 경우에는 지상 2층 또는 지하 2층에 설치할 수 있다.

⑹ 포소화설비

포소화설비의 감시제어반 전용실은 피난층 또는 지하 1층에 설치해야 한다. 다만, 상시 사람이 근무하는 장소 또는 관계인이 쉽게 접근할 수 있고 관리가 용이한 장소에 감시제어반 전용실을 설치할 경우에는 지상 2층 또는 지하 2층에 설치할 수 있다.

⑺ 옥외소화전설비

옥외소화전설비는 다음의 기준에 따라 설치해야 한다.

① 기동장치는 기동용수압개폐장치 또는 이와 동등 이상의 성능이 있는 것을 설치할 것

② 감시제어반 전용실은 피난층 또는 지하 1층에 설치할 것. 다만, 상시 사람이 근무하는 장소 또는 관계인이 쉽게 접근할 수 있고 관리가 용이한 장소에 감시제어반 전용실을 설치할 경우에는 지상 2층 또는 지하 2층에 설치할 수 있다.

(8) 자동화재탐지설비

① 감지기는 다음의 기준에 따라 설치해야 한다.
  ㉠ 아날로그방식의 감지기, 광전식 공기흡입형 감지기 또는 이와 동등 이상의 기능·성능이 인정되는 것으로 설치할 것
  ㉡ 감지기의 신호처리방식은 「자동화재탐지설비 및 시각경보장치의 화재안전성능기준(NFPC 203)」 제3조의2에 따른다.

> 제3조의2【신호처리방식】화재신호 및 상태신호 등(이하 "화재신호 등"이라 한다)을 송수신하는 방식은 다음 각 호와 같다.
> 1. "유선식"은 화재신호 등을 배선으로 송·수신하는 방식
> 2. "무선식"은 화재신호 등을 전파에 의해 송·수신하는 방식
> 3. "유·무선식"은 유선식과 무선식을 겸용으로 사용하는 방식

  ㉢ 세대 내 거실(취침용도로 사용될 수 있는 통상적인 방 및 거실을 말한다)에는 연기감지기를 설치할 것
  ㉣ 감지기 회로 단선 시 고장표시가 되며, 해당 회로에 설치된 감지기가 정상 작동될 수 있는 성능을 갖도록 할 것
② 복층형 구조인 경우에는 출입구가 없는 층에 발신기를 설치하지 아니할 수 있다.

(9) 비상방송설비

비상방송설비는 다음의 기준에 따라 설치해야 한다.
① 확성기는 각 세대마다 설치할 것
② 아파트 등의 경우 실내에 설치하는 확성기 음성입력은 2와트 이상일 것

(10) 피난기구

① 피난기구는 다음의 기준에 따라 설치해야 한다.
  ㉠ 아파트 등의 경우 각 세대마다 설치할 것
  ㉡ 피난장애가 발생하지 않도록 하기 위하여 피난기구를 설치하는 개구부는 동일 직선상이 아닌 위치에 있을 것. 다만, 수직 피난방향으로 동일 직선상인 세대별 개구부에 피난기구를 엇갈리게 설치하여 피난장애가 발생하지 않는 경우에는 그렇지 않다.

㉢ 「공동주택관리법」 제2조 제1항 제2호(마목은 제외함)에 따른 "의무관리대상 공동주택"의 경우에는 하나의 관리주체가 관리하는 공동주택 구역마다 공기안전매트 1개 이상을 추가로 설치할 것. 다만, 옥상으로 피난이 가능하거나 수평 또는 수직 방향의 인접세대로 피난할 수 있는 구조인 경우에는 추가로 설치하지 않을 수 있다.

제2조 【정의】 제1항 제2호

2. 의무관리대상 공동주택이란 해당 공동주택을 전문적으로 관리하는 자를 두고 자치 의결기구를 의무적으로 구성하여야 하는 등 일정한 의무가 부과되는 공동주택으로서, 다음 각 목 중 어느 하나에 해당하는 공동주택을 말한다.
   가. 300세대 이상의 공동주택
   나. 150세대 이상으로서 승강기가 설치된 공동주택
   다. 150세대 이상으로서 중앙집중식 난방방식(지역난방방식을 포함한다)의 공동주택
   라. 「건축법」 제11조에 따른 건축허가를 받아 주택 외의 시설과 주택을 동일 건축물로 건축한 건축물로서 주택이 150세대 이상인 건축물
   마. 가목부터 라목까지에 해당하지 아니하는 공동주택 중 입주자 등이 대통령령으로 정하는 기준에 따라 동의하여 정하는 공동주택

② 갓복도식 공동주택 또는 「건축법 시행령」 제46조 제5항에 해당하는 구조 또는 시설을 설치하여 수평 또는 수직 방향의 인접세대로 피난할 수 있는 아파트는 피난기구를 설치하지 않을 수 있다.

제46조 【방화구획 등의 설치】 ⑤ 아파트의 4층 이상인 층에서 발코니(제4호의 경우에는 발코니의 외부에 접하는 경우를 포함한다)에 다음 각 호의 어느 하나에 해당하는 구조 또는 시설을 갖춘 경우에는 대피공간을 설치하지 않을 수 있다.

1. 발코니와 인접 세대와의 경계벽이 파괴하기 쉬운 경량구조 등인 경우
2. 발코니의 경계벽에 피난구를 설치한 경우
3. 발코니의 바닥에 국토교통부령으로 정하는 하향식 피난구를 설치한 경우
4. 국토교통부장관이 대피공간과 동일하거나 그 이상의 성능이 있다고 인정하여 고시하는 구조 또는 시설을 갖춘 경우. 이 경우 국토교통부장관은 대체시설의 성능에 대해 미리 「과학기술분야 정부출연연구기관 등의 설립·운영 및 육성에 관한 법률」에 따라 설립된 한국건설기술연구원의 기술검토를 받은 후 고시해야 한다.

③ 승강식 피난기 및 하향식 피난구용 내림식 사다리가 「건축물의 피난·방화구조 등의 기준에 관한 규칙」에 따라 방화구획된 장소(세대 내부)에 설치될 경우에는 해당 방화구획된 장소를 대피실로 간주하고, 대피실의 면적규정과 외기에 접하는 구조로 대피실을 설치하는 규정을 적용하지 않을 수 있다.

(11) 유도등

유도등은 다음의 기준에 따라 설치해야 한다.

① 소형 피난구 유도등을 설치할 것. 다만, 세대 내에는 유도등을 설치하지 않을 수 있다.

② 주차장으로 사용되는 부분은 중형 피난구유도등을 설치할 것

③ 「건축법 시행령」 및 「주택건설기준 등에 관한 규정」에 따라 비상문자동개폐장치가 설치된 옥상 출입문에는 대형 피난구유도등을 설치할 것

(12) 비상조명등

비상조명등은 각 거실로부터 지상에 이르는 복도·계단 및 그 밖의 통로에 설치해야 한다. 다만, 공동주택의 세대 내에는 출입구 인근 통로에 1개 이상 설치한다.

(13) 특별피난계단의 계단실 및 부속실 제연설비

특별피난계단의 계단실 및 부속실 제연설비는 「특별피난계단의 계단실 및 부속실 제연설비의 화재안전기술기준」에 따라 성능확인을 해야 한다. 다만, 부속실을 단독으로 제연하는 경우에는 부속실과 면하는 옥내 출입문만 개방한 상태로 방연풍속을 측정 할 수 있다.

(14) 연결송수관설비

① 방수구는 다음의 기준에 따라 설치해야 한다.

㉠ 층마다 설치할 것. 다만, 아파트 등의 1층과 2층(또는 피난층과 그 직상층)에는 설치하지 않을 수 있다.

㉡ 아파트 등의 경우 계단의 출입구(계단의 부속실을 포함하며 계단이 2 이상 있는 경우에는 그 중 1개의 계단을 말한다)로부터 5미터 이내에 방수구를 설치하되, 그 방수구로부터 해당 층의 각 부분까지의 수평거리가 50미터를 초과하는 경우에는 방수구를 추가로 설치할 것

㉢ 쌍구형으로 할 것. 다만, 아파트 등의 용도로 사용되는 층에는 단구형으로 설치할 수 있다.

㉣ 송수구는 동별로 설치하되, 소방차량의 접근 및 통행이 용이하고 잘 보이는 장소에 설치할 것

② 펌프의 토출량은 분당 2,400리터 이상(계단식 아파트의 경우에는 분당 1,200리터 이상)으로 하고, 방수구 개수가 3개를 초과(방수구가 5개 이상인 경우에는 5개)하는 경우에는 1개마다 분당 800리터(계단식 아파트의 경우에는 분당 400리터 이상)를 가산해야 한다.

⒂ **비상콘센트**

아파트 등의 경우에는 계단의 출입구(계단의 부속실을 포함하며 계단이 2개 이상 있는 경우에는 그 중 1개의 계단을 말한다)로부터 5미터 이내에 비상콘센트를 설치하되, 그 비상콘센트로부터 해당 층의 각 부분까지의 수평거리가 50미터를 초과하는 경우에는 비상콘센트를 추가로 설치해야 한다.

10 소방시설 등의 자체점검

1. 소방시설 등에 대한 자체점검

⑴ **작동점검**

소방시설 등을 인위적으로 조작하여 소방시설이 정상적으로 작동하는지를 소방청장이 정하여 고시하는 소방시설 등 작동점검표에 따라 점검하는 것을 말한다.

⑵ **종합점검**

소방시설 등의 작동점검을 포함하여 소방시설 등의 설비별 주요 구성 부품의 구조기준이 화재안전기준과 건축법 등 관련 법령에서 정하는 기준에 적합한 지 여부를 소방청장이 정하여 고시하는 소방시설 등 종합점검표에 따라 점검하는 것을 말하며, 다음과 같이 구분한다.

① **최초점검**: 소방시설이 새로 설치되는 경우 건축법에 따라 건축물을 사용할 수 있게 된 날부터 60일 이내 점검하는 것을 말한다.

② **그 밖의 종합점검**: 최초점검을 제외한 종합점검을 말한다.

2. 작동점검의 실시

⑴ 작동점검은 특정소방대상물을 대상으로 한다. 다만, 다음의 어느 하나에 해당하는 특정소방대상물은 제외한다.

① 특정소방대상물 중 화재의 예방 및 안전관리에 관한 법률 제24조 제1항에 해당하지 않는 특정소방대상물

> **제24조【특정소방대상물의 소방안전관리】** ① 특정소방대상물 중 전문적인 안전관리가 요구되는 대통령령으로 정하는 특정소방대상물(이하 "소방안전관리대상물"이라 한다)의 관계인은 소방안전관리업무를 수행하기 위하여 소방안전관리자 자격증을 발급받은 사람을 소방안전관리자로 선임하여야 한다. 이 경우 소방안전관리자의업무에 대하여 보조가 필요한 대통령령으로 정하는 소방안전관리대상물의 경우에는 소방안전관리자 외에 소방안전관리보조자를 추가로 선임하여야 한다.

② 위험물안전관리법에 따른 제조소 등

③ 화재의 예방 및 안전관리에 관한 법률 시행령 별표 4의 특급소방안전관리대상물

(2) 작동점검은 다음의 분류에 따른 기술인력이 점검할 수 있다. 이 경우 별표 4에 따른 점검인력 배치기준을 준수해야 한다.

① 간이스프링클러설비(주택전용 간이스프링클러설비는 제외한다) 또는 자동화재탐지설비가 설치된 특정소방대상물

㉠ 관계인

㉡ 관리업에 등록된 기술인력 중 소방시설관리사

㉢ 소방시설공사업법 시행규칙에 따른 특급점검자

㉣ 소방안전관리자로 선임된 소방시설관리사 및 소방기술사

② ①에 해당하지 않는 특정소방대상물

㉠ 관리업에 등록된 소방시설관리사

㉡ 소방안전관리자로 선임된 소방시설관리사 및 소방기술사

(3) 작동점검은 연 1회 이상 실시한다.

(4) **작동점검의 점검시기**

① 종합점검 대상은 종합점검을 받은 달부터 6개월이 되는 달에 실시한다.

② ①에 해당하지 않는 특정소방대상물은 특정소방대상물의 사용승인일(건축물의 경우에는 건축물관리대장 또는 건물 등기사항증명서에 기재되어 있는 날, 시설물의 경우에는 시설물의 안전 및 유지관리에 관한 특별법에 따른 시설물통합정보관리체계에 저장·관리되고 있는 날을 말하며, 건축물관리대장, 건물 등기사항증명서 및 시설물통합정보관리체계를 통해 확인되지 않는 경우에는 소방시설완공검사증명서에 기재된 날을 말한다)이 속하는 달의 말일까지 실시한다. 다만, 건축물관리대장 또는 건물 등기사항증명서 등에 기입된 날이 서로 다른 경우에는 건축물관리대장에 기재되어 있는 날을 기준으로 점검한다.

3. 종합점검의 실시

(1) 종합점검은 다음의 어느 하나에 해당하는 특정소방대상물을 대상으로 한다.

① 해당 특정소방대상물의 소방시설 등이 신설된 특정소방대상물

② 스프링클러설비가 설치된 특정소방대상물

③ 물분무 등 소화설비[호스릴(hose reel) 방식의 물분무 등 소화설비만을 설치한 경우는 제외한다]가 설치된 연면적 5,000m² 이상인 특정소방대상물(제조소 등은 제외한다)

④ 다중이용업소의 안전관리에 관한 특별법 시행령의 다중이용업의 영업장이 설치된 특정소방대상물로서 연면적이 2,000㎡ 이상인 것

⑤ 공공기관의 소방안전관리에 관한 규정에 따른 공공기관 중 연면적(터널·지하구의 경우 그 길이와 평균 폭을 곱하여 계산된 값을 말한다)이 1,000㎡ 이상인 것으로서 옥내소화전설비 또는 자동화재탐지설비가 설치된 것. 다만, 소방기본법에 따른 소방대가 근무하는 공공기관은 제외한다.

(2) 종합점검은 다음 어느 하나에 해당하는 기술인력이 점검할 수 있다. 이 경우 별표 4에 따른 점검인력 배치기준을 준수해야 한다.
① 관리업에 등록된 소방시설관리사
② 소방안전관리자로 선임된 소방시설관리사 및 소방기술사

(3) **종합점검의 점검횟수**
① 연 1회 이상(화재의 예방 및 안전에 관한 법률 시행령 별표 4의 특급 소방안전관리대상물은 반기에 1회 이상) 실시한다.
② ①에도 불구하고 소방본부장 또는 소방서장은 소방청장이 소방안전관리가 우수하다고 인정한 특정소방대상물에 대해서는 3년의 범위에서 소방청장이 고시하거나 정한 기간 동안 종합점검을 면제할 수 있다. 다만, 면제기간 중 화재가 발생한 경우는 제외한다.

(4) **종합점검의 점검시기**
① (1)의 ①에 해당하는 특정소방대상물은 건축법에 따라 건축물을 사용할 수 있게 된 날부터 60일 이내 실시한다.
② ①을 제외한 특정소방대상물은 건축물의 사용승인일이 속하는 달에 실시한다. 다만, 공공기관의 안전관리에 관한 규정에 따른 학교의 경우에는 해당 건축물의 사용승인일이 1월에서 6월 사이에 있는 경우에는 6월 30일까지 실시할 수 있다.
③ 건축물 사용승인일 이후 (1)의 ③에 따라 종합점검 대상에 해당하게 된 경우에는 그 다음 해부터 실시 한다.
④ 하나의 대지경계선 안에 2개 이상의 자체점검 대상 건축물 등이 있는 경우에는 그 건축물 중 사용승인일이 가장 빠른 연도의 건축물의 사용승인일을 기준으로 점검할 수 있다.

4. 공동주택(아파트 등으로 한정) 세대별 점검방법

(1) 관리자(관리소장, 입주자대표회의 및 소방안전관리자를 포함한다) 및 입주민(세대 거주자를 말한다)은 2년 이내 모든 세대에 대하여 점검을 해야 한다.

(2) (1)에도 불구하고 아날로그감지기 등 특수감지기가 설치되어 있는 경우에는 수신기에서 원격 점검할 수 있으며, 점검할 때마다 모든 세대를 점검해야 한다. 다만, 자동화재탐지설비의 선로 단선이 확인되는 때에는 단선이 난 세대 또는 그 경계구역에 대하여 현장점검을 해야 한다.

(3) 관리자는 수신기에서 원격 점검이 불가능한 경우 매년 작동점검만 실시하는 공동주택은 1회 점검시 마다 전체 세대수의 50퍼센트 이상, 종합점검을 실시하는 공동주택은 1회 점검시 마다 전체 세대수의 30퍼센트 이상 점검하도록 자체점검 계획을 수립 · 시행해야 한다.

(4) 관리자 또는 해당 공동주택을 점검하는 관리업자는 입주민이 세대 내에 설치된 소방시설 등을 스스로 점검할 수 있도록 소방청 또는 사단법인 한국소방시설관리협회의 홈페이지에 게시되어 있는 공동주택 세대별 점검 동영상을 입주민이 시청할 수 있도록 안내하고, 점검서식(별지 제36호 서식 소방시설 외관점검표를 말한다)을 사전에 배부해야 한다.

(5) 입주민은 점검서식에 따라 스스로 점검하거나 관리자 또는 관리업자로 하여금 대신 점검하게 할 수 있다. 입주민이 스스로 점검한 경우에는 그 점검 결과를 관리자에게 제출하고 관리자는 그 결과를 관리업자에게 알려주어야 한다.

(6) 관리자는 관리업자로 하여금 세대별 점검을 하고자 하는 경우에는 사전에 점검 일정을 입주민에게 사전에 공지하고 세대별 점검 일자를 파악하여 관리업자에게 알려주어야 한다. 관리업자는 사전 파악된 일정에 따라 세대별 점검을 한 후 관리자에게 점검 현황을 제출해야 한다.

(7) 관리자는 관리업자가 점검하기로 한 세대에 대하여 입주민의 사정으로 점검을 하지 못한 경우 입주민이 스스로 점검할 수 있도록 다시 안내해야 한다. 이 경우 입주민이 관리업자로 하여금 다시 점검받기를 원하는 경우 관리업자로 하여금 추가로 점검하게 할 수 있다.

(8) 관리자는 세대별 점검현황(입주민 부재 등 불가피한 사유로 점검을 하지 못한 세대현황을 포함한다)을 작성하여 자체점검이 끝난 날부터 2년간 자체 보관해야 한다.

11 소방시설 등의 자체점검 결과의 조치

(1) 자체점검 실시결과 보고서를 제출받거나 스스로 자체점검을 실시한 관계인은 자체점검이 끝난 날부터 15일 이내에 소방시설 등 자체점검 실시결과 보고서(전자문서로 된 보고서를 포함한다)에 다음의 서류를 첨부하여 소방본부장 또는 소방서장에게 서면이나 소방청장이 지정하는 전산망을 통하여 보고해야 한다.

> ① 점검인력 배치확인서(관리업자가 점검한 경우만 해당한다)
> ② 소방시설 등의 자체점검 결과 이행계획서

(2) 소방본부장 또는 소방서장에게 자체점검 실시결과 보고를 마친 관계인은 소방시설 등 자체점검 실시결과 보고서(소방시설 등 점검표를 포함한다)를 점검이 끝난 날부터 2년간 자체 보관해야 한다.

12 소방안전관리자를 선임해야 하는 소방안전관리대상물의 범위

1. 특급 소방안전관리대상물

(1) 50층 이상(지하층은 제외한다)이거나 지상으로부터 높이가 200m 이상인 아파트

(2) 30층 이상(지하층을 포함한다)이거나 지상으로부터 높이가 120m 이상인 특정소방대상물(아파트는 제외한다)

(3) (2)에 해당하지 않는 특정소방대상물로서 연면적이 10만m² 이상인 특정소방대상물(아파트는 제외한다)

2. 1급 소방안전관리대상물

(1) 30층 이상(지하층은 제외한다)이거나 지상으로부터 높이가 120m 이상인 아파트

(2) 연면적 1만5천m² 이상인 특정소방대상물(아파트 및 연립주택은 제외한다)

(3) (2)에 해당하지 않는 특정소방대상물로서 지상층의 층수가 11층 이상인 특정소방대상물(아파트는 제외한다)

(4) 가연성 가스를 1천톤 이상 저장·취급하는 시설

3. 2급 소방안전관리대상물

소방시설 설치 및 관리에 관한 법률 시행령 별표 2의 특정소방대상물 중 다음의 어느 하나에 해당하는 것(특급 소방안전관리대상물 및 1급 소방안전관리대상물은 제외한다)

(1) 소방시설 설치 및 관리에 관한 법률 시행령 별표 4에 따라 옥내소화전설비를 설치해야 하는 특정소방대상물, 스프링클러설비를 설치해야 하는 특정소방대상물 또는 물분무 등 소화설비[화재안전 기준에 따라 호스릴(hose reel) 방식의 물분무 등 소화설비만을 설치할 수 있는 특정소방대상물은 제외한다]를 설치해야 하는 특정소방대상물

(2) 가스 제조설비를 갖추고 도시가스사업의 허가를 받아야 하는 시설 또는 가연성 가스를 100톤 이상 1천톤 미만 저장·취급하는 시설

(3) 지하구

(4) 공동주택관리법 제2조 제1항 제2호(의무관리대상 공동주택)의 어느 하나에 해당하는 공동주택(소방시설 설치 및 관리에 관한 법률 시행령 별표 4에 따른 옥내소화전설비 또는 스프링클러설비가 설치된 공동주택으로 한정한다)

(5) 문화재보호법에 따라 보물 또는 국보로 지정된 목조건축물

4. 3급 소방안전관리대상물

소방시설 설치 및 관리에 관한 법률 시행령 별표 2의 특정소방대상물 중 다음의 어느 하나에 해당하는 것(특급 소방안전관리대상물, 1급 소방안전관리대상물 및 2급 소방안전관리대상물은 제외한다)

(1) 소방시설 설치 및 관리에 관한 법률 시행령 별표 4에 따라 간이스프링클러설비(주택전용 간이스프링클러설비는 제외한다)를 설치해야 하는 특정소방대상물

(2) 소방시설 설치 및 관리에 관한 법률 시행령 별표 4에 따른 자동화재탐지설비를 설치해야 하는 특정 소방대상물

08 냉동설비

1 압축식 냉동기

(1) 의 의

① 압축식 냉동기는 전기를 이용하여 압축기를 구동하는 냉동기이다.

② 압축식 냉동기는 압축방식의 종류에 따라 왕복식(왕복동식), 원심식(터보식), 회전식으로 구분된다.

(2) 압축식 냉동기의 원리

① **냉매**: 프레온가스

② **압축식 냉동사이클**: 압축기 ⇨ 응축기 ⇨ 팽창밸브 ⇨ 증발기

(3) 압축식 냉동기의 구성요소

① **압축기**(Compressor): 증발기에 넘어온 저온·저압의 냉매가스를 응축 및 액화하기 쉽도록 압축하여 고온·고압으로 만들어 응축기로 보낸다.

> 1. 응축: 증기로부터 액체나 고체가 형성되어 이보다 낮은 온도의 표면에 부착하는 현상을 말한다.
> 2. 액화: 기체가 냉각되거나 압축되어 액체로 변하는 현상을 말한다.

② **응축기**(Condener): 고온·고압의 냉매가스를 공기나 물을 접촉시켜 저온·고압의 냉매액으로 변하게 하고, 응축열을 냉각탑이나 실외기를 통해서 외부로 방출한다.

③ **팽창밸브**(Expansion Valve): 응축기에서 넘어온 고온·고압의 냉매액을 증발할 때 증발하기 쉽도록 하기 위해 감압시켜 저온·저압의 액체로 교축 및 팽창시킨다.

> 교축: 유체 통로의 일부에 밸브, 콕 또는 가느다란 구멍이 뚫린 판 등을 부착하여 흐름의 단면적을 좁히면 이미 존재하는 압력차에 의해 유속이 강제적으로 증가되고, 이로 인해 분자간 거리가 멀어져 압력이 강하(높은 곳에서 낮은 쪽으로 내려옴)하는데 이 현상을 말한다.

④ **증발기**(Evaporator): 팽창밸브에서 압력을 줄인 저온·저압의 액체냉매가 피냉각물질로부터 열을 흡수하여 냉수의 냉각이 이루어지도록 한다.

2 흡수식 냉동기

(1) 의 의

① 흡수식 냉동기는 저온 상태에서는 서로 용해되는 두 물질을 고온에서 분리시켜 그중 한 물질이 냉매작용을 하여 냉동하는 방식을 말한다.

② 흡수식의 재생기(발생기)는 원심식의 압축기 역할로, 가스로 가열하여 냉매물질(H_2O)과 흡수액(LiBr)을 분리시킨다.

(2) 흡수식 냉동기의 원리

① **냉매**: 물(H_2O)

② **흡수액**: 리튬브로마이드 용액(LiBr)

③ **흡수식 냉동사이클**: 흡수기 ⇨ 재생기(증발기) ⇨ 응축기 ⇨ 증발기

(3) 흡수식 냉동기의 구성요소

① **흡수기**

㉠ 증발기에서 넘어온 냉매증기(수증기)를 흡수기에서 수용액에 흡수시키고 묽어지게(묽은 수용액)하여 재생기로 넘긴다.

㉡ 리튬브로마이드의 농용액이 증발기에서 들어온 냉매증기(수증기)를 연속적으로 흡수하고, 농용액은 물로써 희석되고 동시에 흡수열이 발생하며, 흡수열은 냉각수에 의하여 냉각된다.

② **재생기(발생기)**

㉠ 흡수기에서 넘어온 묽은 수용액(H_2O + LiBr)에 가스 등으로 열을 가하면 물은 증발하여 수증기로 된 후 응축기로 넘어가고 나머지 진한 용액(LiBr)은 다시 흡수기로 보내진다.

㉡ 희석된 희용액은 발생기, 가열관(증기, 가스, 온수)에 의하여 가열된다.

③ **응축기**

㉠ 재생기에서 응축기로 넘어온 수증기는 냉각수에 의해 냉각되어 물로 응축된 후 다시 증발기로 넘어간다.

㉡ 응축열을 냉각탑이나 실외기를 통해서 외부로 방출한다.

④ **증발기**

㉠ 낮은 압력인 증발기 내에서 냉매(물)가 증발하면서 냉수코일 내의 물로부터 열을 빼앗아 냉수의 냉각이 이루어진다.

ⓛ 흡수식 냉동기의 냉동능력은 증발기에서 냉수코일 내의 물로부터 열을 빼앗아 증발하는데 이는 냉매량에 비례한다.

ⓒ 증발한 냉매증기(수증기)는 흡수기로 이동한다.

3 히트펌프

(1) 의 의

① '물을 낮은 위치에서 높은 위치로 퍼 올리는 기계'라는 펌프의 의미를 채용한 것으로서, 히트펌프는 열을 온도가 낮은 곳에서 높은 곳으로 이동시킬 수 있는 장치를 의미한다.

② 히트펌프의 구성 및 사이클은 압축식 냉동기와 마찬가지로 '압축기, 응축기, 팽창밸브, 증발기'로 구성되고 냉동사이클을 따른다.

③ 저온측으로부터 열을 흡수하는 것(증발기의 냉각효과)을 이용해 냉방을 하고, 고온측에 방열하는 것(응축기의 방열)을 이용해 난방을 함으로써 동시에 냉난방이 가능하다.

(2) 특 징

① 안전하고, 사용되는 물과 구동전기가 구분되어 감전위험이 없다.

② 연료탱크가 없기 때문에 기름 누출, 화재 등에서 안전하다.

③ 에너지절약 및 고효율 기기이다.

④ 유해한 가스 발생 및 대기오염이 없어 친환경적이다.

⑤ 냉방과 난방이 동시에 가능하다.

(3) 히트펌프의 성적계수(COP)

① 히트펌프의 좋고 나쁨을 나타내기 위해 성적계수를 사용한다.

② 히트펌프는 냉방과 난방이 동시에 가능하기 때문에 성적계수도 구분하여 산정한다.

> ⊙ 난방시 히트펌프의 성적계수(COP)는 응축기의 방열량을 압축기의 압축일로 나눈 값이다.
>
> ⓛ 냉방시 히트펌프의 성적계수(COP)는 증발기의 흡수열량을 압축기의 압축일로 나눈 값이다.

③ 일반적으로 히트펌프의 성적계수(COP)는 기종과 열원의 종류에 따라 다르지만, 냉방시보다 난방시에 높다.

④ 난방시 성적계수(COP)가 냉방시 성적계수(COP)보다 1만큼 크다.

09 \ 승강기설비

1 승강기 설치기준

승용 승강기	① 6층 이상인 공동주택에는 국토교통부령이 정하는 기준에 따라 대당 6인승 이상인 승용승강기를 설치하여야 한다. 다만,「건축법 시행령」제89조의 규정에 해당하는 공동주택의 경우에는 그러하지 아니하다. ② 계단실형인 공동주택에는 계단실마다 1대(한 층에 3세대 이상이 조합된 계단실형 공동주택이 22층 이상인 경우에는 2대) 이상을 설치하되, 그 탑승인원수는 동일한 계단실을 사용하는 4층 이상인 층의 세대당 0.3명(독신자용 주택의 경우에는 0.15명)의 비율로 산정한 인원수(1명 이하의 단수는 1명으로 본다) 이상일 것 ③ 복도형인 공동주택에는 1대에 100세대를 넘는 80세대마다 1대를 더한 대수 이상을 설치하되, 그 탑승인원수는 4층 이상인 층의 세대당 0.2명(독신자용 주택의 경우에는 0.1명)의 비율로 산정한 인원수 이상일 것
	※ 건축법 시행령 제89조의 승용승강기 설치기준 : 층수가 6층인 건축물로서 각 층 거실의 바닥면적 300제곱미터 이내마다 1개소 이상의 직통계단을 설치한 건축물을 말한다.

화물용
승강기
	① 10층 이상인 공동주택에는 이삿짐 등을 운반할 수 있는 화물용 승강기를 설치하여야 한다.
	② 화물용 승강기는 아래의 기준에 적합하게 설치하여야 한다.
	  ㉠ 적재하중이 0.9t 이상일 것
	  ㉡ 승강기의 폭 또는 너비 중 한 변은 1.35m 이상, 다른 한 변은 1.6m 이상일 것
	  ㉢ 계단실형인 공동주택의 경우에는 계단실마다 설치할 것
	  ㉣ 복도형인 공동주택의 경우에는 100세대까지 1대를 설치하되, 100세대를 넘는 경우에는 100세대마다 1대를 추가로 설치할 것

비상용 승강기	10층 이상인 공동주택의 경우에는 승용 승강기를 비상용 승강기의 구조로 하여야 한다.
겸용 규정	승용 승강기 또는 비상용 승강기로서 화물용 승강기기준에 적합한 것은 화물용 승강기로 겸용할 수 있다.

2 승강기의 검사 등

(1) 승강기 유지관리용 부품 제공 등

① 제조업 또는 수입업을 하기 위해 등록을 한 자(이하 "제조·수입업자"라 한다)는 승강기 유지관리용 부품(이하 "유지관리용 부품"이라 한다) 및 장비 또는 소프트웨어(이하 "장비 등"이라 한다)의 원활한 제공을 위해 동일한 형식의 유지관리용 부품 및 장비 등을 최종 판매하거나 양도한 날부터 10년 이상 제공할 수 있도록 해야 한다. 다만, 비슷한 다른 유지관리용 부품 또는 장비 등의 사용이 가능한 경우로서 그 부품 또는 장비 등을 제공할 수 있는 경우에는 그렇지 않다.

② 승강기 품질보증기간은 3년 이상으로 하며, 그 기간에 구매인 또는 양수인이 사용설명서에 따라 정상적으로 사용·관리했음에도 불구하고 고장이나 결함이 발생한 경우에는 제조·수입업자가 무상으로 유지관리용 부품 및 장비 등을 제공(정비를 포함한다)해야 한다.

③ 제조·수입업자는 다음의 어느 하나에 해당하는 자로부터 부품 등의 제공을 요청받은 경우에는 특별한 이유가 없으면 2일 이내에 그 요청에 따라야 한다.
   ㉠ 관리주체
   ㉡ 승강기의 유지관리를 업으로 하기 위하여 등록을 한 자
   ㉢ 승강기의 유지관리를 업으로 하기 위하여 등록을 한 자를 조합원으로 하여 「중소기업협동조합법」에 따라 설립된 법인

(2) 승강기 안전관리자

① 관리주체는 승강기 운행에 대한 지식이 풍부한 사람을 승강기 안전관리자로 선임하여 승강기를 관리하게 하여야 한다. 다만, 관리주체가 직접 승강기를 관리하는 경우에는 그러하지 아니하다.

② ①의 본문에 따른 승강기 안전관리자는 다음의 사항을 고려하여 행정안전부령으로 정하는 일정한 자격요건을 갖추어야 한다.
   ㉠ 「건축법」에 따른 건축물의 용도
   ㉡ 승강기의 종류
   ㉢ 그 밖에 행정안전부장관이 승강기 관리에 필요하다고 인정하는 사항

③ 관리주체는 ①에 따라 승강기 안전관리자(관리주체가 직접 승강기를 관리하는 경우에는 그 관리주체를 말한다)를 선임하였을 때에는 행정안전부령으로 정하는 바에 따라 3개월 이내에 행정안전부장관에게 그 사실을 통보하여야 한다. 승강기 안전관리자나 관리주체가 변경되었을 때에도 또한 같다.

④ 관리주체(①의 본문에 따라 관리주체가 승강기 안전관리자를 선임하는 경우에만 해당한다)는 승강기 안전관리자가 안전하게 승강기를 관리하도록 지도·감독하여야 한다.

⑤ 관리주체는 승강기 안전관리자로 하여금 선임 후 3개월 이내에 행정안전부령으로 정하는 기관이 실시하는 승강기 관리에 관한 교육(이하 "승강기관리교육"이라 한다)을 받게 하여야 한다. 다만, 관리주체가 직접 승강기를 관리하는 경우에는 그 관리주체(법인인 경우에는 그 대표자를 말한다)가 승강기관리교육을 받아야 한다.

⑥ **승강기 안전관리자의 직무범위**

    ㉠ 승강기 운행 및 관리에 관한 규정 작성

    ㉡ 승강기 사고 또는 고장 발생에 대비한 비상연락망의 작성 및 관리

    ㉢ 유지관리업자로 하여금 자체점검을 대행하게 한 경우 유지관리업자에 대한 관리·감독

    ㉣ 중대한 사고 또는 중대한 고장의 통보

    ㉤ 승강기 내에 갇힌 이용자의 신속한 구출을 위한 승강기 조작(승강기 안전관리자가 해당 승강기관리교육을 받은 경우만 해당한다)

    ㉥ 피난용 엘리베이터의 운행(승강기 안전관리자가 해당 승강기관리교육을 받은 경우만 해당한다)

    ㉦ 그 밖에 승강기 관리에 필요한 사항으로서 행정안전부장관이 정하여 고시하는 업무

(3) **승강기 자체점검**

① 관리주체는 승강기의 안전에 관한 자체점검(이하 "자체점검"이라 한다)을 월 1회 이상 하고, 자체점검을 담당하는 사람은 자체점검을 마치면 지체 없이 자체점검 결과를 양호, 주의관찰 또는 긴급수리로 구분하여 관리주체에 통보해야 하며, 관리주체는 자체점검 결과를 자체점검 후 10일 이내에 승강기안전종합정보망에 입력해야 한다

② 관리주체는 자체점검 결과 승강기에 결함이 있다는 사실을 알았을 경우에는 즉시 보수하여야 하며, 보수가 끝날 때까지 해당 승강기의 운행을 중지하여야 한다.

③ ①에도 불구하고 다음의 어느 하나에 해당하는 승강기에 대해서는 자체점검의 전부 또는 일부를 면제할 수 있다.

    ㉠ 승강기안전인증을 면제받은 승강기

    ㉡ 안전검사에 불합격한 승강기

    ㉢ 안전검사가 연기된 승강기

     ⓐ 그 밖에 새로운 유지관리기법의 도입 등 대통령령으로 정하는 사유에 해당하여 자체점검의 주기 조정이 필요한 승강기

④ 관리주체는 자체점검을 스스로 할 수 없다고 판단하는 경우에는 승강기의 유지관리를 업으로 하기 위하여 등록을 한 자로 하여금 이를 대행하게 할 수 있다.

⑤ ③의 ⓐ에서 "새로운 유지관리기법의 도입 등 대통령령으로 정하는 사유"란 다음의 어느 하나에 해당하는 경우를 말한다.

     ㉠ 원격점검 및 실시간 고장 감시 등 행정안전부장관이 정하여 고시하는 원격관리기능이 있는 승강기를 관리하는 경우

     ㉡ 승강기의 유지관리를 업으로 하기 위해 등록을 한 자(이하 "유지관리업자"라 한다)가 안전관리 활동을 모두 포함하는 포괄적인 유지관리 도급계약을 체결하여 승강기를 관리하는 경우

     ㉢ 유지관리업자가 계약(유지관리업자가 관리주체가 되는 계약을 말한다)을 체결하여 승강기를 관리하는 경우

     ㉣ 안전관리우수기업으로 선정된 유지관리업자가 최근 2년 동안 안전검사에 합격한 승강기를 관리하는 경우

     ㉤ 다른 법령에서 정하는 바에 따라 건축물이나 고정된 시설물에 설치하도록 의무화되지 않은 승강기(다음의 어느 하나에 해당하는 승강기는 제외한다)를 관리하는 경우

          ⓐ 「건축법 시행령」에 따른 다중이용 건축물 및 준다중이용 건축물에 설치된 엘리베이터 중 사람이 탑승하는 용도의 엘리베이터

          ⓑ 에스컬레이터

          ⓒ 휠체어리프트

⑥ ⑤의 어느 하나에 해당하는 경우의 관리주체는 관리하는 승강기에 대해 3개월의 범위에서 자체점검의 주기를 조정할 수 있다. 다만, 다음의 어느 하나에 해당하는 승강기의 경우에는 그렇지 않다.

     ㉠ 설치검사를 받은 날부터 15년이 지난 승강기

     ㉡ 최근 3년 이내에 중대한 사고가 발생한 승강기

     ㉢ 최근 1년 이내에 중대한 고장이 3회 이상 발생한 승강기

⑦ 자체점검을 대행하는 유지관리업자는 자체점검의 주기를 조정하려는 경우에는 미리 해당 관리주체의 서면 동의를 받아야 한다.

(4) 승강기의 안전검사

① 관리주체는 승강기에 대하여 행정안전부장관이 실시하는 다음의 안전검사를 받아야 한다.

  ㉠ 정기검사: 설치검사 후 정기적으로 하는 검사. 이 경우 검사주기는 2년 이하로 하되, 다음 각목의 사항을 고려하여 행정안전부령으로 정하는 바에 따라 승강기별로 검사주기를 다르게 할 수 있다.

  ⓐ 승강기의 종류 및 사용 연수

  ⓑ 중대한 사고 또는 중대한 고장의 발생 여부

  ⓒ 그 밖에 행정안전부령으로 정하는 사항

  ㉡ 수시검사: 다음의 어느 하나에 해당하는 경우에 하는 검사

  ⓐ 승강기의 종류, 제어방식, 정격속도, 정격용량 또는 왕복운행거리를 변경한 경우(변경된 승강기에 대한 검사의 기준이 완화되는 경우 등 행정안전부령으로 정하는 경우는 제외한다)

  ⓑ 승강기의 제어반(制御盤) 또는 구동기(驅動機)를 교체한 경우

  ⓒ 승강기에 사고가 발생하여 수리한 경우(승강기의 결함으로 중대한 사고 또는 중대한 고장이 발생한 경우는 제외한다)

  ⓓ 관리주체가 요청하는 경우

  ㉢ 정밀안전검사: 다음의 어느 하나에 해당하는 경우에 하는 검사. 이 경우 ⓒ에 해당할 때에는 정밀안전검사를 받고, 그 후 3년마다 정기적으로 정밀안전검사를 받아야 한다.

  ⓐ 정기검사 또는 수시검사 결과 결함의 원인이 불명확하여 사고 예방과 안전성 확보를 위하여 행안전부장관이 정밀안전검사가 필요하다고 인정하는 경우

  ⓑ 승강기의 결함으로 중대한 사고 또는 중대한 고장이 발생한 경우

  ⓒ 설치검사를 받은 날부터 15년이 지난 경우

  ⓓ 그 밖에 승강기 성능의 저하로 승강기 이용자의 안전을 위협할 우려가 있어 행정안전부장관이 정밀안전검사가 필요하다고 인정한 경우

② 관리주체는 안전검사를 받지 아니하거나 안전검사에 불합격한 승강기를 운행할 수 없으며, 운행을 하려면 안전검사에 합격하여야 한다. 이 경우 관리주체는 안전검사에 불합격한 승강기에 대하여 안전검사에 불합격한 날부터 4개월 이내에 안전검사를 다시 받아야 한다.

③ 행정안전부장관은 행정안전부령으로 정하는 바에 따라 ① 또는 ②에 따른 안전검사를 받을 수 없다고 인정하면 그 사유가 없어질 때까지 ④에 따라 안전검사를 연기할 수 있다.

④ 안전검사를 연기할 수 있는 사유는 다음과 같다.

　㉠ 승강기가 설치된 건축물이나 고정된 시설물에 중대한 결함이 있어 승강기를 정상적으로 운행하는 것이 불가능한 경우

　㉡ 관리주체가 승강기의 운행을 중단한 경우(다른 법령에서 정하는 바에 따라 설치가 의무화된 승강기는 제외한다)

　㉢ 그 밖에 천재지변 등 부득이한 사유가 발생한 경우

⑤ ④에 따라 안전검사 연기를 신청하려는 자는 안전검사 연기신청서(전자문서를 포함한다)에 안전검사 연기 사유를 확인할 수 있는 서류(전자문서를 포함한다)를 첨부하여 행정안전부장관에게 제출해야 한다.

(5) 정기검사의 검사주기 등

① (4), ①, ㉠의 각 목 외의 부분에 따른 정기검사의 검사주기는 1년(설치검사 또는 직전 정기검사를 받은 날부터 매 1년을 말한다)으로 한다.

② ①에도 불구하고 다음의 어느 하나에 해당하는 승강기의 경우에는 정기검사의 검사주기를 직전 정기검사를 받은 날부터 다음의 구분에 따른 기간으로 한다.

　㉠ 설치검사를 받은 날부터 25년이 지난 승강기: 6개월

　㉡ 승강기의 결함으로 중대한 사고 또는 중대한 고장이 발생한 후 2년이 지나지 않은 승강기: 6개월

　㉢ 다음의 엘리베이터: 2년

　　ⓐ 화물용 엘리베이터

　　ⓑ 자동차용 엘리베이터

　　ⓒ 소형화물용 엘리베이터(Dumbwaiter)

　㉣ 「건축법 시행령」 별표 1 제1호 가목에 따른 단독주택에 설치된 승강기: 2년

③ (4), ①, ㉠의 ⓒ에서 "그 밖에 행정안전부령으로 정하는 사항"이란 승강기가 설치되는 건축물 또는 고정된 시설물의 용도를 말한다.

④ 정기검사의 검사기간은 정기검사의 검사주기 도래일 전후 각각 30일 이내로 한다. 이 경우 해당 검사기간 이내에 검사에 합격한 경우에는 정기검사의 검사주기 도래일에 정기검사를 받은 것으로 본다.

⑤ ① 및 ②의 규정에 따른 정기검사의 검사주기 도래일 전에 수시검사 또는 정밀안전검사를 받은 경우 해당 정기검사의 검사주기는 수시검사 또는 정밀안전검사를 받은 날부터 계산한다.

⑥ 안전검사가 연기된 경우 해당 정기검사의 검사주기는 연기된 안전검사를 받은 날부터 계산한다.

⑹ **승강기의 사고 보고 및 사고 조사**

① 관리주체(자체점검을 대행하는 유지관리업자를 포함한다)는 그가 관리하는 승강기로 인하여 다음의 어느 하나에 해당하는 사고 또는 고장이 발생한 경우에는 행정안전부령으로 정하는 바에 따라 한국승강기안전공단에 통보하여야 한다.

　㉠ 사람이 죽거나 다치는 등 대통령령으로 정하는 중대한 사고

　㉡ 출입문이 열린 상태에서 승강기가 운행되는 경우 등 대통령령으로 정하는 중대한 고장

② ①의 ㉠에서 "사람이 죽거나 다치는 등 대통령령으로 정하는 중대한 사고"란 다음의 어느 하나에 해당하는 사고를 말한다.

　㉠ 사망자가 발생한 사고

　㉡ 사고 발생일부터 7일 이내에 실시된 의사의 최초 진단 결과 1주 이상의 입원치료가 필요한 부상자가 발생한 사고

　㉢ 사고 발생일부터 7일 이내에 실시된 의사의 최초 진단 결과 3주 이상의 치료가 필요한 부상자가 발생한 사고

③ ①의 ㉡에서 "출입문이 열린 상태에서 승강기가 운행되는 경우 등 대통령령으로 정하는 중대한 고장"이란 엘리베이터에서 다음의 구분에 따른 고장을 말한다.

　㉠ 출입문이 열린 상태로 움직인 경우

　㉡ 출입문이 이탈되거나 파손되어 운행되지 않는 경우

　㉢ 최상층 또는 최하층을 지나 계속 움직인 경우

　㉣ 운행하려는 층으로 운행되지 않은 경우(정전 또는 천재지변으로 인해 발생한 경우는 제외한다)

　㉤ 운행 중 정지된 고장으로서 이용자가 운반구에 갇히게 된 경우(정전 또는 천재지변으로 인해 발생한 경우는 제외한다)

④ 누구든지 중대한 사고가 발생한 경우에는 사고현장 또는 중대한 사고와 관련되는 물건을 이동시키거나 변경 또는 훼손하여서는 아니 된다. 다만, 인명구조 등 긴급한 사유가 있는 경우에는 그러하지 아니하다.

⑤ 한국승강기안전공단은 ①에 따라 통보받은 내용을 행정안전부장관, 시·도지사 및 승강기사고조사위원회에 보고하여야 한다.

⑥ 행정안전부장관은 ⑤에 따라 보고받은 승강기 사고의 재발 방지 및 예방을 위하여 필요하다고 인정할 경우에는 승강기 사고의 원인 및 경위 등에 관한 조사를 할 수 있다.

환경 및 안전관리

01 위생관리

공동주택	소독 대상	300세대 이상
	소독 횟수	① 4월부터 9월까지: 3개월마다 1회 이상 ② 10월부터 3월까지: 6개월마다 1회 이상
벌칙 (100만원 이하 과태료)		① 공동주택의 관리운영자로서 소독을 실시하지 아니한 자 ② 휴업 등의 신고를 하지 아니한 소독업자 ③ 소독의 실시사항을 기록·보관 또는 보고하지 아니하거나 거짓으로 기록·보고하지 아니한 소독업자
소독의 종류		① 소각: 오염되었거나 오염이 의심되는 소독대상 물건 중 소각해야 할 물건을 불에 완전히 태워야 한다. ② 증기소독: 유통증기를 사용하여 소독기 안의 공기를 빼고 1시간 이상 섭씨 100도 이상의 증기소독을 해야 한다. 다만, 증기소독을 할 경우 더럽혀지고 손상될 우려가 있는 물건은 다른 방법으로 소독을 해야 한다. ③ 끓는 물 소독: 소독할 물건을 30분 이상 섭씨 100도 이상의 물속에 넣어 살균해야 한다. ④ 약물소독 ⑤ 일광소독: 의류, 침구, 용구, 도서, 서류나 그 밖의 물건으로서 ①부터 ④까지의 규정에 따른 소독방법을 따를 수 없는 경우에는 일광소독을 해야 한다.

02 생활환경관리

1 실내공기질 관리법

대 상	100세대 이상으로 신축되는 아파트, 연립주택 및 기숙사인 공동주택
측정 및 그 결과의 공고 등	① 신축 공동주택의 시공자는 실내공기질을 측정한 경우 주택 공기질 측정 결과 보고(공고)를 작성하여 주민 입주 7일 전까지 특별자치시장·특별 자치도지사·시장·군수·구청장(자치구의 구청장을 말한다)에게 제출 하여야 한다. ② 신축 공동주택의 시공자는 작성한 주택 공기질 측정결과 보고(공고)를 주민 입주 7일 전부터 60일간 다음의 장소 등에 주민들이 잘 볼 수 있도 록 공고하여야 한다. 　㉠ 공동주택 관리사무소 입구 게시판 　㉡ 각 공동주택 출입문 게시판 　㉢ 시공자의 인터넷 홈페이지 ③ 특별시장·광역시장·특별자치시장·도지사 또는 특별자치도지사(이하 "시·도지사"라 한다) 또는 시장·군수·구청장은 실내공기질 측정결과 를 공보 또는 인터넷 홈페이지 등에 공개할 수 있다.
실내공기질 권고기준	① 폼알데하이드: $210\mu g/m^3$ 이하 ② 벤젠: $30\mu g/m^3$ 이하 ③ 톨루엔: $1,000\mu g/m^3$ 이하 ④ 에틸벤젠: $360\mu g/m^3$ 이하 ⑤ 스티렌: $300\mu g/m^3$ 이하 ⑥ 자일렌: $700\mu g/m^3$ 이하 ⑦ 라돈: $148Bq/m^3$ 이하

2 대피공간의 설치

① 공동주택 중 아파트로서 4층 이상인 층의 각 세대가 2개 이상의 직통계단을 사용할
수 없는 경우에는 발코니에 인접 세대와 공동으로 또는 각 세대별로 다음의 요건을
모두 갖춘 대피공간을 하나 이상 설치하여야 한다. 이 경우 인접 세대와 공동으로 설치
하는 대피공간은 인접 세대를 통하여 2개 이상의 직통계단을 쓸 수 있는 위치에 우선
설치되어야 한다.
　㉠ 대피공간은 바깥의 공기와 접하여야 한다.
　㉡ 대피공간은 실내의 다른 부분과 방화구획으로 구획되어야 한다.

ⓒ 대피공간의 바닥면적은 인접세대와 공동으로 설치하는 경우에는 3m² 이상, 각 세
대별로 설치하는 경우에는 2m² 이상이어야 한다.

ⓔ 대피공간으로 통하는 출입문은 60분 + 방화문으로 설치할 것

ⓜ 국토교통부장관이 정하는 기준에 적합할 것

> 1. 60분 + 방화문 : 연기 및 불꽃을 차단할 수 있는 시간이 60분 이상이고, 열을 차
>   단할 수 있는 시간이 30분 이상인 방화문
> 2. 60분 방화문 : 연기 및 불꽃을 차단할 수 있는 시간이 60분 이상인 방화문
> 3. 30분 방화문 : 연기 및 불꽃을 차단할 수 있는 시간이 30분 이상 60분 미만인 방
>   화문

ⓗ 국토교통부장관이 정하는 기준에 적합할 것

② ①에도 불구하고 아파트의 4층 이상인 층에서 발코니에 다음의 어느 하나에 해당하는
구조 또는 시설을 갖춘 경우에는 대피공간을 설치하지 않을 수 있다.

ⓙ 발코니와 인접 세대와의 경계벽이 파괴하기 쉬운 경량구조 등인 경우

ⓛ 발코니의 경계벽에 피난구를 설치한 경우

ⓒ 발코니의 바닥에 국토교통부령으로 정하는 하향식 피난구를 설치한 경우

ⓔ 국토교통부장관이 대피공간과 동일하거나 그 이상의 성능이 있다고 인정하여 고시
하는 구조 또는 시설을 갖춘 경우. 이 경우 국토교통부장관은 대체시설의 성능에
대해 미리 설립된 한국건설기술연구원의 기술검토를 받은 후 고시해야 한다.

③ 하향식 피난구 설치규정

ⓙ 피난구의 덮개는 비차열 1시간 이상의 내화성능을 가져야 하며, 피난구의 유효 개
구부 규격은 직경 60센티미터 이상일 것

ⓛ 상층 · 하층 간 피난구의 설치위치는 수직방향 간격을 15센티미터 이상 띄워 설치
할 것

ⓒ 아래층에서는 바로 윗층의 피난구를 열 수 없는 구조일 것

ⓔ 사다리는 바로 아래층의 바닥면으로부터 50센티미터 이하까지 내려오는 길이로 할 것

ⓜ 덮개가 개방될 경우에는 건축물관리시스템 등을 통하여 경보음이 울리는 구조일 것

ⓗ 피난구가 있는 곳에는 예비전원에 의한 조명설비를 설치할 것

🔔 비차열은 화염, 연기를 차단하고 차열은 화염, 연기, 열을 차단한다.

3 소음관리 등

(1) 소음 등으로부터의 보호

사업주체는 공동주택을 건설하는 지점의 소음도(이하 "실외소음도"라 한다)가 65데시벨 미만이 되도록 하되, 65데시벨 이상인 경우에는 방음벽·방음림(소음막이숲) 등의 방음시설을 설치하여 해당 공동주택의 건설지점의 소음도가 65데시벨 미만이 되도록 소음방지대책을 수립해야 한다. 다만, 공동주택이 「국토의 계획 및 이용에 관한 법률」에 따른 도시지역(주택단지 면적이 30만제곱미터 미만인 경우로 한정한다) 또는 「소음·진동관리법」에 따라 지정된 지역에 건축되는 경우로서 다음의 기준을 모두 충족하는 경우에는 그 공동주택의 6층 이상인 부분에 대하여 본문을 적용하지 않는다.
① 세대 안에 설치된 모든 창호(窓戶)를 닫은 상태에서 거실에서 측정한 소음도(이하 "실내소음도"라 한다)가 45데시벨 이하일 것
② 공동주택의 세대 안에 「건축법 시행령」에 따라 정하는 기준에 적합한 환기설비를 갖출 것

(2) 생활소음·진동의 규제기준

① 생활소음 규제기준

대상 지역	시간대별 소음원		아침, 저녁 (05 : 00 ~ 07 : 00, 18 : 00 ~ 22 : 00)	주 간 (07 : 00 ~ 18 : 00)	야 간 (22 : 00 ~ 05 : 00)
주거지역	확성기	옥외설치	60 이하	65 이하	60 이하
		옥내에서 옥외로 소음이 나오는 경우	50 이하	55 이하	45 이하
	공 장		50 이하	55 이하	45 이하

② 생활진동 규제기준

시간대별 대상 지역	주 간 (06 : 00 ~ 22 : 00)	심 야 (22 : 00 ~ 06 : 00)
주거지역	65 이하	60 이하

4 층간소음

구 분	내 용
정 의	공동주택의 입주자 등(임대주택의 임차인을 포함한다)은 공동주택에서 뛰거나 걷는 동작에서 발생하는 소음이나 음향기기를 사용하는 등의 활동에서 발생하는 소음 등 층간소음[벽간소음 등 인접한 세대 간의 소음(대각선에 위치한 세대 간의 소음을 포함한다)을 포함하며, 이하 "층간소음"이라 한다]으로 인하여 다른 입주자 등에게 피해를 주지 아니하도록 노력하여야 한다.
권고 요청 등	① 층간소음으로 피해를 입은 입주자 또는 사용자는 관리주체에게 층간소음 발생 사실을 알리고, 관리주체가 층간소음 피해를 끼친 해당 입주자 또는 사용자에게 층간소음 발생의 중단이나 차음조치를 권고하도록 요청할 수 있다. 이 경우 관리주체는 사실관계 확인을 위하여 필요한 조사를 할 수 있다. ② 층간소음 피해를 끼친 입주자 등은 관리주체의 조치 및 권고에 협조하여야 한다. ③ 관리주체의 조치에도 불구하고 층간소음 발생이 계속될 경우에는 층간소음 피해를 입은 입주자 등은 공동주택 층간소음관리위원회에 조정을 신청할 수 있다. ④ 공동주택 층간소음의 범위와 기준은 국토교통부와 환경부의 공동부령으로 정한다.
범 위	공동주택 층간소음의 범위는 입주자 또는 사용자의 활동으로 인하여 발생하는 소음으로서 다른 입주자 또는 사용자에게 피해를 주는 다음의 소음으로 한다. 다만, 욕실, 화장실 및 다용도실 등에서 급수ㆍ배수로 인하여 발생하는 소음은 제외한다. ① 직접충격 소음: 뛰거나 걷는 동작 등으로 인하여 발생하는 소음 ② 공기전달 소음: 텔레비전, 음향기기 등의 사용으로 인하여 발생하는 소음

기 준	층간소음의 구분		층간소음의 기준 [단위: dB(A)]	
			주 간 (06:00 ~ 22:00)	야 간 (22:00 ~ 06:00)
	1. 직접충격 소음	1분간 등가소음도(Leq)	39	34
		최고소음도(Lmax)	57	52
	2. 공기전달 소음	5분간 등가소음도(Leq)	45	40

🔁 비고
1. 직접충격 소음은 1분간 등가소음도(Leq) 및 최고소음도(Lmax)로 평가하고, 공기전달 소음은 5분간 등가소음도(Leq)로 평가한다.
2. 위 표의 기준에도 불구하고 「공동주택관리법」 목에 따른 공동주택으로서 「건축법」 제11조에 따라 건축허가를 받은 공동주택과 2005년 6월 30일 이전에 「주택법」 제15조에 따라 사업승인을 받은 공동주택의 직접충격 소음 기준에 대해서는 2024년 12월 31일까지는 위 표 제1호에 따른 기준에 5dB(A)을 더한 값을 적용하고, 2025년 1월 1일부터는 2dB(A)을 더한 값을 적용한다.

PART 02

기 준	3. 층간소음의 측정방법은 「환경분야 시험·검사 등에 관한 법률」 제6조 제1항 제2호에 따른 소음·진동 분야의 공정시험기준에 따른다. 4. 1분간 등가소음도(Leq) 및 5분간 등가소음도(Leq)는 비고 제3호에 따라 측정한 값 중 가장 높은 값으로 한다. 5. 최고소음도(Lmax)는 1시간에 3회 이상 초과할 경우 그 기준을 초과한 것으로 본다.
조정신청	층간소음 피해를 입은 입주자 등은 관리주체 또는 층간소음관리위원회의 조치에도 불구하고 층간소음 발생이 계속될 경우 공동주택관리 분쟁조정위원회나 「환경분쟁 조정법」에 따른 환경분쟁조정위원회에 조정을 신청할 수 있다.
층간소음 위원회	① 입주자 등은 층간소음에 따른 분쟁을 예방하고 조정하기 위하여 관리규약으로 정하는 바에 따라 층간소음관리위원회를 구성·운영할 수 있다. 다만, 의무관리대상 공동주택 중 700세대 이상인 경우에는 층간소음관리위원회를 구성하여야 한다. ② 층간소음분쟁해결지원기관은 공동주택 층간소음관리위원회의 구성원에 대해 층간소음 예방 및 분쟁 조정 교육(이하 "층간소음예방등교육"이라 한다)을 하려면 다음의 사항을 교육 10일 전까지 공고하거나 교육대상자에게 알려야 한다. 　㉠ 교육일시, 교육기간 및 교육장소 　㉡ 교육내용 　㉢ 교육대상자 　㉣ 그 밖에 교육에 관하여 필요한 사항 ③ 층간소음관리위원회의 구성원은 매년 4시간의 층간소음예방등교육을 이수해야 한다. ④ 층간소음예방등교육은 집합교육의 방법으로 한다. 다만, 교육 참여현황의 관리가 가능한 경우에는 그 전부 또는 일부를 온라인교육으로 할 수 있다. ⑤ 층간소음분쟁해결지원기관은 층간소음예방등교육을 이수한 사람에게 수료증을 내주어야 한다. 다만, 교육수료사실을 층간소음관리위원회의 구성원이 소속된 층간소음관리위원회에 문서로 통보함으로써 수료증의 수여를 갈음할 수 있다. ⑥ 층간소음관리위원회의 구성원에 대한 층간소음예방등교육의 수강비용은 잡수입에서 부담한다. ⑦ 층간소음분쟁해결지원기관은 층간소음관리위원회 구성원의 층간소음예방등교육 참여현황을 엄격히 관리해야 한다.

1 안전관리계획의 수립 및 포함사항

① 의무관리대상 공동주택의 관리주체는 해당 공동주택의 시설물로 인한 안전사고를 예방하기 위하여 대통령령으로 정하는 바에 따라 안전관리계획을 수립하고, 이에 따라 시설물별로 안전관리자 및 안전관리책임자를 지정하여 이를 시행하여야 한다.
② 포함사항
   ⊙ 시설별 안전관리자 및 안전관리책임자에 의한 책임점검사항
   ⓒ 국토교통부령이 정하는 시설의 안전관리에 관한 기준 및 진단사항
   ⓒ ⊙ 및 ⓒ의 점검 및 진단결과 위해의 우려가 있는 시설에 관한 이용제한 또는 보수 등 필요한 조치사항
   ⓔ 지하주차장의 침수 예방 및 대응에 관한 사항
   ⓜ 수립된 안전관리계획의 조정에 관한 사항
   ⓗ 그 밖에 시설안전관리에 필요한 사항

2 공동주택시설물에 대한 안전관리진단기준

구 분	대상시설	점검횟수
해빙기진단	석축 · 옹벽 · 법면 · 교량 · 우물 · 비상저수시설	연 1회(2, 3월)
우기진단	석축 · 옹벽 · 법면 · 담장 · 하수도 · 주차장	연 1회(6월)
월동기진단	연탄가스배출기 · 중앙집중식난방시설 · 노출배관의 동파방지 · 수목보온	연 1회(9, 10월)
안전진단	변전실, 고압가스시설, 도시가스시설, 액화석유가스시설, 소방시설, 맨홀(정화조의 뚜껑을 포함한다), 유류저장시설, 펌프실, 인양기, 전기실, 기계실, 어린이놀이터, 주민운동시설 및 주민휴게시설	매분기 1회 이상
	승강기	승강기안전관리법에서 정하는 바에 따른다.
	지능형 홈네트워크 설비	매월 1회 이상
위생진단	저수시설 · 우물 · 어린이놀이터	연 2회 이상

🖏 안전관리진단의 세부내용은 시 · 도지사가 정하여 고시한다.

3 안전관리계획의 수립 대상 시설물의 종류

고중발	고압가스시설(액화석유가스, 도시가스시설 포함) · 중압집중식난방시설 · 발전시설
변위소	변전시설 · 위험물저장시설 · 소방시설
승인연	승강기 · 인양기 · 연탄가스배출기(세대별 설치된 것은 제외한다)
석옹담	석축 · 옹벽 · 담장
맨정하	맨홀 · 정화조 · 하수도
옥계난	옥상 및 계단의 난간
우 비	우물 · 비상저수시설
펌경어	펌프실 · 경로당 · 어린이놀이터에 설치된 시설
주전기	주차장 · 전기실 · 기계실
홈운게	지능형 홈네트워크 설비 · 주민운동시설 · 주민휴게시설

4 공동주택의 안전점검

① 의무관리대상 공동주택의 관리주체는 그 공동주택의 기능유지와 안전성 확보로 입주자 등을 재해 및 재난 등으로부터 보호하기 위하여 「시설물의 안전관리에 관한 특별법」에 따른 지침에서 정하는 안전점검의 실시 방법 및 절차 등에 따라 공동주택의 안전점검을 실시하여야 한다. 다만, 16층 이상의 공동주택 및 사용연수, 세대수, 안전등급, 층수 등을 고려하여 대통령령으로 정하는 15층 이하의 공동주택에 대하여는 16층 이상인 공동주택의 안전점검자격자로 하여금 안전점검을 실시하도록 하여야 한다.

② ①에 따른 안전점검은 반기마다 하여야 한다.

③ ①의 단서에서 대통령령으로 정하는 15층 이하의 공동주택이란 15층 이하의 공동주택으로서 다음의 어느 하나에 해당하는 것을 말한다.

　　㉠ 사용검사일부터 30년이 경과한 공동주택

　　㉡ 「재난 및 안전관리 기본법 시행령」에 따른 안전등급이 C등급, D등급 또는 E등급에 해당하는 공동주택

④ 관리주체가 안전점검의 결과 구조 설비의 안전도가 취약하여 위해의 우려가 있는 경우에 시장 · 군수 · 구청장에게 보고사항 및 조치사항

보고 및 조치사항	보고 사항	① 점검대상 구조 · 설비 ② 취약의 정도 ③ 발생 가능한 위해의 내용 ④ 조치할 사항
	조치 사항	① 공동주택단지별 점검책임자의 지정 ② 공동주택단지별 관리카드의 비치 ③ 공동주택단지별 점검일지의 작성 ④ 공동주택단지 내 관리기구와 관계 행정기관간 비상연락체계의 구성
		시장 · 군수 또는 구청장은 위 ①부터 ④까지의 사항을 조치하고 매월 1회 이상 점검을 실시하여야 한다.
의무관리대상 공동주택의 16층 이상 공동주택의 점검자격자		① 시설물의 안전 및 유지관리에 관한 특별법 시행령에 의한 책임기술자로서 해당 공동주택단지의 관리직원인 자 ② 주택관리사 등이 된 후 국토교통부령으로 정하는 교육기관에서 「시설물의 안전 및 유지관리에 관한 특별법 시행령」에 따른 정기안전점검교육을 이수한 자 중 관리사무소장으로 배치된 자 또는 해당 공동주택단지의 관리직원인 자 ③ 안전진단전문기관 ④ 유지관리업자

15층 이하의 공동주택으로서 사용검사일부터 30년이 경과되었거나 재난 및 안전관리 기본법 시행령 제34조의2 제1항에 따른 안전등급이 C등급 · D등급 또는 E등급에 해당하는 공동주택은 16층 이상 공동주택의 점검자격자가 안전점검을 하여야 한다.

⊞ 재난 및 안전관리 기본법 시행령

제34조의2 【특정관리대상 시설 등의 안전등급 및 안전점검 등】 ① 재난관리책임기관의 장은 제31조 제2항에 따라 지정된 특정관리대상 시설 등을 제32조 제1항에 따른 특정관리대상 시설 등의 지정 · 관리 등에 관한 지침에서 정하는 안전등급의 평가기준에 따라 다음의 어느 하나에 해당하는 등급으로 구분하여 관리하여야 한다.

1. A등급 : 안전도가 우수한 경우
2. B등급 : 안전도가 양호한 경우
3. C등급 : 안전도가 보통인 경우
4. D등급 : 안전도가 미흡한 경우
5. E등급 : 안전도가 불량한 경우

04 방범교육 및 안전교육

실시권자	시장·군수·구청장
이수 의무 교육시간	연 2회 이내에서 시장·군수·구청장이 실시하는 횟수, 매회별 4시간
대상자	① 방범교육: 경비책임자 ② 소방에 관한 안전교육: 시설물 안전관리책임자 ③ 시설물에 관한 안전교육: 시설물 안전관리책임자
교육내용	① 방범교육: 강도·절도 등의 예방 및 대응 ② 소방에 관한 안전교육: 소화·연소 및 화재예방 ③ 시설물에 관한 안전교육: 시설물 안전사고의 예방 및 대응 🔖 「소방시설 설치 및 관리에 관한 법률 시행규칙」에 따른 소방안전교육 또는 소방안전관리자 실무교육을 이수한 자에 대해서는 소방에 관한 안전교육을 이수한 것으로 본다.

05 어린이놀이시설 안전관리법

용어정의	① 설치검사는 어린이놀이시설의 안전성 유지를 위하여 행정안전부장관이 정하여 고시하는 어린이놀이시설의 시설기준 및 기술기준에 따라 설치한 후에 안전검사기관으로부터 받아야 하는 검사를 말한다. ② 안전점검은 어린이놀이시설의 관리주체 또는 관리주체로부터 어린이놀이시설의 안전관리를 위임받은 자가 육안 또는 점검기구 등에 의하여 검사를 하여 어린이놀이시설의 위험요인을 조사하는 행위를 말한다. ③ 안전진단은 안전검사기관이 어린이놀이시설에 대하여 조사·측정·안전성 평가 등을 하여 해당 어린이놀이시설의 물리적·기능적 결함을 발견하고 그에 대한 신속하고 적절한 조치를 하기 위하여 수리·개선 등의 방법을 제시하는 행위를 말한다. ④ 유지관리는 설치된 어린이놀이시설이 기능 및 안전성을 유지할 수 있도록 정비·보수 및 개량 등을 행하는 것을 말한다. ⑤ 정기시설검사는 설치검사를 받은 어린이놀이시설이 행정안전부장관이 정하여 고시하는 시설기준 및 기술기준에 따른 적합성을 유지하고 있는지를 확인하기 위하여 안전검사기관으로부터 받아야 하는 검사를 말한다.
정기시설검사	① 관리주체는 설치검사를 받은 어린이놀이시설이 규정에 따른 시설기준 및 기술기준에 적합성을 유지하고 있는지를 확인하기 위하여 안전검사기관으로부터 2년에 1회 이상 정기시설검사를 받아야 한다.

정기시설 검사	② 정기시설검사를 받으려는 자는 정기시설검사의 유효기간이 끝나기 1개월 전(최 초로 정기시설검사를 받으려는 경우에는 해당 어린이놀이시설에 대한 설치검사 의 유효기간이 끝나기 1개월 전을 말한다)까지 행정안전부령으로 정하는 신청 서류를 갖추어 안전검사기관에 제출하여야 한다. ③ 정기시설검사의 신청을 받은 안전검사기관은 신청을 받은 날부터 1개월 이내에 해당 어린이놀이시설이 시설기준 등에 적합한지 여부를 확인하여야 한다. ④ 안전검사기관은 정기시설검사의 결과를 문서로 작성하여 소관 중앙행정기관의 장과 신청인에게 알려야 하고, 정기시설검사에 합격한 어린이놀이시설에 대하 여만 정기시설검사합격증을 신청인에게 내주어야 한다. ⑤ 통보를 받은 정기시설검사의 결과에 대하여 이의가 있는 자는 검사 결과를 통보 받은 날부터 15일 이내에 행정안전부령으로 정하는 서류를 갖추어 재검사를 신 청할 수 있다. ⑥ 재검사의 신청을 받은 안전검사기관은 신청을 받은 날부터 1개월 이내에 재검 사를 실시하여야 한다.
안전점검	① 관리주체는 설치된 어린이놀이시설의 기능 및 안전성 유지를 위하여 월 1회 이 상 당해 어린이놀이시설에 대한 안전점검을 실시하여야 한다. ② 관리주체가 해당 어린이놀이시설에 대하여 안전점검을 실시할 수 없는 경우에 는 서면계약에 의한 대리인을 지정하여 안전점검을 하게 할 수 있다. ③ 안전점검의 항목 　㉠ 어린이놀이시설의 연결 상태 　㉡ 어린이놀이시설의 노후정도 　㉢ 어린이놀이시설의 변형상태 　㉣ 어린이놀이시설의 청결상태 　㉤ 어린이놀이시설의 안전수칙 등의 표시상태 　㉥ 부대시설의 파손상태 및 위험물질의 존재 여부 ④ 관리주체는 안전점검 결과 해당 어린이놀이시설이 어린이에게 위해를 가할 우 려가 있다고 판단되는 경우에는 그 이용을 금지하고 1개월 이내에 안전검사기관 에 안전진단을 신청하여야 한다. 다만, 해당 어린이놀이시설을 철거하는 경우에 는 안전진단 신청을 생략할 수 있다.
기록 보관	관리주체는 안전점검 또는 안전진단을 한 결과에 대하여 안전점검실시대장 또는 안 전진단실시대장을 작성하여 최종 기재일부터 3년간 보관하여야 한다.
안전교육	① 관리주체는 어린이놀이시설의 안전관리에 관련된 업무를 담당하는 자로 하여금 어린이놀이시설안전관리지원기관에서 실시하는 어린이놀이시설의 안전관리에 관한 교육을 받도록 하여야 한다. ② 관리주체는 다음의 구분에 따른 기간 이내에 어린이놀이시설의 안전관리에 관 련된 업무를 담당하는 자로 하여금 안전교육을 받도록 하여야 한다. 　㉠ 어린이놀이시설을 인도 받은 경우: 인도받은 날부터 3개월 　㉡ 안전관리자가 변경된 경우: 변경된 날부터 3개월 　㉢ 안전관리자의 안전교육 유효기간이 만료되는 경우: 유효기간 만료일 전 3개월

안전교육	③ 안전교육의 내용은 다음과 같다. 　㉠ 어린이놀이시설 안전관리에 관한 지식 및 법령 　㉡ 어린이놀이시설 안전관리 실무 　㉢ 그 밖에 어린이놀이시설의 안전관리를 위하여 필요한 사항 ④ 안전교육의 주기는 2년에 1회 이상으로 하고, 1회 안전교육 시간은 4시간 이상으로 한다. ⑤ 시·도지사 또는 교육감이 안전교육을 실시하는 것으로 인정하여 공고한 기관에서 공동주택관리법에서 안전교육을 받은 경우에는 어린이놀이시설안전관리법에 따른 안전교육을 받은 것으로 본다.
보험가입	① 관리주체 및 안전검사기관은 어린이놀이시설의 사고로 인하여 어린이의 생명·신체 또는 재산상의 손해를 발생하게 하는 경우 그 손해에 대한 배상을 보장하기 위하여 보험에 가입하여야 한다. ② 보험의 종류는 어린이놀이시설 사고배상책임보험이나 사고배상책임보험과 같은 내용이 포함된 보험으로 한다. ③ 보험은 다음의 구분에 따른 시기에 가입하여야 한다. 　㉠ 관리주체(관리주체가 다른 법령에 따라 어린이놀이시설의 관리자로 규정된 자이거나 그 밖에 계약에 따라 어린이놀이시설의 관리책임을 진 자인 경우에는 그 어린이놀이시설의 소유자를 말한다)인 경우: 어린이놀이시설을 인도 받은 날부터 30일 이내 　㉡ 안전검사기관인 경우: 안전검사기관으로 지정받은 후 설치검사·정기시설검사·안전진단 중 어느 하나의 업무를 최초로 시작한 날부터 30일 이내
사고보고 의무 및 사고조사	① 관리주체는 그가 관리하는 어린이놀이시설로 인하여 중대한 사고가 발생한 때에는 즉시 사용중지 등 필요한 조치를 취하고 해당 관리감독기관의 장에게 통보하여야 한다. ② 중대한 사고란 어린이놀이시설로 인하여 어린이놀이시설 이용자에게 다음의 어느 하나에 해당하는 경우가 발생한 사고를 말한다. 　㉠ 사망 　㉡ 하나의 사고로 인한 3명 이상의 부상 　㉢ 사고 발생일로부터 7일 이내에 48시간 이상의 입원 치료가 필요한 부상 　㉣ 골절상 　㉤ 수혈 또는 입원이 필요한 정도의 심한 출혈 　㉥ 신경, 근육 또는 힘줄의 손상 　㉦ 2도 이상의 화상 　㉧ 부상 면적이 신체 표면의 5퍼센트 이상인 부상 　㉨ 내장(內臟)의 손상 ③ 관리주체는 자료의 제출 명령을 받은 날부터 10일 이내에 해당 자료를 제출하여야 한다. 다만, 관리주체가 정하여진 기간에 자료를 제출하는 것이 어렵다고 사유를 소명하는 경우 관리감독기관의 장은 20일의 범위에서 그 제출 기한을 연장할 수 있다.

사고보고 의무 및 사고조사	④ 관리감독기관의 장은 현장조사를 실시하려면 미리 현장조사의 일시 · 장소 및 내용 등을 포함한 조사계획을 관리주체에게 문서로 알려야 한다. 다만, 긴급히 조사를 실시하여야 하거나 부득이한 사유가 있는 경우에는 그러하지 아니하다. ⑤ 관리감독기관의 장은 자료 및 현장조사 결과에 따라 해당 어린이놀이시설이 안전에 중대한 침해를 줄 수 있다고 판단되는 경우에는 그 관리주체에게 사용중지 · 개선 또는 철거를 명할 수 있다.

Memo

2025 제28회 시험대비 전면개정

박문각 주택관리사 핵심요약집 **2차** 공동주택관리실무

초판인쇄 | 2025. 4. 10.　**초판발행** | 2025. 4. 15.　**편저** | 김혁 외 박문각 주택관리연구소
발행인 | 박 용　**발행처** | (주)박문각출판　**등록** | 2015년 4월 29일 제2019-000137호
주소 | 06654 서울시 서초구 효령로 283 서경 B/D 4층　**팩스** | (02)584-2927
전화 | 교재 주문 (02)6466-7202, 동영상문의 (02)6466-7201

판 권
본 사
소 유

정가 20,000원

ISBN 979-11-7262-776-8 | ISBN 979-11-7262-774-4(2차 세트)